L'ÉCOLE DE LA VIE

Jean-Michel Blanquer

L'ÉCOLE DE LA VIE

Odile Jacob

Collection dirigée
par Stanislas Dehaene

15, rue Soufflot, 75005 Paris

www.odilejacob.fr

ISBN : 978-2-7381-3172-0

À ma mère, Anne-Marie Blanquer, professeur.

INTRODUCTION

De toutes les définitions de l'homme, celle qui le différencie par l'éducation m'a toujours semblé la plus convaincante. Par rapport à toute autre créature, l'homme est bien ce sujet doué de projets, capable de se déployer dans l'espace par des outils qui prolongent ses mains et ses sens, et dans le temps en imaginant un avenir qui guide ses pas. Pour accomplir cette prodigieuse possibilité qu'il a de sortir de lui-même, il a besoin de l'autre. Sa liberté se paye d'une dépendance. L'éducation est intrinsèquement une éducation à la liberté, laquelle passe par des contraintes. Elle est le compagnonnage indispensable qui commence à la naissance sans lequel le petit être humain ne saurait survivre, et selon des modalités qui le distinguent radicalement de l'apprentissage animal. La transmission de savoirs et savoir-faire s'impose tout de suite comme la marque de l'existence humaine, déterminant sa possibilité mais aussi sa qualité, avec, au cœur de ce processus, le langage. L'éducation, c'est donc la vie elle-même.

L'éducation, le premier des biens

Je crois avoir toujours été habité par la conscience intime de ce phénomène, tellement évident que nous oublions parfois de le reconnaître au point de le reléguer dans notre entendement. Pour autant, l'éducation est, dans l'ordre de la vie personnelle, le premier des biens, équivalant pour l'esprit à ce qu'est la santé pour le corps. Et elle est aussi, dans l'ordre de la vie collective, une condition d'existence, aussi fondamentale pour toute communauté du point de vue de l'esprit que la question de la sûreté du point de vue physique. L'enjeu de la transmission est au centre de la vie humaine, aussi bien individuellement que collectivement. Or les modes de transmission ont connu et connaissent dans la période actuelle des bouleversements d'une ampleur sans précédent dont nous ne mesurons l'impact qu'au travers de conséquences que nous subissons sans avoir été capables de mettre en place une nouvelle pensée, pourtant requise par une telle révolution. Ce retard conceptuel se double d'un retard politique car les changements institutionnels ne peuvent s'accomplir au même rythme que les changements techniques et sociologiques. Ce décalage est en partie normal. L'institution éducative doit précéder ou accompagner le progrès et non courir derrière la nouveauté. Elle doit aussi conserver ce qui est éternellement nécessaire au cœur de l'éducation et faire droit à la notion d'héritage. Sa temporalité est spécifique. Mais, de ce fait même, elle doit à la fois mieux prendre en compte les progrès scientifiques et techniques et être capable d'ouvrir de nouvelles pistes par la méthode expérimentale.

C'est nourri de ces convictions que j'ai accepté un beau jour de prendre des responsabilités dans l'Éducation nationale. Depuis toujours, je suivais les questions éducatives avec passion et ma vocation fondamentale était (et est toujours) d'enseigner. En France, la fonction de recteur est confiée (sauf exception) à des professeurs d'université, ayant eu la plupart du temps une expérience de direction. C'était mon cas. Je suis professeur de droit public et je dirigeais l'Institut des hautes études de l'Amérique latine depuis six ans quand, à l'initiative de l'un de mes anciens étudiants, le cabinet du ministre me proposa de devenir recteur de Guyane en accompagnant cette invitation d'une phrase qui contribua à me séduire : « Vous serez le seul recteur de France avec une pirogue de fonction. » J'acceptai assez promptement, attiré par ce territoire que je connaissais un peu et auquel je ne tarderai pas à m'attacher avec passion. Ce fut une initiation exceptionnelle, non seulement aux beautés de la Guyane, mais aussi à la complexité des problèmes éducatifs, au nécessaire volontarisme collectif qu'il faut susciter pour répondre à des défis considérables.

Mon bonheur dans cette fonction fut immense. Je le raconterai plus loin. Le nouveau ministre, Gilles de Robien, m'appela ensuite à ses côtés, ce qui me permit de m'initier cette fois aux arcanes d'un ministère réputé pachydermique. Puis, je repartis sur le terrain, de nouveau vers un territoire très attachant, lui aussi généralement considéré comme difficile, celui de l'académie de Créteil qui regroupe les départements de l'Est francilien (Seine-Saint-Denis, Val-de-Marne, Seine-et-Marne). Je retrouvais dans cette fonction le splendide attrait de l'action. Face à des situations sociales très particulières, ma conviction, que je sentais partagée par la plupart des acteurs, était tout simplement que nous devions innover en nous appuyant sur des valeurs. Il a fallu affronter des situations complexes, les régler dans un esprit républicain et avancer sans se laisser freiner par les obstacles grâce aux solides principes du dialogue et du respect. Une de mes expressions fétiches était l'« esprit d'équipe », ce qui était aussi une façon de questionner la verticalité excessive de notre système. Je crois l'avoir fait vivre, à Créteil comme en Guyane, tout simplement parce que j'étais persuadé que c'était la grande condition de toute réussite. Il en est résulté des liens indéfectibles avec celles et ceux dont j'ai pu admirer le sens du service public.

Au bout de trois ans, je fus de nouveau appelé rue de Grenelle, cette fois à la demande de Luc Chatel pour prendre la tête de la Direction générale de l'enseignement scolaire (DGESCO), le « saint des saints » de notre système éducatif puisqu'elle supervise l'ensemble des politiques relatives à l'école, au collège et au lycée. Quitter le terrain fut un nouveau déchirement, mais je pris très à cœur mes nouvelles responsabilités qui me mettaient en situation de promouvoir les méthodes de changement que je prônais à une échelle locale. Cela dura trois ans et ce fut de nouveau pour moi une « école de la vie » pour comprendre les atouts et les faiblesses de notre pays face aux grands défis éducatifs du XXIe siècle. Aujourd'hui, je suis à la tête de ce que l'on appelle en France une « grande école » et j'ai le sentiment de toujours accomplir le même métier : celui de professeur en responsabilité de gestion, engagé dans les différents enjeux de la transmission en adéquation avec le monde tel qu'il est et tel que nous voudrions qu'il soit.

Concilier ce que l'on a l'habitude d'opposer

Mon objectif, en écrivant ces lignes, est de contribuer autant que possible aux progrès indispensables qui doivent être accomplis au cours des prochaines années. Et de le faire selon une méthode en cohérence avec mon propos. C'est pourquoi j'alternerai les considérations d'ensemble sur l'éducation et la narration de choses vues. Il y aura ainsi deux chronologies croisées au fil des chapitres : l'une, liée au parcours de l'élève, pour analyser notre système au travers des étapes de la scolarité et l'autre, subjective, celle de mes expériences vécues au sein de l'Éducation nationale. Il me semble que l'« école de la vie », c'est en effet d'abord cela : un aller-retour permanent entre la pensée et l'expérience. Cela conduit d'ailleurs à regarder systématiquement si ce qui est valable à l'échelle d'un individu ou d'un petit groupe l'est également à l'échelle d'un pays. Ce faisant, j'éviterai, autant que possible, les polémiques puisque l'une de mes thèses est que nous ne progresserons que par une cohésion nationale autour du sujet éducatif et que j'ai eu trop souvent à déplorer la recherche systématique de la caricature, de la critique, du conflit, de la part d'acteurs qui, en se comportant ainsi, se placent dans un nœud de contradictions dont il faut les aider à sortir. Trop de personnes choisissent les facilités du blocage et de l'inertie en lieu et place du travail de construction et de l'effort de penser par soi-même. L'« école de la vie », c'est donc aussi l'affirmation du principe de vie comme socle de toute vision éducative prenant en compte la complexité du réel par opposition aux tendances mortifères des luttes qui assèchent et détruisent, cet « esprit qui toujours dit non » selon l'expression de Goethe dans *Faust*. Cela suppose une qualité du débat public sur l'éducation qui reste à construire aujourd'hui et qui pourra être le socle de ce dont nous avons besoin par-dessus tout : la confiance. C'est en partant de cette confiance que l'on pourra proposer des voies d'évolution pour le futur. Non pas au travers de quelconques formules magiques mais par la considération de ce qui marche déjà en France et dans d'autres pays car l'« école de la vie », c'est aussi ouvrir des fenêtres sur les réussites, sur la science, sur le monde.

Au bout du compte, l'« école de la vie » consiste à concilier ce que l'on a l'habitude d'opposer. Car l'éducation est, par essence, traversée par des contradictions. Il est commode de devenir militant de l'un des termes de la contradiction. La France a pris ainsi l'habitude de voir son débat éducatif structuré par de grandes querelles stériles. La voie du simplisme est de continuer ainsi éternellement en épuisant progressivement toutes les forces. La voie de la raison est celle qui permet d'identifier ces points de tension pour travailler à une dialectique créatrice en lieu et place du conflit destructeur.

Or l'éducation se trouve inévitablement confrontée à trois paradoxes qu'il faut bien identifier pour en trouver les voies de dépassement.

Les paradoxes de l'éducation

Le paradoxe du rapport au temps

L'éducation prépare l'avenir de chaque enfant. Elle lui permet son accomplissement d'adulte en révélant la personne à elle-même par un jeu d'interactions entre la forme d'intelligence propre à chacun et des savoirs qui vont être dispensés selon un ordre et des modalités très variables. L'éducation est livrée ainsi à une forme de contingence inévitable mais elle suppose tout de même une maîtrise de ce jeu d'interactions. C'est le propre du pédagogue que d'en avoir conscience. Cette conscience le conduit à se doter d'un arsenal de méthodes et de pratiques.

Le professeur se trouve ainsi dans une position de maître du temps. Il est en effet à un point de jonction entre le passé et l'avenir. Par définition, ce qu'il enseigne relève du passé. Il est le dépositaire d'un savoir accumulé au cours des âges, qu'il restitue à sa façon à un élève en position d'écoute. Ce savoir est un avoir. Il faut le transformer en être. Toute pédagogie a pour finalité de provoquer une implication, une écoute qui est, au présent, une transformation du passé en futur. Par rapport à l'éternel présent de l'animal, l'homme, par le processus éducatif, lie ainsi les dimensions du temps. L'éducation induit un rapport au temps qui est constitutif de l'être.

Cette capacité à lier le passé, le présent et le futur est fondamentalement au cœur du processus éducatif à l'échelle individuelle comme à l'échelle collective. Il est donc absurde de structurer le débat éducatif autour de la lutte des Anciens contre les Modernes. Les premiers se présentent comme les tenants d'un classicisme qui a fait ses preuves. Et s'appuient sur l'évidence du rôle conservatoire de l'école. Le passé est revendiqué comme ce qui produit des racines et de la preuve. Ce n'est évidemment pas faux. Les seconds affirment que l'éducation est une construction, nécessairement tendue vers l'avenir, ce que l'on ne saurait contester non plus. Mais, pour certains, l'éducation serait alors synonyme exclusivement de futur. Ils proclament qu'il faut placer l'élève au centre tandis que les « classiques » disent que c'est le savoir qui doit être mis au centre. Dépasser cette querelle sera salvateur pour l'école en France. La clé de toute éducation est bien de réaliser un travail de « passeur » entre les dimensions du temps.

Sur presque tout sujet éducatif, on trouve une opposition stérile entre ce qui se présente sous les termes de « conservatisme » et de « progressisme » et qui sont des approches simplificatrices du rapport au temps. Chaque fois, il faut comprendre que le dépassement de cette alternative réductrice est la voie la plus sûre. Pour cela, il faut en permanence s'appuyer sur l'idée que toute éducation est une éducation à la liberté. Elle n'est donc pas une donnée fixe mais un chemin. Ce chemin doit être le plus structuré possible au début pour ouvrir progressivement à une autonomie de plus en plus grande. La philosophie de l'éducation renvoie nécessairement à une philosophie de la relation entre temps et liberté.

Si l'on assume que la structuration, l'encadrement, doit d'abord être très forte pour mieux se desserrer au fil du temps, on constate pourtant que se présente souvent un schéma inverse : une école primaire qui n'a pas de points de repère suffisants pour transmettre à tous les enfants le socle des savoirs fondamentaux indispensables ; une école secondaire qui, inversement, enferme l'élève dans des parcours standardisés là où il faudrait ouvrir le champ des possibles. L'« école de la vie » consiste donc à remettre les étapes dans le bon ordre : une école primaire qui s'appuie sur des méthodes dont on s'assure scientifiquement qu'elles ont fait leurs preuves ; une école secondaire qui tienne compte de la diversité des élèves pour mieux donner à chacun ce qui lui convient.

Le paradoxe du rapport à la pratique : la question du désir

L'éducation est par essence un effort d'abstraction. L'écriture alphabétique, par exemple, est déjà en soi une codification du réel. Elle accoutume l'enfant à relier des lettres à des sons, des sons à des choses dans un aller-retour permanent qui devient une seconde nature lorsque le processus réussit. Les mathématiques vont évidemment encore plus loin dans ce sens puisqu'elles se présentent comme le langage dans lequel est écrit le monde, selon la fameuse expression de Galilée.

L'éducation fournit donc les outils d'interprétation du monde par le détour de conceptualisations qui sont le socle de toutes les acquisitions qui suivront. Il en résulte logiquement que l'on doit accorder une importance vitale à cette « acquisition des fondamentaux », objectif incontournable de l'école primaire.

Mais ce rôle essentiel de l'abstraction se heurte à la place indispensable de la pratique dans toute acquisition de connaissance et aux différentes formes d'intelligence que l'enfant va mobiliser, chacun à sa façon, pour s'approprier toute leçon. C'est par exemple ce que l'on voit bien en musique lorsqu'on oppose le solfège et la pratique. Si on considère que l'on ne peut toucher un instrument que si on a d'abord une parfaite maîtrise du solfège, on ne s'adressera qu'à une petite partie des enfants, ceux à la fois capables d'un certain type d'abstraction et d'un certain type de patience...

Il est donc vital, dans toute pédagogie, de se poser la question de l'action. Comment vais-je créer non seulement une écoute mais aussi une action chez l'élève ? Comment vais-je lui transmettre non seulement un savoir, mais aussi un savoir-faire ? L'enjeu ici est double. D'une part, il s'agit de s'assurer de la dimension théorique et pratique des contenus, en les reliant. D'autre part, il s'agit de créer le désir d'apprendre chez celui à qui on enseigne. Cette question fondamentale traverse toute la philosophie, orientale comme occidentale. Une formule de Confucius la résume : « Celui qui aime à apprendre est bien près du savoir. » La philosophie antique aborde cette question sous l'angle du rapport entre l'élève et le maître : il y a forcément de l'*eros*, du désir, dans l'acte d'apprendre[1]. On n'apprend pas ce que l'on n'aime pas. Et l'on n'apprend guère de quelqu'un que l'on aime peu. Et l'on enseigne mal si l'on n'aime pas ses élèves.

Une phrase toute simple d'une principale de collège guyanaise à la retraite m'avait ainsi frappé. On lui demandait le secret de sa superbe carrière, commencée comme institutrice et poursuivie dans différentes missions. Elle avait répondu tout bonnement : « Il faut aimer les enfants. » C'est tellement vrai et tellement simple !

---

1. Voir le très beau livre de Steiner G., *Maîtres et disciples*, Gallimard, 2003.

Cela semble une évidence mais elle est parfois oubliée lorsque l'on aborde la question de la vocation professorale et l'ensemble des sujets qui forment la vie concrète de nos écoles.

Deux questions s'enchevêtrent ainsi irrémédiablement, celle de la place de la pratique dans l'enseignement et celle de la relation maître-élève. Ce qui unit ces sujets est la question de l'« incarnation ». En quoi et comment rendons nous vivant ce que nous enseignons ?

De nouveau, la voie de l'« école de la vie », c'est d'être capable d'unir ce qui semble s'opposer. C'est d'être capable de tisser du lien dans l'espace et le temps là où notre débat national a souvent créé des césures.

Le paradoxe du rapport au politique : la question du pouvoir

Il n'y a pas de sujet plus politique que l'éducation puisque, nous l'avons vu, elle est à la base de l'existence et de la continuité de la cité. L'éducation est au fondement de toute volonté de conservation et de réforme d'une communauté. Et, en même temps, il est éminemment souhaitable que l'éducation échappe aux effets contingents de la politique courante car le rythme de l'éducation n'est pas le même que celui de la politique.

Ce troisième paradoxe est particulièrement prégnant dans un pays comme la France qui, en reposant sur un grand service public national de l'éducation, vit dans la tentation permanente de chaque camp de s'approprier le sujet et de faire de l'éducation un terrain de jeu politique. De plus, l'éducation a fonctionné comme un véritable substitut de la religion dans la pensée républicaine, devenant pour la République ce que l'Église était pour l'Ancien Régime. Les clivages politiques concernant l'école peuvent donc très facilement se doubler d'une dimension métaphysique qui ne facilite pas l'esprit de modération.

Pour autant, il y a bien des enjeux de pouvoir dans l'éducation. La relation maître-élève n'en est elle-même pas exempte. Mais nous devons mettre cela à distance, notamment en travaillant à la qualité du débat public sur l'éducation. En d'autres termes, il est indispensable de donner une base plus solide aux arguments qui s'échangent en matière d'éducation, en particulier en accordant une place plus large à l'argumentation scientifique. Il ne s'agit pas de jouer l'objectivité de la science contre la subjectivité du politique mais de dignifier la dimension politique de l'éducation en lui donnant de vraies assises. D'où l'intérêt de dépasser les clivages les plus convenus. D'où l'intérêt également de procéder à des comparaisons internationales poussées.

Des principes pour une philosophie et une pratique de l'éducation

Aussi, pour « traiter » ces différents paradoxes, faut-il se munir de principes clairs. J'en propose ici trois qui me semblent pouvoir constituer la base d'une philosophie et d'une pratique de l'éducation. Les trois ont un impact d'un point de vue individuel comme d'un point de vue collectif et permettent donc de créer une cohérence entre les échelles de la question éducative.

Le principe de transmission : le lien entre les générations

Jamais la communication entre les êtres humains n'a été techniquement aussi facile ; pour autant jamais le contenu du lien social n'a semblé aussi fragile. On sait depuis assez longtemps que le progrès technique n'emporte pas nécessairement avec lui le progrès moral. Nous le vivons concrètement avec les phénomènes de repli sur soi et de vacuité communicationnelle qui caractérisent trop souvent notre époque. La crise morale qui sous-tend ces phénomènes nous renvoie à la question du sens et à celle de la transmission.

Toutes les communautés humaines reposent, pour exister, croître et durer, sur une capacité de transmission qui suppose un lien entre les générations. Dans les sociétés modernes, cela s'est institutionnalisé au travers de l'école.

Mais l'école n'est jamais que le moyen de ce principe fondamental qui ne doit pas être oublié. Elle doit donc assumer ce principe comme étant au socle de son existence. Elle est au sens le plus fort de ce terme, une institution, c'est-à-dire une construction collective qui permet d'assurer la continuité de la vie par-delà la finitude de chacun. L'éducation et le droit ont ceci en commun qu'ils peuvent s'appuyer sur l'adage latin « *Vitam instituere* » : « instituer la vie ». C'est de là que proviennent les très beaux mots d'« instituteur » et d'« institutrice » qui n'auraient jamais dû être abandonnés.

Le lien entre les générations doit inspirer nos programmes. L'importance de la transmission doit aussi inspirer nos pratiques. Il y en aura plusieurs exemples dans ce livre.

Le principe de progressivité : la cohérence dans le temps

La progressivité de l'apprentissage est un principe fondamental de toute pédagogie. On doit aller du plus simple au plus complexe. On doit obéir à une logique de dévoilement progressif. L'image la plus parlante pour caractériser ce principe est celle de l'escalier. Si je suis en haut de l'escalier, je ne vais pas inviter un petit enfant à sauter directement de la première à la dernière marche. Je vais descendre et l'aider à franchir chacune des marches. Je peux, ce faisant, l'aider à imaginer ce qui adviendra en haut. Mais la nature de l'aide et la rapidité de l'accompagnement seront proportionnées aux possibilités et particularités de celui qui monte. Car chaque enfant a sa propre vitesse et nous devons la prendre en compte.

Une erreur courante au XXe siècle aura été de « mettre la charrue avant les bœufs », de considérer que la pointe de la recherche doit influencer le contenu de ce que l'on apprend aux plus petits. C'est ainsi par exemple que l'on a importé dans les programmes et les manuels des élèves les plus jeunes des concepts de grammaire sans doute très légitimes dans une thèse, mais très perturbateurs et inutilement complexes pour des débutants. En tant que professeur de droit, je peux faire un séminaire de doctorat sur le caractère très relatif de la hiérarchie des normes ; je pourrais même faire une démonstration de son inexistence. Il n'en demeure pas moins que, dans un cours de première année, je me contenterai d'en exposer la théorie claire qui elle-même va structurer ce que les étudiants pourront assimiler ensuite, pour être mieux capables de la critiquer une fois que leurs connaissances seront solides.

Comme le propose Edgar Morin, on doit expliquer assez tôt à l'enfant que l'erreur et l'illusion sont consubstantielles à l'acte de connaissance. Cette prise de conscience l'aidera à interroger ses propres perceptions, à développer un doute constructif. Elle lui permettra, sur le plan cognitif, de concevoir la mise en question comme un facteur de progrès. Elle ne débouche donc pas sur le relativisme ou même le nihilisme. Tout au contraire, on doit mettre l'élève dès le début, devant une chaîne de connaissances qui se convertira progressivement en chaîne d'émancipation, car la question de la connaissance est intimement liée à celle de la liberté. La métaphore de l'escalier indique bien ce qu'il en est : chaque marche est nécessaire. Le but est clair : arriver en haut de l'escalier. Chacun doit pouvoir y parvenir à son rythme et à sa manière.

Le principe de cohésion : l'unité parents-professeurs et l'unité sociale

Il n'y a pas de système éducatif en progrès sans un climat de confiance entre tous les acteurs. C'est vrai à l'échelle d'une classe, d'un établissement, d'un pays. À force d'avoir fait de l'école le théâtre de bien des luttes, nous avons détruit en France en partie l'immense capital de confiance qui existait encore il y a un demi-siècle. Et c'est de cette confiance que nous avons la nostalgie. Lorsque j'ai observé le système finlandais, j'ai été frappé de constater que nombre de ses ingrédients se retrouvaient dans le système français. La grande différence provenait en fait essentiellement du climat général de confiance qui avait de multiples conséquences en chaîne, comme le prestige du métier de professeur. La confiance se situe à la fois dans l'espace et dans le temps. Il s'agit de construire une confiance entre les acteurs et une confiance dans le futur.

Les améliorations en France viendront d'une dignité retrouvée de l'école qui passe par la qualité du débat public et un renforcement de l'intérêt général. Les adultes doivent montrer l'exemple aux enfants par une plus grande unité. Ainsi, à l'échelle de l'établissement, la relation parents-professeurs doit être fondée sur une plus grande confiance, à l'image de ce qui existe dans de nombreux pays. De même, à l'échelle nationale, nous devons rechercher la définition de lignes directrices, clairement justifiées, expliquées et partagées, susceptibles de guider nos politiques publiques dans la durée, par-delà les alternances politiques. Nous devons rechercher ce que l'on pourrait appeler une

« constitution éducative » de la France comme on a pu parler d'une « constitution administrative » pour indiquer qu'il existe des principes permanents sur lesquels la nation s'entend et que font respecter des professionnels selon une vision claire et droite.

La grande transformation sera ainsi intellectuelle et culturelle, et donc politique dans ce sens. Elle n'est possible qu'en identifiant une voie au-delà des clivages qui nous divisent. L'école ne doit pas délier mais relier les personnes, les objets, les thèmes, les espaces, les temps. À mes yeux, cette route est claire. Elle dépasse l'opposition entre tradition et modernité, entre gauche et droite, entre « républicains » et « pédagogistes ». Elle est susceptible aussi de définir une piste éducative « à la française », distincte du modèle asiatique et du modèle scandinave, qui semblent aujourd'hui les plus performants dans les classements internationaux. Elle repose sur le meilleur de notre tradition (très appréciée quand elle s'exerce dans de bonnes conditions, comme en témoigne l'attractivité considérable des lycées français à l'étranger) et sur le meilleur de notre créativité et de notre capacité d'adaptation. Les exemples sont multiples sur le terrain de réussites qui doivent nous inspirer. Je les présenterai au long des pages qui suivent.

De nombreux professeurs dans leurs classes aujourd'hui sont en train d'inventer cette voie. Je l'appelle l'« école de la vie ».

PREMIÈRE PARTIE

Le temps de l'école

1

LA MATERNELLE : LE « MÉTIER DE VIVRE »

Tout ce qui postule l'intelligence de l'enfant et son goût d'apprendre va dans la bonne direction. « Il n'est désir plus naturel que le désir de connaissance[1] », écrit Montaigne. Le potentiel de chaque enfant est considérable dès la naissance et ne demande qu'à être stimulé, tout particulièrement au cours des premières années de la vie. Les études scientifiques les plus récentes corroborent cette intuition que chacun peut avoir en observant les petits évoluer, seuls ou en collectivité. Si l'on prend très au sérieux ce phénomène humain, cela peut révolutionner notre conception de l'éducation, à la maison comme à l'école. J'ai donc porté une très grande attention aux recherches et écrits sur cette question. Les travaux sur le fonctionnement du cerveau et des processus cognitifs sont particulièrement pertinents à cet égard. Ils démontrent que ce que l'on peut appeler des précompétences, langagières et mathématiques, sont présentes dès les premiers mois de l'existence. Les conséquences de ces découvertes sont immenses ! Elles devraient d'abord nous réjouir et nous émerveiller : l'être humain reste pour lui-même une question infinie.

Le sujet est d'autant plus complexe que chaque enfant est un cas particulier, avec ses forces et ses faiblesses, que

1. Montaigne M. de, *Les Essais*, 1040.

l'on doit reconnaître pour s'appuyer sur les unes, réduire les autres et pour donner à chacun le maximum de ce qui le fera progresser. Il faut être d'un grand pragmatisme en s'appuyant sur des principes sains et en évitant l'esprit de système. Or notre système scolaire, par son mode d'organisation favorise l'existence de dogmes officiels qui peuvent empêcher les acteurs d'agir dans la bonne direction. Symétriquement, on ne doit pas laisser ces mêmes acteurs sans indication ni connaissance sur ce qui est valable et ce qui ne l'est pas, au regard de la recherche et des comparaisons que l'on peut mener. Un juste milieu consiste donc à bien identifier un spectre de principes, de réflexes professionnels, de stratégies pédagogiques prouvées et éprouvées auxquels les maîtres et maîtresses peuvent se référer et qu'ils font avancer par leur propre expérience.

Une école des intelligences multiples

Dès la maternelle, on rencontre ainsi un thème qui me paraît essentiel pour tous les âges : *bâtir* une école des intelligences multiples, qui sache valoriser toutes les qualités d'un enfant et s'intéresser à la personne comme un tout. La définition même de l'école se joue dans les réponses méthodiques que l'on apporte et dans l'approche philosophique que l'on promeut, celle d'un être humain en capacité de progrès perpétuel, reposant sur un socle de valeurs, de savoirs et de savoir-faire qu'il saura faire évoluer sa vie durant.

Ce point est crucial car il conduit à une forme de dialectique, et non à une contradiction, entre la singularité de la maternelle et son caractère scolaire. Oui, il y a une spécificité de l'école maternelle, car, comme son nom l'indique, elle est destinée à prolonger la toute petite enfance passée dans la famille ou à la crèche. Il s'agit donc d'entourer l'enfant d'une atmosphère et de méthodes particulières et, à ce titre, l'école maternelle est fondamentalement l'école du jeu, de la musique, de l'épanouissement. Je me souviens ainsi de cette directrice d'école à Cayenne qui avait eu l'excellente idée de commencer l'année en musique en faisant chanter les enfants les plus grands pour accueillir les plus petits le jour de la rentrée. Il n'y avait presque pas de larmes ce jour-là.

L'école maternelle est avant tout l'école du langage au sens le plus complet de ce mot, qui suppose un apprentissage de la compréhension et de la relation à l'autre. C'est pourquoi la question de l'amplitude du vocabulaire de l'enfant est un sujet crucial dès la petite section. L'école doit contribuer à rétablir des équilibres que les différences de milieux familiaux ne permettent pas d'établir spontanément. Cela doit se faire en tirant tout le monde vers le haut par des objectifs ambitieux d'acquisition de mots, ce qui s'appuie sur des approches ludiques et sur des objectifs pédagogiques très nets. La différence quant au nombre de mots maîtrisés par deux enfants de trois ans, de milieux différents, peut aller du simple au double et elle est prédictive des différences de réussites futures. La véritable lutte contre les inégalités commence donc par un volontarisme quant à l'amplitude lexicale que l'on se fixe d'atteindre pour tous les élèves, de façon que chacun atteigne le cours préparatoire en ayant ce qu'il faut pour le réussir. De manière générale, les jeux de langage sont très importants à ce stade du développement de l'enfant. Tout ce qui lui permet de manipuler des syllabes, de jouer avec des rimes et des phonèmes est utile car cela le prépare à associer ensuite son approche orale du langage qui est spontanée avec l'écrit, qui, lui, est un code.

L'école maternelle doit donc être considérée comme une école à part entière, avec ses exigences et ses règles. Cette approche instaure une tension fructueuse car la scolarité maternelle est à la fois le moment le moins utilitariste des différents temps de l'école mais aussi le plus fondamental, ce qui implique de déployer à cet âge des stratégies qui vont avoir une pertinence pédagogique ultérieure. C'est l'un au service de l'autre et l'autre au service de l'un et non pas l'un en contradiction avec l'autre !

Dépasser le clivage entre le dressage et le jeu

Pourtant, la fécondité de cette dialectique est rarement perçue. Au contraire, elle se transforme plutôt en l'un de ces faux débats propres à la France qui font beaucoup de tort à notre école, tant ils empêchent de voir la réalité des problèmes auxquels elle est confrontée. Ainsi, à force de caricature, on finit par opposer les défenseurs d'un enfant libre et heureux grâce à une maternelle épanouissante, aux tenants d'une école stakhanoviste et pavlovienne, qui mettrait d'emblée les enfants dans des cases pour les forcer à apprendre. On rejoue ainsi l'éternelle querelle entre la pédagogie du dressage et la pédagogie du jeu. Reportons-nous à Emmanuel Kant dans ses *Réflexions sur l'éducation*[2] qui écarte aisément ces deux approches et, se référant à Jean-Jacques Rousseau, trace une troisième voie que l'on peut qualifier de pédagogie du travail. La joie d'apprendre qui est la clé de toute pédagogie passe par la résolution de problèmes, par la confrontation avec le réel que l'enfant arrive à traiter lui-même, par les sentiers que l'adulte lui indique. L'enfant, même très petit, aime le mot « travail »

2. Kant E., *Réflexions sur l'éducation,* J. Vrin, 1990.

et ce que cela recouvre. Il l'aime par volonté d'imitation du monde adulte mais aussi parce que, à l'âge de la maternelle, il ne le voit pas en tant qu'opposition mais plutôt en tant qu'accomplissement de ce qu'il entend par « jeu ». Le philosophe Alain se situe dans cette filiation lorsqu'il écrit dans ses *Propos sur l'éducation* : « Je ne promettrai donc pas le plaisir, mais je donnerai comme fin la difficulté vaincue[3]. »

Dépasser le clivage inutile entre le dressage et le jeu est donc une première nécessité pour aborder sainement et utilement l'école maternelle. Cette réflexion passe plutôt par une définition précise de l'école que nous voulons, mais doit aussi s'appuyer sur les savoirs – de plus en plus exacts – sur l'enfant et ses potentialités dès le plus jeune âge. En effet, les sciences cognitives montrent dès à présent – et montreront encore mieux à l'avenir – comment le jeune enfant raisonne, ce qu'il peut faire, et ce qu'il peut apprendre. Par exemple, les compétences mathématiques de l'enfant sont extrêmement précoces et, dès les premiers mois de la vie, il est capable de distinguer des nombres et de faire des opérations élémentaires. Stanislas Dehaene, professeur au Collège de France, estime ainsi que l'on « peut légitimement parler d'un "sens des probabilités" chez l'enfant de quelques mois[4] ».

La connaissance des mécanismes du cerveau nous permet d'être plus pertinents pour saisir le potentiel intellectuel considérable de l'enfant. Elle nous est utile dans le domaine affectif et dans celui de la relation aux autres. Des travaux de plus en plus nombreux indiquent en effet que l'empathie est une qualité humaine qui se déploie si elle est stimulée. Le souci d'autrui est associé à l'activation

---

3. Alain, *Propos sur l'éducation*, PUF, 1976, p. 46.

4. Dehaene S., *Le Bébé statisticien. Cours au Collège de France 2012-2013*, leçon du 15 janvier 2013. Voir aussi *La Bosse des maths*, Odile Jacob, 2010.

de mécanismes du plaisir dans le cerveau[5]. Un chercheur comme Jean Decety insiste sur le fait que l'on peut ainsi favoriser l'interaction chez l'enfant, non pas en luttant contre un naturel égoïste mais en s'appuyant sur une capacité à porter attention à l'autre qui fait partie des compétences que l'espèce humaine a développées au cours de son évolution. Cela converge avec ce que propose Edgar Morin qui estime qu'il faut « enseigner la compréhension ».

C'est une vision nouvelle de l'homme qui s'impose ainsi progressivement et qui a un impact sur l'éducation. Elle nous éloigne de la naïveté comme du cynisme. On ne dira plus : « L'homme naît bon, c'est la société qui le corrompt », on dira encore moins : « L'homme naît ignorant et égoïste, c'est l'éducation qui l'améliorera », mais plutôt : « L'enfant naît riche d'immenses possibilités intellectuelles, affectives et sociales. C'est par l'éducation qu'il les déploiera. »

Nos approches anthropologiques, philosophiques et politiques ne peuvent rester immuables face à ce que nous apprenons tous les jours grâce aux différentes disciplines scientifiques. Et, bien entendu, notre vision de l'école est la première concernée.

Trois principes pour la maternelle

Ces compétences précoces, que chacun peut d'ailleurs constater avec des enfants de moins de trois ans, doivent donc être perçues comme un trésor que la maternelle doit faire fructifier. À l'inverse, les premières difficultés de l'enfant peuvent être comprises comme un obstacle que

---

5. Decety J., Norman, G. J., Berntson G. G., Cacioppo J. T., « A neurobehavioral evolutionary perspective on the mechanisms underlying empathy », *Progress in Neurobiology*, 2012, 98, p. 38-48.

cette école doit permettre de dépasser avec des méthodes appropriées. Aussi, il me semble que l'on peut se référer utilement à trois principes fondamentaux pour que la maternelle aide chaque enfant à exprimer et à développer son potentiel.

Le premier principe, c'est l'existence d'un projet éducatif spécifique pour la maternelle, pour la France en général et pour chaque école en particulier, ce qui renvoie immédiatement au sujet de la relation avec les parents. La notion de coéducation, qui signifie le partage de la responsabilité et la coopération entre la famille et l'école pour l'éducation de l'enfant est ici de première importance. En effet, la transition très particulière que suppose l'entrée à l'école dès trois ans (voire deux ans) nécessiterait que l'on insiste bien davantage sur la place des parents et surtout sur le dialogue entre l'école et les parents. Celui-ci se réalise de manière beaucoup trop empirique et hétérogène aujourd'hui. Or cette relation doit être d'autant plus forte à la maternelle que l'enfant ressent très vivement, dès son entrée à l'école, si sa famille est en osmose avec les enjeux de celle-ci ou au contraire en contradiction. Et il va de soi que l'attitude des parents face à l'école détermine beaucoup de choses pour l'avenir scolaire de l'enfant. Or les objectifs éducatifs de l'école maternelle doivent être poursuivis de manière coordonnée entre l'enfant et la famille. Ce que les programmes appellent « devenir élève » est essentiel pour donner à l'enfant les bases de tout son développement futur : respecter les autres et les règles de la vie commune ; écouter, aider, coopérer ; éprouver de la confiance en soi, contrôler ses émotions ; identifier les adultes et leur rôle ; savoir dire ce que l'on apprend. Tout cela suppose une vision partagée entre les parents et le maître pour que l'enfant ne perçoive aucune contradiction entre ce qu'il vit à la maison et ce qu'il vit à l'école (*cf. infra* « La mallette des parents »). Nous pouvons, dès l'école maternelle, créer le cercle vertueux d'une société plus harmonieuse en valorisant l'interaction entre adultes, entre adultes et enfants, et entre enfants. L'empathie, le souci de l'autre, l'écoute, la capacité à s'exprimer, autant de choses qui nous semblent trop souvent absentes de notre vie sociale peuvent trouver racine dans les pratiques de l'école maternelle.

Le deuxième principe, c'est la mise en œuvre d'un projet pédagogique propre à l'école maternelle. L'école maternelle française a une histoire très riche qui a longtemps fait sa particularité et qui nécessitait une revitalisation. Celle-ci a commencé à se réaliser de différentes manières. En particulier, les programmes définis en 2008 ont énoncé très clairement un véritable programme de l'école maternelle, suffisamment précis pour donner une ligne de progressivité et suffisamment général pour laisser aux enseignants une vaste liberté pédagogique. On fait trop peu référence à ce texte dans le débat public. Il devrait être connu de tous car il correspond à une approche souvent réclamée et qui, de fait, a été consacrée : concentration sur les fondamentaux, avec des progressions logiques, attention centrale portée au langage. Dans l'académie de Créteil, pour mettre en œuvre concrètement ces programmes, nous avions mis sur pied un plan de lutte contre l'illettrisme qui s'appuyait sur un éventail de pratiques pédagogiques visant toutes à familiariser l'enfant avec le livre. Celle à laquelle j'attachais le plus d'importance était la lecture quotidienne à voix haute d'un texte par le maître. Rassembler les enfants autour d'un conte est aujourd'hui une habitude régulière dans de nombreuses classes mais cela devrait avoir dans le futur un caractère systématique et rituel lui donnant toute sa force.

Le troisième principe, c'est celui de la spécificité : les professeurs de maternelle doivent déployer des méthodes et des savoir-faire particuliers, grâce à une formation ad hoc, qui pourrait faire l'objet d'une certification. Aujourd'hui, ni les concours de recrutement ni les dispositifs de formation n'introduisent de distinction entre les enseignants qui vont enseigner en maternelle et ceux qui se destinent aux classes élémentaires. Pourtant, il serait logique – et probablement efficace – d'identifier d'une part un ensemble de compétences communes pour l'ensemble des professeurs du premier degré et d'autre part des certifications spécifiques pour enseigner à tel ou tel niveau de l'école. Une telle organisation trouverait tout son sens à la maternelle, mais vaudrait aussi bien pour le CP ou le CE1, et même pour les classes suivantes qui demandent tout autant de maîtriser les méthodes adaptées à chaque âge. On aurait donc des certifications par cycle faisant l'objet de mises à jour régulières et qui, loin de dresser des cloisons entre les différents niveaux de l'école primaire, permettraient d'avoir une approche plus efficace de la progression de l'enfant.

C'est d'ailleurs pourquoi, il ne faut pas avoir peur du mot « méthodes ». Oui, il y a des méthodes qui font leurs preuves et d'autres qui font la preuve qu'elles ne fonctionnent pas ! Je me souviens de jeunes professeurs, aussi bien sur les rives du Maroni qu'en Seine-Saint-Denis, qui me questionnaient sur ces sujets et qui demandaient un positionnement de l'institution. J'aurais trouvé lâche et démagogique que la seule réponse apportée soit : « Faites comme vous l'entendez, c'est votre liberté pédagogique. » Cette réponse est l'exacte symétrique de l'injonction autoritaire prétendant faire faire, au détail près, la même chose à tout le monde en même temps. Par-delà ces approches, il faut, sur une base scientifique, offrir aux enseignants des références sûres et des sentiers valables.

Entrer à l'école à 2 ou 3 ans ?

Au-delà de ces trois principes fondamentaux – projet pédagogique, projet éducatif, formations et méthodes spécifiques –, évoquer la maternelle conduit nécessairement à s'interroger sur l'âge d'entrée dans la scolarité. 2 ou 3 ans ? Là encore, les débats sont vifs et il vaut mieux faire preuve de pragmatisme plutôt que de s'enfermer dans une alternative sans issue. À mon sens, il est bon que la maternelle soit ouverte le plus tôt possible, pour tenir compte des réalités des familles, en particulier des familles défavorisées. Mais, à nouveau, il faut se garder de tout simplisme. Il peut y avoir des structures municipales, par exemple des crèches, plus adaptées qu'une école maternelle pour les enfants de deux ans.

Par-delà la question sociale, il peut y avoir des enfants très mûrs dès l'âge de 2 ans, quel que soit leur milieu, et qui vont s'ennuyer à la crèche ou chez eux. Dans ce cas, ils ont besoin de la structure scolaire, qui doit pouvoir les accueillir. Cela doit permettre aussi de tenir compte du cas des enfants dits « intellectuellement précoces » qui doivent être mieux repérés et mieux traités. En effet, la capacité de l'école à recevoir chaque enfant tel qu'il est se révèle particulièrement décisive dans le cas des enfants précoces et des enfants handicapés. Des progrès importants ont été accomplis sur ces sujets depuis dix ans (le cas des enfants handicapés est d'ailleurs un bon exemple de continuité assez réussie des politiques publiques). Beaucoup reste à faire évidemment, qui relève moins de la loi ou du règlement que de l'évolution des pratiques et de la formation.

En tout état de cause, la maternelle dès 2 ans est une ouverture, mais il ne me paraît pas pertinent que cette ouverture ait un caractère systématique. À l'inverse, il faut savoir faire preuve de souplesse et prévoir des sas ou des transitions.

Repérer la difficulté scolaire dès la maternelle

L'articulation entre la maternelle et l'école élémentaire est tout aussi délicate. On peut d'ailleurs regretter que la loi dite de « refondation de l'école » (terme un peu excessif) contribue à éloigner la maternelle et l'élémentaire, en mettant fin au « cycle 2 », tel qu'il avait été mis en place par la loi de 1989. Cette organisation avait pourtant le mérite de créer un pont entre la grande section, le CP et le CE1, ce qui avait d'autant plus de sens qu'il ne faut pas avoir peur de considérer la grande section comme une propédeutique au cours préparatoire. Des apprentissages comme la découverte des lettres et des nombres ont toute leur pertinence dès l'école maternelle. Une fois de plus, affirmer la spécificité de l'école maternelle ne doit pas conduire à l'isoler des enjeux essentiels de l'école élémentaire.

C'est avec cette conviction que, depuis le début des années 2000, une inflexion pédagogique a été donnée, qui s'est accentuée en 2006 puis en 2008 à la faveur de trois éléments : le programme de maternelle, que j'ai évoqué plus haut ; les accompagnements pédagogiques, la formation continue et les documents de progression qui ont appuyé ce programme ; enfin, l'aide personnalisée de deux heures hebdomadaires pour les élèves les plus en difficulté. Le changement de rythme scolaire décidé en 2013 s'accompagne malheureusement de la fin de cette aide personnalisée qui fait pourtant partie des facteurs de l'actuelle réussite de l'école maternelle.

Car, il faut le souligner, à rebours de la dégradation du niveau constatée pour les élèves plus âgés, au cours de la décennie écoulée, l'école maternelle a connu une progression très forte de ses résultats. Une étude du ministère de l'Éducation nationale montre que les élèves de France sont aujourd'hui mieux préparés qu'en 1997 à l'entrée en CP. La stratégie de renforcement des contenus a donc fonctionné.

Il est d'ailleurs surprenant de voir à quel point cela est passé inaperçu dans une période où les bonnes nouvelles ne sont pas si fréquentes. L'étude, approfondie et robuste, porte sur la phonologie, la numération, le repérage dans le temps, l'écriture, la compréhension orale, la prélecture, l'identification des nombres et de figures géométriques : en d'autres termes, les éléments les plus fondamentaux pour aborder le CP dans les meilleures conditions. Il y a une diminution très significative des élèves situés au plus bas niveau (10 % en 1997, 3 % en 2011). L'étude montre aussi que les filles creusent l'écart avec les garçons (notamment en compréhension orale et maîtrise des concepts de temps). Les observations des parents et des enseignants qui font partie de l'enquête réalisée confirment l'impact qu'a eu « une école maternelle plus tournée vers les apprentissages[6] ». Tout cela, *in fine*, a réduit les inégalités sociales et le groupe des élèves issus des classes défavorisés a, pour certaines compétences, progressé plus que les autres. Plus remarquable encore selon cette étude : « Ce phénomène s'observe également pour les enfants dont la langue parlée à la maison n'est pas uniquement le français, qui atteignent en 2011 un score comparable voire supérieur à celui des élèves de 1997 parlant uniquement le français à la maison. »

On est ainsi, pour les élèves de 6 ans, face à un constat rigoureusement inversé par rapport à celui de l'enquête

6. *Note d'information de la DEPP*, 13-19 septembre 2013.

PISA[7]. Dans le premier cas, il s'agit d'enfants de 6 ans ayant grandi dans les années 2000. Dans le second cas, il s'agit d'adolescents de 15 ans qui ont commencé l'école dans les années 1990.

Nous sommes donc aujourd'hui devant les premiers éléments d'un rebond du système éducatif français mis en lumière par des évaluations différentes et cohérentes entre elles, de la maternelle au CE1. Ce rebond est fragile : une récente étude montre ainsi que l'on ne retrouve pas ces progrès au niveau du CE2[8]. La possibilité d'un rebond agace, aussi bien les déclinistes qui n'aiment pas voir infirmer leurs prophéties sur la décadence fatale que ceux qui ont systématiquement critiqué ce qui a permis de premiers progrès.

Préparer dès la maternelle la réussite des enfants tout au long de la scolarité suppose aussi d'être capable de s'attaquer à leurs difficultés le plus tôt possible. C'est ce qui m'avait conduit à concevoir, avec les équipes de la Direction générale de l'enseignement scolaire, des outils de repérage des difficultés pour les élèves de grande section ainsi que les éléments de remédiation leur correspondant. J'étais très attaché à cette approche car elle allait aux racines de ce qui conditionne les inégalités.

En octobre 2011, *Le Monde* a dévoilé ce projet de façon prématurée et biaisée, et la polémique qui a suivi a conduit le ministère de l'Éducation nationale à y renoncer. De manière caricaturale, la presse nous accusait de préparer des évaluations

7. Le programme PISA (Program for International Student Assesment) est un programme développé depuis 2000 par l'OCDE pour comparer la performance des systèmes scolaires par une batterie de tests réalisés dans les différents pays concernés auprès d'échantillons d'élèves de 15 ans.

8. Une hypothèse peut être aussi que les progrès des dernières années n'ont pas compensé les régressions du début des années 2000. http://cache.media.education.gouv.fr/file/2014/61/7/DEPP_NI_2014_19_evolution_acquis_debut_CE2_entre_1999_2013_325617.pdf.

pour les élèves de maternelle. C'était donner libre cours à tous les fantasmes ! Dans ces moments-là, on est effrayé par la pauvreté du débat public. Des personnes de bonne foi se précipitent sur les micros pour clamer des convictions et des valeurs que personne ne songe à mettre en cause. D'autres, de mauvaise foi, voient dans ce genre de polémique une occasion de gagner du terrain politique ou de vendre du papier. Tout cela se fait bien sûr au détriment des élèves.

Ainsi, le ministère était soupçonné de préparer un outil de relégation pour de malheureux enfants qui auraient « échoué » à ces évaluations ! Or il s'agissait précisément de l'exact contraire : disposer d'un outil d'aide aux élèves, tout au long de la grande section, pour éviter que certains n'entament le cours préparatoire dans de mauvaises conditions. Aucune mesure ne pouvait être plus sociale que celle-là. Car c'est à l'école maternelle que l'on peut essayer de combattre le plus efficacement les inégalités. Le repérage précoce constitue l'un des rares leviers dont dispose l'école pour lutter avec efficacité contre la difficulté scolaire. En effet, il est évident qu'agir tôt démultiplie l'efficacité du remède. Hélas, pour éviter la « stigmatisation », on renonce à l'identification, dans un raisonnement présenté comme progressiste et qui s'avère en réalité totalement archaïque et conservateur puisqu'il conduit à figer les situations et à laisser les plus fragiles de côté. Le refus de la détection précoce est donc très lourd de conséquences. Il est même criminel lorsque l'on sait que, dans 95 % des cas, les difficultés en lecture, écriture et calcul rencontrées par 15 à 20 % des élèves qui sortent du CM2 auraient pu être prévues dès la maternelle.

Ce projet avait été soigneusement préparé. La médecin-conseil de la Direction générale de l'enseignement scolaire, Jeanne-Marie Urcun, m'avait sensibilisé aux travaux menés par Michel Zorman, médecin de formation, qui, au fil de sa carrière, avait été amené à analyser les déterminants cognitifs de l'échec scolaire. En particulier, il avait fait partie de ce mouvement mettant l'accent sur la conscience phonologique chez l'enfant, en amont de son acquisition de la lecture et de l'écriture. Dès 2005, il avait mené à Grenoble une expérimentation intitulée PARLER[9] qui consiste à faire travailler cette conscience phonologique par les enfants, par petits groupes, de manière très structurée et méthodique. On est là au cœur de ce que l'on peut appeler la pédagogie explicite. Fort de ce constat, j'ai lancé en 2011, plusieurs initiatives dont celle des tests de maternelle. Dans le même esprit, j'ai appuyé le travail de l'association « Agir pour l'école » qui, sous la houlette rigoureuse de Laurent Cros, très attentif aux enseignements de la recherche internationale, déployait un protocole d'inspiration proche de celui de Michel Zorman. Les premiers résultats sont très encourageants et ont, comme il se doit, fait l'objet d'attaques répétées, notamment de la part de l'inspection générale.

Les compétences de l'élève de maternelle

Si la polémique a conduit à renoncer au dispositif, elle a au moins permis d'approfondir la concertation sur la maternelle avec les scientifiques de différentes disciplines (notamment, les sciences cognitives et linguistiques). Les résultats ont été très intéressants puisque les échanges menés dans le cadre du conseil scientifique de la Direction générale de l'enseignement scolaire ont conduit à identifier dix grandes séries de compétences que l'on peut attendre des élèves de maternelle, cinq étant liées à la maîtrise de la langue, deux aux mathématiques et trois étant transversales. Dans le détail, ces compétences sont les suivantes :

9. Ce qui signifie : « parler, apprendre, lire ensemble pour réussir ».

- La maîtrise de la langue :
  - comprendre un texte oralisé et se familiariser avec l'écrit ;
  - reconnaître les mots, les syllabes, les phonèmes, (segmenter, discriminer) et connaître les lettres de l'alphabet ;
  - avoir suffisamment de vocabulaire ;
  - avoir une conscience syntaxique ;
  - s'exprimer oralement.
- Les mathématiques :
  - le sens des nombres ;
  - l'espace et la géométrie.
- Les compétences transversales :
  - la motricité fine et les capacités graphiques ;
  - l'attention et la mémoire ;
  - s'organiser dans les tâches, planifier.

Revenons par exemple, dans le domaine du langage, au vocabulaire : je l'ai souligné plus haut, la première inégalité entre les enfants est le nombre de mots qu'ils maîtrisent avant 6 ans. Or la maternelle permet d'agir contre cette inégalité par une série d'exercices et de jeux. Des pratiques multiples peuvent être envisagées. Je pense par exemple au dictionnaire des écoliers ouvert aux écoles maternelles à partir de la rentrée 2010 ou encore à l'action de l'association « Lire et faire lire », fondée par Alexandre Jardin, qui invite des volontaires à faire la lecture à voix haute à de jeunes écoliers. Ou encore au travail d'Alain Bentolila qui a développé un réseau des observatoires locaux de la lecture (ROLL) dans plus de 6 000 classes, que j'ai moi-même appuyé[10].

Des objectifs ambitieux et explicites peuvent être fixés à l'échelle de chaque classe pour que les enfants apprennent le plus de mots possible à un moment de leur vie où cela est à la fois facile et structurant.

---

10. Bentolila A., *Le Verbe contre la barbarie,* Odile Jacob, 2007.

Avec le vocabulaire, il faut tout naturellement s'intéresser à la grammaire, d'autant que les enfants développent, dès le plus jeune âge, une conscience prégrammaticale que la maternelle doit consolider. Il ne s'agit pas évidemment de dispenser aux écoliers de maternelle un cours de grammaire formel. Il s'agit plutôt de développer des stratégies diagonales qui vont permettre de s'assurer que cette conscience prégrammaticale est bien présente et, si ce n'est pas le cas, de proposer des activités destinées à l'installer. Cela correspond à la conscience syntaxique mentionnée plus haut et à la capacité de l'enfant à répondre à des questions comme : « qui fait quoi ? », « où ? », « quand ? », « comment ? », « pourquoi ? ». J'ai pris soin, en tant que directeur général de l'enseignement scolaire, de réhabiliter dans les textes officiels, en lieu et place d'expressions jargonneuses et dilatoires, les deux mots simples et clairs que sont le vocabulaire et la grammaire, qui sont les deux piliers de toute maîtrise de la langue.

Affirmer que tous les élèves doivent maîtriser un socle de base dans chaque compétence ne signifie aucunement renoncer à encourager le potentiel immense que chaque enfant peut exprimer dans un domaine ou dans un autre. En revanche, lorsque, entre 3 et 6 ans, le socle de base n'est pas maîtrisé, il y a un problème à régler. Il revient au professeur de déterminer s'il s'agit d'un petit problème qui peut être résolu avec un peu d'exercice ou s'il s'agit d'un problème plus important qui ne relève pas du maître mais de la médecine ou de spécialistes, comme dans le cas des différentes formes de dyslexie et de dyscalculie. En réalité, un nombre important de difficultés peuvent être aisément surmontées par l'entraînement, par exemple dans le domaine de la motricité. Voilà pourquoi l'exercice, qu'il relève du jeu ou de la répétition, ne doit pas être évacué ! Et pourtant, en France, les difficultés de nos enfants sont souvent médicalisées alors qu'elles n'auraient pas toujours à l'être. Ainsi, entre 10 et 15 % des élèves posent un problème décelable à la maternelle. Parmi eux, moins d'un sur cinq relève véritablement d'un médecin ou d'un spécialiste. Pourtant, près du double va être orienté vers un orthophoniste, avec des conséquences importantes sur le plan humain comme du point de vue du budget de la Sécurité sociale. Cette surmédicalisation est d'autant moins acceptable qu'elle n'empêche pas nombre d'enfants, dont les difficultés relèveraient véritablement de la médecine, d'échapper à un diagnostic pertinent.

Montessori au XXIe siècle

En définitive, la maternelle doit être, pour chacun de ses acteurs, et en premier lieu pour les enfants, un temps gagné et non un temps perdu. C'est un enjeu nodal dans une société comme la nôtre et c'est précisément ce défi que différentes initiatives s'efforcent de relever. On en a un exemple intéressant avec le cas des écoles Montessori. Forgée dans la première moitié du XXe siècle, la doctrine pédagogique de l'Italienne Maria Montessori repose sur un postulat profondément juste : l'éducation doit cultiver très tôt la capacité d'autonomie de l'enfant pour lui permettre d'exprimer son potentiel. Sa réflexion va, par exemple, s'intéresser à l'organisation de la classe, à la maternelle mais aussi à ce qui se passe après, pour favoriser l'individualisation pédagogique et inciter l'enfant à prendre des initiatives dès le plus jeune âge, de sorte que le rapport au savoir soit d'emblée considéré comme naturel. Le rapport aux objets comme à la pratique – et donc l'usage des mains – devient essentiel, ce qui est en contradiction avec certaines traditions françaises. En effet, nous sommes le pays de l'abstraction par excellence, ce qui détermine fortement notre conception de l'enseignement dès la maternelle, alors même qu'il serait préférable que nos enfants touchent et manipulent pour s'approprier le monde. Ainsi, l'usage du boulier, que j'ai vu fonctionner dans un cours de mathématiques en chinois à Singapour, me paraît particulièrement pertinent pour faire le lien entre le concret et l'abstrait. De même, j'ai encouragé le retour des instruments de mesure, comme les poids et balances, dans les classes, car ils sont un moyen de « faire toucher du doigt » la réalité mathématique.

L'une des premières vertus des classes Montessori est d'installer tout autour de la classe une série d'objets, et même d'ateliers, qui correspondent à de grandes catégories de compétences que la pédagogue avait su identifier et que les enfants vont peu à peu s'approprier sans s'en rendre compte, selon une temporalité qui leur est propre, y compris dans les domaines les plus abstraits. Cette appropriation se fait sous la supervision de la maîtresse qui devient en quelque sorte le chef d'orchestre de ce qui se passe dans sa classe.

Si je connaissais depuis longtemps les principes fondateurs de cette pédagogie, j'ai été particulièrement enthousiasmé par le projet que m'a présenté un jour Céline Alvarez, professeur des écoles, qui proposait une expérimentation Montessori dans une école maternelle à Gennevilliers. En effet, cette pédagogie de pointe ne saurait être seulement réservée aux familles qui peuvent la payer. De même que la Casa dei bambini avait été créée par Maria Montessori dans un quartier pauvre de Rome, la classe de Céline Alvarez se situe dans une zone d'éducation prioritaire de la banlieue parisienne.

J'ai immédiatement soutenu cette initiative et je fus plus que conforté en effectuant une visite dans cette classe quelques mois plus tard. En effet, la maîtresse parvenait à ce qu'une bonne partie de la classe apprenne à lire au cours de la scolarité en maternelle. J'ai ainsi vu un enfant de 4 ans lire à voix haute et avec le ton des histoires à ses camarades. C'était d'autant plus remarquable que cette scène se déroulait dans une école où les difficultés sociales sont importantes et la diversité d'origine des élèves considérable. Et, de fait, il faut bien reconnaître que, si les écoles Montessori sont bien présentes en France, c'est sous statut privé et dans des espaces favorisés. En effet, une telle pédagogie a un coût, qui correspond à la formation des professeurs et à l'investissement en matériel, et reste relativement complexe à mettre en place. De plus, elle suppose une approche pédagogique qui peut bouleverser les habitudes. Par exemple, un des grands principes est de mélanger petite, moyenne et grande sections pour tenir compte de façon personnalisée de la progression de chaque enfant et pour permettre des effets de compagnonnage entre les enfants qui peuvent ainsi s'apprendre des choses mutuellement. On retrouve d'ailleurs ici la vertu des classes mixtes qui fonctionnent assez bien, du moins au niveau primaire, en milieu rural[11].

Ces particularités ont empêché le développement de la pédagogie Montessori dans l'école publique. C'est pourtant ce que nous avons tenté de faire, dans l'idée qu'une telle démarche était particulièrement pertinente pour les élèves issus de milieux modestes.

---

11. Il est assez intéressant de constater qu'en milieu rural l'école primaire obtient des résultats supérieurs à la moyenne nationale, tandis que le niveau s'effondre au collège. Parmi les explications que l'on peut donner, il y a le problème de « masse critique » qui se pose au collège lorsque trop peu de professeurs et trop peu d'élèves composent une communauté éducative, alors que la légèreté des effectifs n'est pas un problème à l'école primaire. Une autre explication est que l'école primaire rurale, pour compenser la faiblesse de ses effectifs, mélange les niveaux de classe et permet ainsi, *de facto*, une personnalisation forte, tenant compte du degré d'avancement de chacun, tandis que cette souplesse n'est plus possible au collège.

Au-delà de l'expérience de Gennevilliers, la lecture de l'œuvre de Maria Montessori m'a également rendu très attentif à une certaine approche du jeu à l'école. Comme on l'a vu, il ne faut surtout pas opposer le jeu au travail. Ce n'est ni anecdotique ni démagogique. En effet, beaucoup d'apprentissages de l'enfant se font à travers le jeu, qu'il soit d'adresse, de société ou de stratégie. L'école, maternelle comme élémentaire, doit s'appuyer résolument sur ce goût des enfants. D'autant plus qu'en règle générale, le jeu bénéficie aujourd'hui plutôt aux enfants des couches moyennes et supérieures qui ont plus souvent que les autres la possibilité de jouer en famille aux jeux de société. Les vertus du jeu peuvent bénéficier à tous. Je pense en particulier à la concentration, question à laquelle Maria Montessori attachait d'ailleurs beaucoup d'importance, et qui représente de plus en plus un problème pour les enfants du monde entier. Certains jeux (je reviendrai sur le cas du jeu d'échecs) permettent de développer profondément la capacité de concentration de l'enfant. On doit en favoriser la pratique le plus tôt possible.

Pour développer la pratique du jeu, j'ai ainsi encouragé la création de salles dédiées dans des écoles pilotes, en particulier dans le département des Yvelines où l'inspecteur d'académie était partant. Ces salles dédiées, où les enfants peuvent se rendre pendant les récréations, rejoignent les principes développés par Maria Montessori puisque trois ou quatre grandes catégories de jeu sont proposées, qui correspondent à autant de compétences fondamentales de l'enfant. Pour nourrir cette expérience, nous avons d'ailleurs signé une convention avec la Fédération française de jeu et tenté de développer une mallette de jeux destinée aux écoles. Là aussi, il serait aisément possible d'aller beaucoup plus loin.

Aujourd'hui, il nous reste à réinventer Montessori pour le XXIe siècle. Cela passe nécessairement par la réunion des deux pôles évoqués précédemment : la prévention de la difficulté, grâce à une vision très fine de ce qui se déploie pédagogiquement à la maternelle et, en même temps – indissolublement –, le jeu et l'épanouissement de l'enfant. On doit chercher à développer dès le plus jeune âge la capacité à s'étonner et à agir ainsi que la capacité à se concentrer, d'où l'importance des moments de silence et de repos. Les voies ouvertes par la méditation, en vogue dans le monde adulte actuellement, devraient être explorées (c'est aussi un thème de Maria Montessori) pour donner à l'enfant dès ses débuts l'antidote aux excitations du monde moderne.

L'école maternelle illustre tout particulièrement cette troisième voie entre une approche traditionaliste et une approche « pédagogiste » de l'enseignement. Aux premiers, il faut emprunter la conviction fondée que l'école doit apporter de façon méthodique à l'enfant le socle des savoirs fondamentaux et des valeurs ; des seconds, il faut retenir leur insistance sur les facteurs de l'attention de l'enfant, ce qui passe par le désir et la participation. En alliant ces deux ingrédients essentiels, on peut accéder à la troisième voie que nous avons commencé d'emprunter et qui définit une progressivité de la compréhension.

Plutôt que de créer une tension artificielle et déclencher ainsi une nouvelle guerre des Horaces et des Curiaces, c'est en visant l'épanouissement de l'enfant par une pédagogie qui prête attention aux particularités de chacun que l'on pourra inventer la meilleure école maternelle.

« Vivre est le métier que je veux lui apprendre », clame Rousseau dans l'*Émile*. L'école de la vie suppose la prise en compte de toutes les dimensions de l'enfant. L'école maternelle est la première école de la vie car elle met déjà l'enfant sur une voie qui est bonne si on a su susciter son intelligence et sa capacité à vivre en société.

INTERMÈDE I
LE FLEUVE OU LA VIE

Cette nuit-là, nous avions tendu nos hamacs entre les piliers du préau d'une école. Nous le faisions souvent lors de ces tournées sur le Maroni qui nous amenaient à visiter une à une les écoles du fleuve. Il fallait plusieurs jours, bien sûr, car les distances étaient importantes. Mais c'était un travail indispensable pour prendre le pouls de la situation, réconforter et aider les enseignants qui se sentaient souvent isolés, parfois sans électricité ni communication. J'aimais tout particulièrement ces rencontres, en compagnie de l'« inspecteur du fleuve », de la « psychologue du fleuve » (rebaptisée « potamopsy ») et de toute personne utile pour cet accompagnement professionnel très particulier. Les situations rencontrées nous plaçaient en face de l'exercice du métier à l'état pur et pouvaient se comparer à ce que vivaient les instituteurs au début du XXe siècle dans des lieux reculés où le français n'était pas la langue des enfants et où certaines familles plaçaient tous leurs espoirs dans l'école tandis que d'autres n'en voyaient pas l'intérêt. Mais le climat et la latitude étaient différents.

En aval du fleuve, de Saint-Laurent-du-Maroni à Maripasoula, les populations implantées sont des « Noirs marrons ». Il s'agit de descendants d'esclaves qui ont fui les plantations du Surinam voisin dès le XVIIe siècle et qui ont reconstitué de véritables sociétés africaines au cœur de l'Amazonie[1]*. Après Maripasoula,*

1. Voir Moomou J., *Le Monde des Marrons du Maroni en Guyane (1772-1860),* Ibis Rouge Éditions, 2005.

en allant vers l'amont, on entre dans le monde amérindien, où chaque village représente une tentative d'un monde ancien pour continuer à vivre selon son génie propre au milieu de la nature mais aussi d'une modernité qui malmène et sidère. Ce contraste entre populations noires et populations amérindiennes me rappelait d'autres situations latino-américaines que j'avais pu connaître, notamment sur la côte Pacifique de la Colombie.

Au petit matin, le rituel était immuable. Nous pliions d'abord les hamacs et remballions nos affaires pour les placer dans des « touques », petits tonneaux en plastique, pratiques pour le déplacement en pirogue. Dans cette école, des familles s'étaient réfugiées au cours des jours précédents en raison d'une montée exceptionnelle des eaux qui avait chassé de nombreuses personnes de leurs habitations. L'une de ces familles avait laissé un miroir dans une classe et je m'en servis pour me raser. Au moment où je terminais ma tâche, quelqu'un claqua une porte, ce qui fit tomber le miroir. Il se brisa. J'en fus très gêné pour le propriétaire et ne pus que laisser un peu d'argent pour le dédommager.

Au même moment, les enfants arrivaient des villages alentour au moyen de pirogues scolaires qui déversaient leur flot d'élèves. Ce spectacle me plaisait toujours beaucoup et il était l'occasion d'échanger rapidement avec quelques enfants. Leurs rires et leurs cris étaient ceux de tous les enfants du monde. Quelques phrases, quelques encouragements et nous voici obligés de partir pour tenir notre horaire de la journée. Je me dirige vers la pirogue où tout le monde est déjà assis. Deux chats noirs se font face et me regardent fixement. Je passe entre les deux comme dans une allée de sphinx égyptiens. Je lance une faible plaisanterie sur mon absence de superstition. Le fleuve est devant nous, exhalant sa beauté majestueuse. Des volutes de fumée lui échappent de partout, vapeurs d'une eau qui déploie son mystère. Les tonalités sont ocre sur l'eau, vertes sur la terre. On comprend que des hommes puissent vénérer le fleuve comme une divinité.

Nous partons dans une humeur de confrérie joyeuse, comme chaque matin. La pirogue est munie de petits bancs où deux personnes peuvent prendre place. À l'arrière, un piroguier expérimenté, fils du fleuve, manie le moteur. À la proue, un autre s'assure de la direction à prendre en fonction des obstacles et du niveau de l'eau qu'il évalue avec une perche. Véritable sémaphore, il envoie des signes à celui de l'arrière pour ajuster au mieux la conduite. Je suis installé à l'avant avec l'inspecteur. J'aime converser avec lui. Nous parlons des professeurs que nous avons vus ou que nous allons voir. Nous avons le temps d'analyser dans le détail chaque situation. Il a travaillé longtemps à Haïti et me raconte par le menu certaines de ses expériences, mais aussi des histoires de flibuste et de chevalerie qui le passionnent. Il est très attentif aux noms des lieux et se livre à une interprétation de leur origine qui donne un sens nouveau à chacun. Nous avançons ainsi depuis plusieurs heures quand notre pirogue arrive à la hauteur de l'un des principaux « sauts » du Maroni. Un saut est une série de rapides. Lorsqu'on remonte le fleuve, le mot est presque à prendre au sens propre, tant il s'agit parfois de franchir sur l'eau un véritable dénivelé. La méthode est éprouvée : le piroguier donne un grand coup d'accélérateur et soulève immédiatement l'hélice. L'élan donné permet de se hisser contre le courant en évitant les obstacles.

Ce saut est le « Poligoudou », ce qui signifie littéralement « richesses perdues ». Il s'étend sur plusieurs kilomètres. Nous nous apprêtons à passer les premiers rapides quand le drapeau français, dressé à l'arrière du bateau, tombe à l'eau. Je demande que l'on fasse un petit demi-tour pour le récupérer et nous reprenons notre route. Un à un les rapides sont franchis. La dextérité du piroguier fait chaque fois merveille. On le sent plus attentif que jamais car l'eau est à une hauteur exceptionnelle, le courant est fort, des rochers habituellement visibles sont masqués. Nous voici à l'approche du dernier rapide.

Nous passons entre deux îlots, un tout proche à droite, un autre plus éloigné à gauche. Le coup d'accélérateur, l'hélice relevée, l'élan ascensionnel. Tout s'accomplit. Mais soudain la pirogue heurte un obstacle. C'est un rocher à fleur d'eau. Immédiatement, l'eau surgit à gros bouillons devant nous dans le trou qui s'est formé. Deux secondes pour soulever les affaires et éviter qu'elles soient mouillées. Mais déjà le trou s'est agrandi et la coque pivote légèrement vers la gauche avant de se diviser en deux et de disparaître sous nos pieds. Nous sommes littéralement absorbés par le fleuve. J'entends l'inspecteur dire : « Monsieur le recteur, monsieur le recteur ». Il est emporté loin de moi. Je flotte, je nage, je m'inquiète. Je suis ballotté au milieu du rapide, comme un objet. Soudain, je me sens attiré vers le fond. Quelque chose tire mes pieds vers le bas. Tout bascule. Je suis sous l'eau. Je sens l'odeur âcre de la mort. Le temps est suspendu.

Ne pas respirer est déjà une souffrance. Ne pas se laisser envahir. Ne pas abandonner. Ne pas subir. Ne pas se tromper d'idée, de réaction. Je retire ma chaussure gauche pour me libérer de ce qui semble me tenir, peut-être le cordage de la pirogue. Je crois m'être libéré mais je ne remonte qu'à peine. Je vais mourir. Je retire ma chaussure droite. Je remonte enfin. Surgir à l'air libre est une renaissance. Je prends une immense bouffée d'oxygène. La vie !

Mais le fleuve me tient bel et bien. Me voilà emporté dans le courant, blessé à chaque obstacle contre lequel je suis précipité. Le milieu du fleuve forme comme un tapis roulant dont on ne peut s'échapper. Impossible de rejoindre les berges lointaines. Heureusement, j'ai pu me saisir d'une touque qui flottait et qui me sert maintenant de planche de salut. La descente continue. Je suis presque sûr de m'en sortir maintenant que j'ai la tête hors de l'eau mais je ne sais pas comment. Ce n'est pas tant la faune du fleuve – caïmans, anacondas, piranhas – qui est un danger que les différents obstacles contre lesquels on est précipité. Mais je suis surtout fou d'inquiétude pour tous les autres. J'en vois deux ou trois au loin qui ont été moins freinés que moi. Mais où sont les autres ?

Les minutes passent comme un long glissement vers l'inconnu. Enfin, une pirogue apparaît. À son bord, deux Surinamais rastas qui ont embarqué une sono à bord et passent du reggae à toute puissance. Je ne m'étonne même pas de ce nouveau moment surréaliste, si soulagé par leur aide lorsqu'ils me hissent à bord. À l'intérieur, deux de mes compagnons de voyage ont déjà été sauvés. Nous nous serrons dans les bras. Quand je m'aperçois que nos deux sauveteurs sont affairés à récupérer les différents sacs charriés par le fleuve comme des signaux épars de notre naufrage. Cet acte nous permettra de récupérer de nombreuses affaires mais, sur le moment, il me scandalise car il me semble autant de secondes prises sur la seule chose qui compte : aller à la recherche de nos autres compagnons. Je les presse de partir de toute urgence vers l'amont, ce qu'ils finissent par faire.

Nous voici remontant progressivement le fleuve. Aucun signe de vie à la surface. Mon inquiétude est à son comble. Je pense à l'inspecteur qui m'avait dit qu'il ne savait pas vraiment nager. Je pense à une conseillère du rectorat, mère de famille, qui nous accompagnait pour un projet que nous avons avec les Surinamais. J'imagine le pire. Soudain, nous passons près d'un îlot. Miracle ! L'inspecteur et la « potamopsy » sont là, attendant debout sur une petite plage de cailloux. Nous les récupérons avec un soulagement immense. Eux aussi ont vécu un moment un peu particulier. Ils ont dérivé longuement, accrochés de part et d'autre d'une petite planche. La psychologue rassurait l'inspecteur. L'apaisement s'est substitué à la peur. Ils ont réussi à aborder ce petit morceau de terre et à attendre les secours.

Restent les autres, tous les autres. Nous reprenons la route, espérant à chaque instant distinguer une silhouette, entendre un appel. Rien n'apparaît. Chaque instant qui passe est une raison supplémentaire de douter. Nous approchons du lieu du naufrage. Le courant est tellement violent qu'il est difficile d'imaginer qu'ils ne sont pas nettement en aval, morts ou vivants. Encore quelques centaines de mètres. Les voilà ! Tous regroupés à quelques mètres du lieu fatidique. Avant de se désintégrer, la pirogue a légèrement pivoté vers la gauche. Ceux de l'arrière ont été déportés vers la droite où se trouvait un minuscule îlot. Ils y sont concentrés, les uns sur les autres. À moitié brûlés par l'essence qui s'échappe lentement du gros fût qui nourrissait le moteur. Ils souffrent, chauffés par le liquide et par le soleil. Mais le bonheur de se retrouver est immense. Nous tombons dans les bras les uns des autres. Nous nous aimions beaucoup. Nous serons plus soudés encore désormais. J'aimais la vie. Je l'aimerai encore plus, différemment peut-être.

2

L'ÉCOLE ÉLÉMENTAIRE : UN SOCLE POUR LA VIE

Le contraire de l'éducation, c'est la démagogie. Aussi, quand on parle de l'« école de la vie », faut-il se garder de toutes les fausses pistes que ce terme peut inspirer. En effet, l'école de la vie ne peut signifier que l'école doit imiter la vie, au sens où elle devrait abandonner sa spécificité en tant qu'institution pour chercher à se confondre avec le monde extérieur. Tout au contraire, elle doit rester un lieu particulier, mais un lieu habité par un élan vital synonyme de liberté, d'ouverture de tous les possibles pour chaque enfant. L'école de la vie, c'est aussi la capacité à réconcilier toutes les dimensions de l'homme, au sens qu'Edgar Morin donne à cette expression : physique, biologique, psychique, culturelle, sociale, historique[1].

Lutter contre l'école poussiéreuse, contre l'ennui sans fin du cours magistral, peut conduire à deux voies de contestation très différentes. L'une, chatoyante, affirmera qu'il faut s'adapter à la société, à l'économie ou même à la technique. Elle soumettra ainsi l'école à la mode, à l'immédiateté, aux désirs contradictoires et, *in fine*, à des asservissements multiples. L'autre, plus difficile, accordera

---

1. Voir notamment Morin E., *Les Sept Savoirs nécessaires à l'éducation du futur*, Seuil, 1999.

l'attention principale à la possibilité donnée à l'enfant de se hisser par lui-même grâce à son effort, à sa participation, à sa compréhension intime du bonheur de savoir. À l'école élémentaire, cette vision débouche sur une priorité absolue : apprendre à lire, à écrire et à compter. Et donner ainsi à l'enfant le socle de toute interaction en société pour lui permettre ensuite d'accéder au doute, au sens de l'argumentation, à une épistémologie de plus en plus complexe.

Ouvrir l'école à la vie ?

Nous avons sous nos yeux une illustration historique d'une bifurcation mal prise, d'un enfer pavé de bonnes intentions, en raison de l'ambivalence de l'expression « ouvrir l'école à la vie ».

Le 28 février 1968, Alain Peyrefitte, ministre de l'Éducation nationale, présente en Conseil des ministres la commission de rénovation pédagogique qu'il est sur le point d'installer. Le discours est explicite : l'objectif de la commission est d'« ouvrir l'école à la vie et la vie à l'école ». L'école entend renoncer à l'encyclopédisme et à l'érudition au profit de la capacité d'adaptation, mais surtout, l'enjeu pour Peyrefitte est de transformer la relation pédagogique : « Il faut mettre fin au monologue du cours magistral qui sévit même au collège. Le dialogue, les pratiques, la participation active à la vie de la classe doivent le remplacer[2]. » À vrai dire, dans cette communication, le ministre évoque surtout le second degré. Si l'objectif est louable puisqu'il s'agit de traduire la massification à l'œuvre dans le secondaire en véritable démocratisation, il n'en

2. Peyrefitte A., *C'était de Gaulle*, Gallimard, coll. « Quarto », 2002, p. 1630-1632.

demeure pas moins que les conséquences seront ravageuses à tous les niveaux d'enseignement[3]. En effet, l'évolution des méthodes pédagogiques est identifiée comme le levier majeur du changement et le mois suivant, à Amiens, le ministre Peyrefitte déclare en conclusion d'un colloque qu'il « retient volontiers pour caractériser l'esprit nouveau, le mot “animateur” qui a été employé au sein du colloque [...] ; tout cela signifie que nous voulons des maîtres qui soient moins les serviteurs d'une discipline que les serviteurs des enfants, des maîtres qui sachent, certes, de quoi ils parlent, mais aussi et surtout à qui ils parlent[4] ».

Ainsi, une certaine approche spontanéiste de la pédagogie que l'on attribue habituellement aux conséquences de Mai 1968 était déjà présente dans les propos d'un ministre gaulliste, réputé conservateur. Il y a donc bien eu un « air du temps » qui a conditionné les évolutions pédagogiques des années suivantes. Au nom d'une ouverture de l'école et d'une démocratisation évidemment souhaitables, la porte a été ouverte sur des impasses pédagogiques dont les conséquences ont été redoutables[5]. L'apparition de la méthode globale pour l'apprentissage de la lecture en a été l'illustration majeure (mais pas la seule, je reviendrai sur la question des mathématiques en particulier). La dégradation qu'elle a entraînée a été d'autant plus grave qu'elle s'est accompagnée d'une incapacité de l'institution à admettre son échec. Plutôt que de

---

3. On peut aussi considérer que les suites n'ont pas été positives, faute d'une bonne mise en œuvre et mise en récit des principes exposés au colloque d'Amiens. C'est ce que pense Denis Meuret dans *Pour une école qui aime le monde. Les leçons d'une comparaison France-Québec (1960-2012)*, Presses universitaires de Rennes, coll. « Paideia », 2013.

4. Colloque d'Amiens, 15-17 mars 1968.

5. Je ne peux m'empêcher de faire le parallèle entre ces fausses pistes pédagogiques et les fausses pistes urbanistiques de la même période. Dans les deux cas, l'intention est généreuse et l'appareil intellectuel mis à leur service est puissant et intéressant. Dans les deux cas, les conséquences sont graves et expliquent une partie de la crise française actuelle.

reconnaître lucidement les erreurs qui avaient été commises et de rétablir ce qui devait l'être, on a préféré biaiser avec le réel. Depuis deux ou trois décennies, nous sommes donc dans une sorte d'entre-deux mal défini, dont le ministère essaie de se dédouaner en invitant les enseignants à définir leurs propres méthodes au nom de la liberté pédagogique.

Cela n'a aucun sens. Je me souviens ainsi d'une enseignante de CP faisant la leçon à un inspecteur général (pourtant totalement insoupçonnable de conservatisme) parce qu'il lui faisait remarquer qu'il était anormal au mois de janvier de se retrouver avec la moitié de la classe incapable de déchiffrer un mot. Elle estimait que la méthode globale qui lui avait été enseignée à l'IUFM était le *nec plus ultra*…

Ce que nous apprennent les sciences pour l'apprentissage de la lecture

J'ai passé de nombreuses heures en fond de classe de CP. C'est un exercice que je m'imposais et que j'aimais en tant que recteur. J'ai vu chaque fois les mêmes facteurs de réussite. Et c'est à partir de ces expériences concrètes que j'ai cherché en tant que recteur puis en tant que directeur général de l'enseignement scolaire les bases scientifiques les plus sérieuses pour expliquer ces réussites. J'ai découvert avec consternation que la France vivait sous l'effet d'une sorte de voile d'ignorance. Alors même que des études internationales nombreuses et sérieuses avançaient à grands pas dans la compréhension des mécanismes d'acquisition de la lecture et de l'écriture, alors même que des chercheurs français, venus notamment des sciences cognitives et de la linguistique, démontraient quelles approches fonctionnaient et quelles approches ne fonctionnaient pas, le petit milieu qui fait autorité en France en sciences de l'éducation choisissait de rester à l'écart, simplement pour ne pas se contredire. *Errare humanum est. Perseverare diabolicum.*

J'affirme que c'est en toute connaissance de cause qu'une partie de l'inspection générale du premier degré et de la caste de ceux qui s'étaient créé un magistère d'influence à travers la formation des maîtres a persévéré dans l'erreur pour ne pas avoir à se déjuger. Cet entêtement a eu des conséquences dramatiques sur le niveau de lecture des élèves en France depuis trente ans et peut être considéré comme étant à la source d'autres dégradations pédagogiques et éducatives. Une génération a assumé de sacrifier les générations suivantes au nom de lubies qu'elle n'a pas voulu abandonner parce que ces lubies avaient l'aura du progressisme. J'ai pu ainsi observer que certains auteurs ou inspecteurs, constatant les ravages de la méthode globale, ont préféré nier l'évidence plutôt que de reconnaître les erreurs commises. C'est ainsi que l'on a prôné jusqu'à il y a peu des méthodes mixtes qui sont en réalité de mauvais compromis.

La bonne voie consiste tout simplement à regarder ce qui fonctionne et à prêter une attention vigilante aux travaux scientifiques nationaux et internationaux. Les chercheurs les plus rigoureux sur ces questions, comme Jérôme Deauviaux, Stanislas Dehaene ou Franck Ramus, ne cessent de clamer la nécessité d'une approche expérimentale. Cela suppose de suivre attentivement la littérature scientifique internationale et de savoir lancer des protocoles d'expérimentation pertinents en France. L'état de l'art est très bien résumé dans un livre réalisé par un groupe d'excellents spécialistes venus de différents horizons disciplinaires[6].

6. Dehaene S. (dir.), *Apprendre à lire. Des sciences cognitives à la salle de classe*, Odile Jacob, 2011.

Que nous apprennent ces experts ? Le cerveau de l'enfant est prêt par nature à traiter la parole (nous l'avons vu dans le chapitre sur la maternelle), mais pas l'écrit. La lecture est aussi artificielle que le langage est naturel. L'être humain doit donc créer tôt les connexions neuronales, les automatismes qui rendront « naturel » l'acte de lire. Pour lire, l'enfant doit prendre conscience des structures du langage oral. Il s'agit de mettre en rapport le code visuel des lettres avec ces structures. L'enfant doit prêter attention à la présence des lettres et des suites de lettres qui correspondent aux phonèmes au sein des mots écrits. Cette association graphème-phonème (écrit-oral) des composantes du mot est la clé du décodage. Apprendre à déchiffrer ne doit donc en aucun cas être opposé à la question du sens. Tout au contraire, l'automatisation de la lecture est indispensable pour libérer l'attention et la mémoire de travail, au service de la compréhension du texte.

Une approche pseudo-moderne conduit à retarder au maximum l'entrée dans le décodage. Paradoxalement, elle éloigne l'enfant d'une compréhension véritable des choses en s'appuyant sur un apprentissage par cœur des mots et par une forme de devinette. C'est l'enfant qui dit « vélo » quand il est écrit « bicyclette » parce qu'il y a une image ou parce qu'il a été habitué à deviner le mot au milieu d'une phrase.

La véritable émancipation pédagogique au service de l'enfant consiste à développer le plus tôt possible des automatismes au service du sens. Nous avons vu que certains de ces automatismes peuvent être acquis dès la maternelle, y compris au travers de jeux. Ils ne sont pas synonymes nécessairement d'exercices austères. La conscience phonologique de l'enfant peut ainsi se développer sur des bases solides à partir de petits exercices qui s'apparentent à des jeux en amont du CP.

Nous savons aussi que la pratique du geste d'écriture accélère l'apprentissage de la lecture. Même pour la dyslexie, qui est une anomalie neurobiologique, un apprentissage intensif de la correspondance graphème-phonème permet de compenser le plus souvent une grande partie du déficit dont pâtit l'enfant.

Les travaux menés permettent ainsi de déboucher non pas sur une méthode mais sur un corps de principes à respecter. Les auteurs identifient ainsi sept principes :

1. Principe d'enseignement explicite du code alphabétique.
2. Principe de progression rationnelle (aller du plus simple au plus compliqué pour apprendre les syllabes et les sons auxquels elles correspondent).
3. Principe d'apprentissage actif associant lecture et écriture.
4. Principe de transfert de l'explicite vers l'implicite (faciliter l'automatisation rapide de la lecture).
5. Principe de choix rationnel des exemples et des exercices.
6. Principe d'engagement actif, d'attention et de plaisir.
7. Principe d'adaptation au niveau de l'enfant.

Il n'y a donc pas une méthode unique d'apprentissage de la lecture. En revanche, il y a clairement un spectre de méthodes qui fonctionnent et il y a des méthodes qui ne fonctionnent pas. « Lorsqu'une personne apprend un alphabet nouveau, l'apprentissage varie massivement selon qu'elle distribue son attention de façon globale ou focale. Si on lui explique que les mots sont constitués de lettres qui représentent des fragments élémentaires du langage parlé, elle apprend rapidement à lire, et l'imagerie cérébrale montre une activation normale de l'aire de la forme visuelle des mots – autrement dit, elle devient très vite un décrypteur expert. Si, par contre, on lui présente les mêmes mots comme des formes globales, sans lui dire qu'ils sont composés de lettres, elle n'apprend guère, car sa mémoire est vite dépassée. Surtout, elle active une aire cérébrale inadéquate dans l'hémisphère droit[7]. »

J'ai été habité par ces convictions dans mes différentes fonctions. Lorsque je suis arrivé au cabinet de Gilles de Robien en 2006, pour superviser les questions scolaires, le ministre avait pris très nettement position dans ce débat. Il était le premier à le faire. Son propos a déclenché de vives polémiques parce que c'était un propos simple : il a donc été taxé de simplisme. La levée de boucliers a été à la hauteur du scandale que peut soulever un ministre non spécialiste qui met les pieds dans le plat. À ses mots simples sur la force de la méthode dite « syllabique », on a opposé beaucoup de jargon et peu d'arguments véritables.

Il n'en demeure pas moins que c'est seulement à partir de cette date que commence un coup d'arrêt aux ravages de la méthode globale ou de ses variantes. Les premières circulaires sont parties de la rue de Grenelle pour affirmer qu'il fallait reprendre la question de la lecture sur de nouvelles bases.

À Créteil, à partir de l'année 2008-2009, nous avons élaboré, avec Daniel Auverlot, l'inspecteur d'académie de Seine-Saint-Denis, et Dominique Roure, conseiller pour le premier degré au rectorat, un plan de prévention de l'illettrisme à l'école qui fixait les grands principes et proposait aux enseignants des axes de travail en français mais aussi en mathématiques et insistait tout particulièrement sur la lecture à haute voix. Un certain nombre de ces idées ont d'ailleurs été reprises dans le cadre du plan national de prévention de l'illettrisme que Luc Chatel m'avait demandé de préparer au printemps 2010.

---

7. *Ibid.*, p. 43.

En mathématiques : installer des automatismes tôt

En ce qui concerne les mathématiques, on a connu aussi depuis les années 1970 de nombreux errements. Là encore, la parure du progressisme a fait le lit d'évolutions qui accentuent les inégalités sociales. Curieusement, ces doctrines pédagogiques vont toujours dans le sens d'une plus faible exigence vis-à-vis de l'élève, ce qui est à la fois une erreur scientifique et psychologique. Il est prouvé ainsi que la maîtrise des quatre opérations est une faculté que peut développer un enfant dès l'âge du CP. Il n'y a aucune raison de retarder cette acquisition. En mathématiques comme en français, il est important d'installer des automatismes le plus tôt possible. D'où l'importance d'exercices accomplis selon une visée pédagogique précise. C'est ainsi que nous avons prôné la pratique quotidienne du calcul mental dont on sait les vertus cognitives et qui, lorsque cela est bien fait, peut s'apparenter à un jeu pour les élèves.

De façon générale, tout ce qui permet à l'élève de réaliser des exercices est bon. C'est cela le vrai sens d'une pédagogie active, par opposition au cours magistral à l'ancienne. Parfois, l'ordinateur peut être un complice utile du professeur. Il permet de faire réaliser des exercices progressifs et réguliers à l'élève en l'aidant aussi à se tester régulièrement. La clé de nombreuses évolutions pédagogiques souhaitables est là : un temps d'autonomie pour l'élève afin de se confronter à des travaux personnels, dans le cadre d'un temps important consacré au français. Les exercices doivent être « vivants » et fréquents afin de lui permettre de savoir où il en est et de consolider chaque stade de sa progression. En mathématiques, la résolution de problèmes fait partie du travail régulier que l'on peut souhaiter pour chaque élève. Les mathématiques illustrent ainsi une règle pédagogique plus générale : on ne doit pas opposer automatismes et mise en activité de l'élève. Bien au contraire, les deux dimensions se soutiennent mutuellement.

Stanislas Dehaene insiste sur les quatre éléments qui permettent à l'élève de réussir : l'attention, l'engagement actif, le retour d'information (on retrouve l'importance des exercices et des tests fréquents), la consolidation (qui passe notamment par le sommeil).

Sortir des clivages stériles

Au printemps 2012, j'ai pris l'initiative de réunir à Lyon, une large conférence sur l'enseignement des mathématiques pour sortir des clivages stériles qui sont apparus avec l'émergence des « mathématiques modernes ». L'idée était de déterminer si l'ensemble des spécialistes pouvait se rejoindre sur un certain nombre de points fondamentaux et de démontrer l'immense intérêt qu'il y a à connecter la recherche la plus sérieuse avec les grandes lignes pédagogiques concrètes du système éducatif[8]. Les conclusions ont été passionnantes. En voici une partie :

> Au sein du Conseil scientifique, il y a une vision partagée sur ce qui est attendu de l'enseignement du calcul, des équilibres à trouver entre automatisation et flexibilité, de l'importance du calcul d'estimation et d'ordres de grandeur, du travail à mener sur les rapports entre grandeurs, nombres et numération ;
>
> La pratique du mesurage et l'étude systématique du système métrique (compréhension des systèmes d'unités pour une grandeur donnée) sont nécessaires. L'appropriation de ce que sont

8. http://educmath.ens-lyon.fr/Educmath/dossier-manifestations/conference-nationale.

les grandeurs (quantité, espace, temps, masse puis les grandeurs composées aire, volume, vitesse, force, travail) suppose en particulier l'expérience pratique des ordres de grandeur et le raisonnement correspondant. L'intuition commune des grandeurs fondamentales que sont l'espace, le nombre et le temps doit donc être travaillée tout au long de la scolarité et fonde ce qu'on appelle « le sens des opérations ». C'est ainsi que l'on peut penser développer à l'école obligatoire, école du socle commun, l'« intelligence du calcul » ;

La question de la familiarité nécessaire des élèves avec les nombres et de la manière de la construire est revenue plusieurs fois dans le débat. Elle doit occuper une place centrale dans l'enseignement des mathématiques : le système de la numération décimale de position fonde les techniques de calcul et les algorithmes opératoires ; les élèves doivent avoir sur ces questions une maîtrise pratique théorique et technique. Cette maîtrise comprend nécessairement la modélisation des problèmes et leur organisation en types ou classes qui donne accès aux sens des opérations parce qu'elles permettent de résoudre les problèmes d'un(e) même type ou classe.

Des travaux scientifiques de ces dernières années sur l'apprentissage du français et des mathématiques, je retiens donc qu'il est possible, et même nécessaire, d'arrêter de se cacher derrière le paravent de la liberté pédagogique, qui conduit à laisser les enseignants se débrouiller tout seuls. Il faut au contraire qu'ils soient très bien formés, très au fait de la recherche nationale et internationale. Les professeurs ont besoin d'un adossement. Ils le réclament, il faut donc le leur fournir en s'appuyant sur le seul argument susceptible de susciter l'adhésion : un argument d'ordre intellectuel qui s'appuie sur la recherche. Pourtant, les freins sont nombreux, notamment parce que le mot « recherche » peut recouvrir des réalités bien différentes et qu'ainsi le meilleur et le pire se côtoient en France.

Trop d'acteurs importants sont imprégnés d'idéologies dépassées et n'ont cessé de s'opposer aux impulsions qui ont pu exister à partir des années 2000 en matière d'apprentissages fondamentaux. Leur influence est souvent inversement proportionnelle à leur scientificité. Cet état de fait appelle une vigoureuse réforme du système d'inspection en France, articulée aux évolutions nécessaires de l'organisation de la recherche en matière d'éducation et de ses conséquences sur la formation.

Il faut que le discours de l'institution repose sur des bases véritablement scientifiques. C'est ce que l'on a commencé à faire avec la création d'un conseil scientifique de l'enseignement scolaire permettant de réunir de grands spécialistes de domaines complémentaires pour inspirer les politiques du ministère.

Il est d'ailleurs stupéfiant de voir comment tous ceux qui ont été les tenants de la méthode globale, au nom de la science, se mettent à développer des arguments de type religieux dès lors qu'ils sont dépassés par celle-ci ! Il est aussi intéressant de voir comment certains auteurs, se rendant compte des limites de théories qu'ils ont développées au cours des quinze à vingt dernières années, ont opéré un virage au cours des toutes dernières années, mais sans jamais le reconnaître ! Leurs arguments ont connu schématiquement l'évolution suivante au cours des dernières décennies :

– la méthode globale est supérieure ;

– la semi-globale est souhaitable ;

– il faut laisser les professeurs faire leurs choix ;

– arrêtons de parler de cela car plus personne ne pratique la méthode globale ;

– la méthode syllabique est supérieure, mais les vrais problèmes ne sont pas là et il faut s'intéresser à d'autres facteurs.

L'importance des manuels

Les contenus et les méthodes doivent s'appuyer véritablement sur la science. Mais, pour que ce changement de perspective soit véritablement efficace, encore faut-il pouvoir disposer de manuels scolaires qui répondent véritablement aux besoins des professeurs et des élèves. À mes yeux, les manuels jouent un rôle important dans le processus d'apprentissage. Je considère donc qu'il faut des livres, des manuels, des manuels papiers et je l'ai d'ailleurs affirmé dans l'ensemble des fonctions que j'ai occupées. Pourtant, il suffit de feuilleter quelques manuels de lecture de cours préparatoire pour comprendre qu'il y a un problème. La plupart sont esthétiquement douteux. En outre, la grande majorité d'entre eux est imprégnée de la méthode mixte avec démarrage global. Seuls quelques rares manuels – je renonce à citer les noms – sont satisfaisants.

L'expérience menée par Marc-Olivier Sephiha, professeur de lettres dans l'académie de Versailles est très significative. Catastrophé par le niveau de ses élèves de 6e en français, il leur a demandé quels étaient leurs manuels au cours des années antérieures. Les résultats de l'étude publiée sur le site skhole.fr sont sans appel : il y a une corrélation très nette entre le manuel qu'un enfant a utilisé et ses compétences de lecteur.

Ultérieurement, une étude scientifique menée par Jérôme Deauvieu, de l'université de Versailles-Saint-Quentin, a permis de démontrer qu'il existe un « effet manuel » incontestable. Or le travail qu'il a accompli en zone d'éducation prioritaire l'a conduit à constater que 77 % des enseignants avaient fait le choix d'un manuel incluant une approche globale. On peut aujourd'hui formuler l'hypothèse qu'une part importante des inégalités qui se creusent entre les élèves viennent du fait que c'est en zone défavorisée que l'on trouve le plus de pratiques inefficaces en matière d'acquisition des fondamentaux.

À force de se réfugier derrière le principe de la liberté éditoriale, l'Éducation nationale a fini par accepter l'inacceptable. Certes, je ne suis pas favorable à un contrôle du contenu des manuels par une commission *ad hoc.* Cela n'aurait pas de sens et ne serait pas faisable. Il n'empêche qu'il serait souhaitable de disposer d'une charte ou d'un cahier des charges posant quelques principes fondamentaux que les manuels respecteraient. J'ai d'ailleurs engagé ce travail lorsque j'étais directeur général de l'enseignement scolaire. Nous avions organisé plusieurs réunions avec les éditeurs et étions parvenus à des textes de référence, posant des principes simples mais fermes permettant de s'assurer de la conformité des manuels avec la lettre et l'esprit du programme. Ainsi, le cahier des charges pour les manuels de lecture du cycle 2 mettait l'accent sur la connaissance du principe alphabétique et de son fonctionnement, la connaissance et la maîtrise de la combinatoire et l'accès au code, la fixation orthographique et l'automatisation de l'usage du code en lecture comme en écriture. Ces cahiers des charges sont malheureusement restés à l'état de projet, mais je suis profondément convaincu que c'est la voie à suivre.

Un socle de compétences reformulé

Les méthodes d'apprentissage nous renvoient à ce que l'on pourrait appeler un néoclassicisme, au sens où il s'agit, à la lumière de choses prouvées, de retrouver des démarches qui fonctionnent pour les articuler avec de nouvelles approches pédagogiques vivantes et stimulantes. Ce que la méthode scientifique nous apporte pourrait permettre à notre école primaire d'être meilleure qu'elle n'a jamais été. La modernité, en matière de contenu, c'est le socle commun de connaissances et de compétences, qui doit être lui aussi au service des apprentissages fondamentaux. L'intitulé du socle est, en lui-même, un vrai programme, dans la mesure où il rapproche la question des connaissances, qui renvoie à la transmission des savoirs et donc à une vision classique de l'école et la question des compétences, qui s'intéresse aux savoir-faire concrets, réels, de l'élève et à leur évaluation tout au long de son parcours. En réalité, il n'y a rien d'irréconciliable entre transmission des connaissances et acquisition des compétences. Là encore, le clivage est stérile car la mission éternelle de l'école est certes de transmettre des savoirs, mais en s'assurant de leur transmission effective. Il ne suffit pas d'avoir un maître sur une estrade qui dit des choses intelligentes à ses élèves. Il faut s'assurer qu'ils les comprennent, qu'ils se les approprient et c'est là qu'intervient la notion de compétences.

Si la notion de compétences semble bien être apparue dans la mouvance pédagogique des années 1970, dans le souci de « substituer à la hiérarchie des savoirs une représentation plus horizontale de la diversité des compétences, donnant ainsi une chance à chacun[9] », il n'en demeure pas moins qu'elle a très vite été perçue comme une « entrée en force du néolibéralisme à l'école[10] ». Cette méfiance explique les critiques soulignant que la notion de compétences a une origine anglo-saxonne, très liée au monde de l'entreprise. Ainsi conçue, l'émergence des compétences dans le champ scolaire ne viserait qu'à former des gens

9. Duru-Bellat M., « Connaissances ou compétences, que transmettre ? », *Sciences humaines*, juillet 2012, http://www.scienceshumaines.com/connaissances-ou-competences-que-transmettre_fr_28987.html.

10. *Ibid.*

adaptables à l'entreprise. Inversement, il y a un type de critiques qui voient dans la réflexion sur les compétences une offensive pédagogiste et un renoncement aux savoirs.

À mon sens, il est inexact de considérer que l'apparition de l'enseignement par compétences a entraîné une dégradation du niveau des élèves. En effet, le socle commun a été conçu comme une parade, bonne ou mauvaise, à la dégradation du niveau. Autrement dit, au tournant des années 2000, lorsque la dégradation du système éducatif est devenue constatable, deux logiques explicatives se sont affrontées : certains considéraient que la dégradation était liée à l'abandon des méthodes traditionnelles quand d'autres estimaient que c'est précisément le maintien de pratiques anciennes qui conduisait à la baisse du niveau et qu'il fallait donc passer à autre chose, c'est-à-dire aux compétences. En réalité, il y a une troisième hypothèse qui est celle d'une dégradation sociétale (notamment liée à la « société des écrans », j'y reviendrai) à laquelle le système éducatif n'arrive pas à répondre correctement à la fois parce qu'il a abandonné certaines pratiques pertinentes et parce qu'il n'a pas pleinement ouvert la voie à des pratiques nouvelles et efficaces.

Il faut aussi avoir en tête que le socle commun est un projet européen, ce qui constitue un premier mérite. En effet, tout le monde a conscience que le processus de Bologne, c'est-à-dire l'unification des cursus universitaires selon le schéma licence-master-doctorat, joue un rôle important pour rapprocher les différents systèmes d'enseignement supérieur et faciliter la circulation des étudiants et des diplômés. De même, il apparaît souhaitable de faire converger les systèmes scolaires européens, pour disposer de points de repère communs. Ainsi, sur la base de travaux de recherche solide, l'Union européenne a défini les compétences nécessaires à tout élève dans le monde contemporain.

À partir de 2005, la France s'est largement inspirée de ces définitions pour définir le socle commun de connaissances et de compétences. S'il s'agit d'une variante française, elle reste finalement très proche de ce qui a été conçu à l'échelle européenne.

Dans un premier temps, cinq piliers ont été définis : la maîtrise de la langue française, la pratique d'une langue vivante étrangère, les mathématiques et la culture scientifique, la maîtrise des techniques usuelles de l'information et de la communication, la culture humaniste. À ces cinq piliers sont bientôt venus s'ajouter deux piliers éducatifs : les compétences sociales et civiques d'une part, l'autonomie et l'esprit d'initiative d'autre part.

Ces sept piliers ont un défaut immédiat : ils sont trop nombreux et donc difficilement compréhensibles par tous. En réalité, leur fondement théorique était tout à fait acceptable, mais ils ont d'emblée connu une difficulté à s'articuler avec la pratique. Par ailleurs, les évolutions de programmes décidées par la suite ont faiblement tenu compte du socle, ce qui a créé, malgré tous les efforts, une distorsion entre les programmes et le socle et par conséquent une difficulté à le faire entrer dans les pratiques. Le nouveau Conseil supérieur des programmes a commencé à s'atteler à cette tâche. La démission récente de son président, Alain Boissinot, a souligné la difficulté à dépasser les clivages entre partisans des connaissances et partisans des compétences…

Pour le futur, il faut donc souhaiter une meilleure convergence entre les programmes, appelés à devenir une épine dorsale de plus en plus indicative mais néanmoins forte, ce qui vaut mieux qu'impérative et faible, et le socle, qui doit permettre de s'assurer de l'effectivité et de la progressivité des apprentissages.

En clair, le véritable enjeu, c'est de savoir comment l'élève franchit des paliers et comment on rend ces paliers irréversibles pour qu'ils viennent en soutiens des paliers suivants. Dans ce cadre, il peut s'avérer efficace de mettre entre parenthèses le cadre de l'année scolaire pour raisonner davantage en termes de compétences et renforcer ainsi la notion de cycle, avec comme objectif d'acquérir sur trois ans une série de compétences dans un domaine donné. Le livret de compétences futur devra donner corps à un concept fondamental en pédagogie : la progressivité, ce qui va de pair avec le principe d'explicitation. En effet, le livret de compétences permet d'indiquer à l'avance le chemin dans lequel s'engage l'élève.

Les conséquences d'une telle approche sur l'évaluation sont évidemment importantes : plutôt que d'avoir une notation qui n'envisage jamais la perfectibilité mais sanctionne toujours l'erreur de l'élève, il serait nécessaire d'adopter des principes qui tiennent compte des paliers que l'élève a franchis, et mettre en place dans le futur, une évaluation qui se passe au moment opportun pour l'élève. Ainsi, à l'internat d'excellence de Montpellier, l'année de mathématiques a été découpée en cinq paliers. L'élève peut décider de franchir le palier 1 fin septembre ou mi-octobre. S'il réussit, il passe au palier 2. S'il ne réussit pas, des cours intensifs vont lui être proposés pour lui permettre de le franchir. Chacun progresse ainsi à son rythme.

Avec cet exemple, on voit que l'évaluation par compétences porte en elle une vision concrète et pragmatique, tournée vers l'effectivité de la transmission des savoirs au bénéfice de l'élève. Elle crée un dialogue permanent entre le professeur et l'élève sur le niveau atteint, loin de la fiction d'une classe où tous feraient les mêmes apprentissages au même rythme. On sait bien que certains élèves décrochent assez tôt dans l'année scolaire et ne rattraperont jamais leurs camarades si l'on ne fait pas ce qu'il faut le plus tôt possible.

Avec cette réflexion sur l'évaluation par compétences, on touche nécessairement à l'idée même de socle commun de connaissances et de compétences. Je suis pour ma part convaincu que le socle commun a un grand avenir, mais qu'il mériterait d'être mieux défini, précisément pour coïncider davantage avec la réalité des processus d'apprentissage.

À mon sens, plutôt que les sept piliers actuels qui juxtaposent les connaissances et les compétences éducatives, il serait possible de définir trois grands domaines, plus faciles à retenir, et qui formeraient le socle de la maternelle jusqu'à la fin du collège : 1. la maîtrise du français ; 2. la maîtrise des mathématiques et d'une culture scientifique ; 3. les humanités, en incluant les langues vivantes étrangères, car l'entrée dans les langues n'a pas seulement une dimension linguistique, mais aussi une dimension culturelle en tant qu'elle permet une ouverture sur le monde.

Avec ces trois éléments, il me semble que l'on tient le socle réel des connaissances qu'un enfant doit maîtriser. À la croisée de ces trois ordres de connaissances, il est possible de dégager quatre grands ordres de compétences, qui pourraient être les compétences pédagogiques, tournées vers le raisonnement et l'argumentation, les compétences éducatives, comprenant la capacité d'autonomie et la capacité à prendre des initiatives, les compétences corporelles et, enfin, les compétences numériques. On évitera ainsi l'une des erreurs du socle, tel qu'il est actuellement défini, qui est précisément d'inscrire les compétences éducatives sur le même plan que les compétences pédagogiques. Ces grands ordres de compétences pourraient bien sûr être discutés, mais je suis convaincu qu'en les articulant avec les grands ordres de connaissances, il sera possible d'établir, en se gardant de tout jargon inutile, ce qu'un élève doit savoir et savoir-faire et par là même la culture de l'élève du XXIe siècle.

Connaissances et compétences	**Français**	**Mathématiques et sciences**	**Humanités**
Pédagogiques	Lire-écrire	Compter	Langues
Éducatives	Relier le texte à la vie	Culture scientifique	Culture générale
Corporelles	Expression orale	Expression physique	Arts appliqués
Numériques	Savoir manier	Savoir coder	Savoir créer

Les vecteurs de l'apprentissage

Après les contenus, qu'il s'agisse des savoirs fondamentaux et du socle, il faut s'intéresser aux vecteurs destinés à assurer leur transmission effective. C'est précisément sur ce terrain que s'est concentrée la réforme de 2008, avec la mise en place de trois vecteurs distincts : de nouveaux programmes, des évaluations nationales et un dispositif d'aide aux élèves en difficulté.

Les programmes de l'école publiés en 2008 ont le grand mérite d'être volontairement concis, écrits dans une langue claire et simple pour être compris de tous. Par exemple, ils indiquent les grands faits, les grands hommes et les grandes dates de l'histoire de la France, de l'Europe et du monde qui doivent être abordés, de manière chronologique. Ces programmes ont surtout permis de définir les savoirs fondamentaux avec une progressivité adéquate.

L'évaluation est indissociable des programmes car elle permet de rendre compte de l'évolution des élèves, à l'échelle individuelle comme à toutes les échelles collectives.

Mises en place en fin de cycle, à l'issue du CE1 et du CM2, ces évaluations ont été une avancée majeure, qui a pourtant donné lieu à des batailles tout aussi homériques que stériles. En effet, on a opposé l'évaluation-bilan de fin d'année, perçue comme une forme de surveillance des enseignants et des élèves, à l'évaluation-diagnostic, bienveillante et généreuse car destinée à aider l'élève en début d'année. En réalité, il ne faut pas opposer ces deux formes d'évaluation, mais bien les mener de front, voire les relier, en utilisant par exemple une évaluation-bilan, faite en fin d'année, comme un diagnostic pour le début de l'année suivante. Ainsi pensée, l'évaluation peut même devenir un lien très intéressant entre les niveaux.

Plus globalement, l'évaluation-bilan a des mérites très différents de l'évaluation-diagnostic. Sept vertus peuvent être distinguées, qui méritent d'être citées une à une, en partant de l'échelle de la classe jusqu'à l'échelle de la nation. La première vertu est d'offrir à chaque professeur de CE1 et de CM2 un outil commun d'évaluation des élèves.

Deuxième vertu, l'évaluation-bilan crée également, pour chaque professeur, un standard et une forme de stimulation, dans la mesure où il va faire en sorte que le maximum d'élèves atteigne en fin d'année le niveau attendu.

Troisième vertu, ces évaluations de fin de CE1 et de CM2 renforcent la notion de cycle car elles incitent les professeurs à travailler en équipe et à se responsabiliser collectivement pour améliorer les résultats. J'ai ainsi vu des écoles où les élèves obtenaient de bons résultats aux évaluations de CE1 et des résultats plutôt moyens aux évaluations de CM2. Ce constat conduisait les professeurs à réfléchir sur ce qui se passait du CE2 au CM2 et à imaginer des solutions.

Quatrième vertu, les évaluations sont – ou plutôt étaient – communiquées aux parents et devenaient ainsi un outil d'échange entre la famille et l'école. C'était d'autant plus vrai que, contrairement à ce qui a été dit, cette évaluation était déconnectée des enjeux scolaires habituels et notamment du passage dans la classe supérieure. D'une certaine façon, l'évaluation-bilan était avant-gardiste car véritablement gratuite et les élèves la passaient d'ailleurs dans cet état d'esprit.

Cinquième vertu, ces évaluations-bilans permettaient aux inspecteurs de l'Éducation nationale d'avoir une vision territoriale des résultats obtenus par les écoles de leur circonscription et ainsi de mener un véritable pilotage pédagogique de proximité.

Sixième vertu, les évaluations permettaient à chaque département et à chaque académie d'avoir une vision complète de la situation sur leur territoire.

Septième vertu, enfin, les évaluations-bilans ont permis de mener un véritable pilotage pédagogique à l'échelle nationale. Directeur général de l'enseignement scolaire, je disposais, grâce aux évaluations, d'une vision à la fois globale et précise des forces et des faiblesses de notre système éducatif. Chaque année, je recevais pendant une demi-journée, au titre du dialogue avec les académies, chaque recteur accompagné de ses inspecteurs d'académie. Ces séances étaient l'occasion de faire le point sur le niveau en français et en mathématiques en entrant dans le détail de chaque compétence : géométrie, calcul, grammaire, vocabulaire, etc.

Les échanges n'étaient plus seulement techniques, financiers ou juridiques mais portaient véritablement sur la pédagogie, ce qui constituait bien évidemment l'aspect le plus intéressant de ces réunions. Nous avons ainsi essayé de comprendre pourquoi les résultats dans le Loir-et-Cher étaient plus faibles que dans l'Indre-et-Loire, alors que les deux départements présentaient des profils comparables. L'année suivante, nous constations les premiers progrès accomplis dans le Loir-et-Cher, car le dialogue avait permis de prendre conscience des difficultés et de déployer les formations et actions permettant d'y apporter une réponse.

Et pourtant, malgré toutes leurs vertus, les évaluations-bilans ont été purement et simplement supprimées au printemps 2012.

Le ministère de l'Éducation n'est donc plus en situation de réaliser un véritable pilotage pédagogique du système. Les inspecteurs de l'Éducation nationale sur le terrain vivent cela comme un recul. On est typiquement en présence d'une mesure d'intérêt général qui nécessitait un déploiement sur de nombreuses années. La discontinuité politique intervient ici de nouveau au détriment de la continuité éducative, pourtant indispensable.

L'aide personnalisée, dernier volet du triptyque de 2008, a également représenté un très grand progrès. Ces deux heures d'aide en petit groupe pour les élèves en difficulté étaient dispensées par le professeur, en dehors de l'horaire normal de la classe. Là encore, les critiques et les obstacles ont été nombreux ! Certains ont osé utiliser le mot « résistance » pour contrecarrer ce dispositif pensé pour les plus fragiles !... Pourtant, le déploiement rapide de l'aide personnalisée sur le terrain témoigne de la très grande force et même de l'agilité du système éducatif lorsqu'il est convenablement mené. Évidemment, les imperfections étaient nombreuses, avec une interrogation récurrente sur le moment de la journée où l'aide personnalisée devait avoir lieu. Pour ma part, j'ai observé toutes sortes de pratiques, dont certaines étaient très bonnes. Certaines écoles avaient ainsi fait le choix d'organiser l'aide personnalisée le matin, avec des élèves qui arrivaient une demi-heure avant leurs camarades et pouvaient ainsi se préparer efficacement à la journée à venir sous la conduite de leurs professeurs.

Quel que soit le choix d'organisation, il est certain que des progrès notables ont été réalisés grâce à l'aide personnalisée. Surtout, elle a permis de lutter contre une tendance lourde de notre organisation pédagogique, qui doit être vigoureusement combattue : l'externalisation du traitement de la difficulté scolaire. L'une de ses illustrations bien connue est le dispositif des RASED qui consiste à avoir des équipes spécialisées contre la difficulté scolaire conçues pour intervenir à la demande des enseignants. Ce système conduit à extraire l'enfant de la classe au moment où ses camarades avancent sous la conduite du maître, avec le risque d'ajouter de la difficulté à la difficulté. Faire ce constat ne délégitime pas l'existence de maîtres spécialisés, capables d'intervenir pour des difficultés particulières. Mais les modalités de leur action doivent être très différentes de celles qu'ont eues les RASED jusqu'à présent ! Ainsi, aucun poste de psychologue n'a été supprimé au cours des dernières années, parce que la nécessité et la pertinence de leur action ont été clairement identifiées. En fait, tout ce qui va dans le sens de la responsabilisation, c'est-à-dire du traitement des difficultés au sein même de la classe grâce à une personnalisation de la pédagogie, va dans le bon sens. L'immense majorité des cadres du système éducatif sont en accord total avec les lignes qui précèdent. Pour autant, toute remise en cause des RASED est présentée dans les médias comme une atteinte intolérable à un dispositif de soutien. Un récent rapport de l'inspection générale a rappelé certaines évidences mais cela a gêné syndicats et ministère.

Cependant, par cercles concentriques, il faut introduire des éléments d'individualisation qui contiennent nécessairement une part d'externalisation, qu'il s'agisse de l'aide personnalisée, de l'accompagnement éducatif au collège et dans les écoles d'éducation prioritaire, des stages de soutien gratuits pendant les vacances d'été pour les élèves de CM1, de CM2 et même de CE1 en difficulté. Tous ces dispositifs ont remporté un très grand succès auprès des familles. Évidemment, il ne s'agit pas de solutions miracles, mais simplement de supports d'aide à l'élève, qui ont montré leur efficacité et ont permis une approche plus individualisée de la pédagogie. Ce qui se passe pendant l'aide individualisée a un effet direct sur la classe tout entière. En effet, le professeur habitué à travailler avec ces élèves en petit groupe aura une autre relation avec eux lorsqu'ils seront avec tous leurs camarades. En outre, en développant ces dispositifs de soutien, l'école a pu offrir gratuitement aux élèves les plus fragiles, ce que d'autres obtiennent au travers de cours privés.

Avec les trois piliers que sont un programme clair et progressif, des évaluations-bilans permettant un pilotage et l'aide personnalisée[11], l'école primaire avait pris une bonne route. Tant les études sur la maternelle que les premières évaluations de CE1 et de CM2 nous indiquent un premier rebond. C'est particulièrement notable avec les évaluations de CE1 qui ont révélé une amélioration très nette en trois ans du niveau des élèves. Ces résultats, au lieu de réjouir tout le monde, ont été vivement contestés. Une partie du monde politique et syndical a cherché à faire croire qu'ils étaient biaisés. On a assené jour après jour que l'école primaire se dégradait, en voulant faire croire que la solution était simplement de créer des postes et en éludant les grands enjeux qualitatifs que les premières réformes ont enfin commencé à affronter. On se trouve ainsi dans la situation paradoxale d'une France qui, après avoir connu une forte dégradation de son niveau sur au moins deux décennies, a commencé à prendre les réformes

11. L'aide personnalisée a été remplacée aujourd'hui par un dispositif nommé « activité pédagogique complémentaire » qui correspond à une heure par semaine.

pédagogiques nécessaires. Ces réformes ont commencé à porter de premiers fruits fragiles. Et pourtant, au nom des mauvais résultats constatés sur des élèves de 15 ans (*cf.* les études PISA) qui n'ont pas bénéficié de ces réformes, on détruit aujourd'hui ces premiers bourgeons en couvrant tout cela de discours en fait assez creux et ne répondant pas aux véritables problèmes. De nouveau, hélas, on peut constater la pauvreté de la dimension scientifique de la décision politique puisque des dispositifs qui commençaient à faire leur preuve sont détruits sur injonction syndicale.

C'est en tout cas à juste titre que chaque ministre insiste désormais sur la nécessaire priorité que l'on doit accorder à l'école primaire. Mais, sauf si l'on doit considérer la création de postes comme l'alpha et l'oméga d'une politique éducative[12], il faut insister sur une approche qualitative ayant un impact sur la vie pédagogique de chaque instant. Je résumais cela dans plusieurs textes et discours par l'expression « exigence bienveillante ». Cette exigence bienveillante est ce qui doit caractériser notre relation à l'élève. Que l'on rompe l'équilibre de ces deux termes et l'on tombe soit dans l'archaïsme, soit dans la démagogie.

---

12. La mesure « plus de maîtres que de classes » est séduisante au premier abord et a été poussée par une partie du monde syndical au cours des dernières années. Pour autant, l'efficacité de cette approche est loin d'être prouvée. Les expériences en la matière ont donné lieu à des évaluations plutôt négatives en raison notamment des risques de déresponsabilisation que cela comporte. *Cf.* différentes interventions bien documentées de Bruno Suchaut sur ce sujet : http://iredu.u-bourgogne.fr/images/stories/Documents/Publications_chercheurs/2013/13012.pdf.

INTERMÈDE 2
GUYANE, UN PROJET ACADÉMIQUE POUR TOUS LES ENFANTS

L'imposant bureau est bien campé au fond de la grande salle avec vue sur la place des Palmistes. En cette fin de journée de juillet, la lumière est faible et la pièce est vide. Mon prédécesseur n'a laissé aucun papier. Il n'a pas jugé utile non plus de rester un jour de plus pour me recevoir. Un petit téléphone portable trône au milieu de la table, seul legs apparent. Je me saisis de cet unique héritage, avide d'en tirer quelque chose. Il y a un message. Je compose le numéro du répondeur. Et j'écoute. C'est une bordée d'injures. L'auteur du message salue le départ du précédent recteur avec une virulence qui m'inquiète un peu. Où suis-je ?

Quelques semaines plus tôt, on m'a proposé de prendre la tête de cette académie, jeune et complexe. Je n'avais jamais imaginé assumer une telle fonction mais, sitôt formulée, la perspective m'a passionné. Du point de vue éducatif, la Guyane présente un certain nombre de traits communs avec la France de la IIIe République, dans la mesure où le système éducatif est encore en construction et où le défi majeur reste de scolariser tous les élèves. Aujourd'hui, la Guyane est, avec Mayotte, le seul territoire de la République qui présente une problématique de ce type, largement liée au développement démographique. En effet, la population de la Guyane croît d'environ 4 % par an, ce qui est l'un des taux d'accroissement les plus élevés du monde. Ce défi est d'autant plus important que les élèves ont des origines très variées, qui témoignent de la grande diversité de la population guyanaise. En effet, si la population de la côte est métisse ou créole, l'intérieur est peuplé par des Amérindiens et des Noirs marrons ou Bushinengue. La Guyane se caractérise aussi par une très forte immigration avec des mouvements venus du Brésil à l'est, du Surinam et du Guyana à l'ouest, mais aussi d'Haïti, sans compter les métropolitains ou encore les Libanais, les Chinois ainsi que les Hmong, venus du Laos, installés en pleine Amazonie et devenus les indispensables agriculteurs de Guyane… Pour l'école, l'enjeu est finalement autant qualitatif que quantitatif, puisqu'il s'agit bien sûr de scolariser chaque enfant, quelles que soient ses origines, mais aussi de faire connaître et partager à tous les valeurs de la République.

Relever ce double défi suppose une très grande solidarité des acteurs de l'École. Or, lorsque je suis devenu recteur de Guyane en 2004, l'académie était encore très jeune et présentait la singularité d'être une académie du peuple ! En effet, elle avait été constituée moins de dix ans auparavant, au 1er janvier 1997, à la suite d'une révolte populaire, qui avait entraîné l'éclatement de l'académie Antilles-Guyane. Si surprenant que cela puisse paraître, la création d'un rectorat et la désignation d'un recteur ont en effet été au cœur du mouvement de révolte qui a surgi en 1996. De fait, un certain nombre de dysfonctionnements avaient conduit à une répartition discutable des moyens au détriment de la Guyane, qui se sentait lésée. Les protestataires avaient alors obtenu gain de cause auprès du gouvernement. Le président Chirac avait décidé la création de l'académie et dépêché en urgence son ministre François Bayrou pour l'annoncer sans délai à la population guyanaise. Cet héritage positionne encore aujourd'hui le recteur de Guyane de manière très particulière. En effet, il n'est pas un fonctionnaire anonyme, qui incarne une autorité lointaine et distante. Il est le dépositaire d'attentes très fortes car il lui revient d'améliorer concrètement l'éducation en Guyane à partir d'une situation précaire et délicate. La population guyanaise demande donc souvent des comptes à son recteur.

De plus, dans la mesure où il s'agit d'une petite académie, le recteur est immédiatement au contact de ses chefs d'établissement et de ses directeurs d'école et même de ses professeurs. Cette situation a évidemment beaucoup plus d'avantages que d'inconvénients, en premier lieu parce qu'elle permet une relation directe avec la population et des rapports de travail solides et efficaces avec tous les acteurs, à commencer par les équipes du rectorat. Dans la mesure où la Guyane est une petite académie, elle ne peut donc compter que sur une équipe administrative et pédagogique restreinte. Comme la Guyane est à la fois une région et un département, j'étais à la fois recteur et directeur des services départementaux, ce qui a constitué une très utile initiation à cette échelle importante de l'action du ministère. Aussi, pour gérer l'académie, je me suis appuyé, non seulement sur l'administration, mais également sur les six ou sept inspecteurs pédagogiques régionaux. J'avais fait aménager le vaste grenier au-dessus de mon bureau pour eux et je montais très souvent l'escalier pour aller les consulter et travailler avec eux. Ils ont été des appuis fondamentaux pour élaborer les bonnes stratégies, communiquer avec les professeurs, piloter l'académie, autant de choses qui deviennent plus compliquées à des échelles plus grandes. Il y avait là, grâce à une très bonne entente humaine, une organisation nerveuse et dynamique qui permettait d'être réactif et efficace face à toutes les difficultés qui pouvaient survenir. J'ai pu aussi compter sur les chefs d'établissement avec qui j'ai établi rapidement un contact direct, fait de confiance et d'écoute mutuelle. Le secret de la réussite pour tout recteur tient d'ailleurs certainement à cette relation personnelle avec les chefs d'établissement. Ils sont la clé de voûte du système éducatif.

Le préfet est aussi un partenaire important pour le recteur. Souvent, on parle d'un duo conflictuel car le recteur échappe au pouvoir hiérarchique du préfet sur les administrations déconcentrées de l'État. Mais j'ai eu la chance de ne connaître que des préfets subtils qui n'ont jamais cherché à me mettre des bâtons dans les roues et, le plus souvent, m'ont aidé. Ainsi d'Ange Mancini, homme aussi compétent que charismatique, à la personnalité chaleureuse.

J'ai également très bien travaillé avec les collectivités territoriales, que ce soit avec le président de région, Antoine Karam, ou avec les différents responsables. Évidemment, cette confiance ne naît pas en un jour ; elle se crée au fil du temps lorsque vos interlocuteurs voient que vous êtes passionné et pleinement investi dans votre mission. Et au début, cela n'allait pas de soi : je n'étais pas arrivé depuis deux mois que je me voyais obligé d'attaquer le maire de Cayenne devant le tribunal administratif pour un arrêté sur les horaires de l'école qui, à mes yeux, semblaient plus conçus pour satisfaire les personnels municipaux que pour servir les élèves. J'eus à affronter une crise sévère. Mes vitres furent caillassées et j'entendis des choses peu amènes. Après quelques rudes semaines, j'obtins gain de cause et les choses purent avancer sur la base du respect mutuel.

En définitive, au cours de tout mon mandat de recteur en Guyane, le facteur humain a souvent été décisif. Le dialogue personnel avec chaque acteur a permis de résoudre de multiples crises. C'est de ce moment que j'ai acquis la conviction de l'intérêt d'une déconcentration de l'Éducation nationale. C'est à l'échelle d'un territoire, et a fortiori *à l'échelle d'un établissement, que l'on peut bien analyser les problèmes et apporter des solutions.*

C'était essentiel car les difficultés étaient nombreuses. Lorsque je suis arrivé en Guyane, j'ai tout de suite ressenti l'extrême tension qui entourait l'école. En fait, il y avait là une forme d'extrémisation de ce qui peut exister en métropole : des syndicats très tendus, voire radicalisés, une population peu confiante vis-à-vis de son école, des professeurs désireux de s'adosser sur leur administration, mais souvent déçus. Cette crise de confiance généralisée était d'autant plus préoccupante qu'elle se traduisait par une violence latente dans les rapports humains, alors que le petit nombre d'acteurs aurait dû permettre de dépasser les clivages.

Le premier des problèmes, qui cristallisait toutes les tensions, était la mesure de la non-scolarisation. Pour le mouvement associatif et syndical, le phénomène concernait plusieurs milliers, voire dizaines de milliers d'élèves. Pour 80 000 élèves dans l'académie, certains annonçaient jusqu'à 20 000 élèves non scolarisés. Ces estimations étaient incontestablement exagérées, mais aucune donnée ne faisait consensus. Dans ce contexte, il m'est très vite apparu que la première chose à faire était de souligner que l'ensemble des acteurs partageaient le même objectif : la scolarisation de tous les enfants. L'enjeu était aussi d'affirmer qu'il n'y avait pas d'un côté un mouvement associatif et syndical généreux et de l'autre une administration sourde et aveugle, niant la réalité et l'ampleur de la non-scolarisation de certains enfants. Nous étions tous dans un même bateau. Il fallait que chacun le comprenne.

Passé ce premier cap, il était bien sûr urgent de mettre tout le monde autour de la table pour s'atteler à ce problème majeur de la manière la plus transparente possible. J'ai donc pris la décision d'organiser très régulièrement des réunions avec l'ensemble des acteurs concernés, administration comme syndicats ou associations. Ensemble, nous sommes parvenus à déterminer une fourchette d'estimation qui a été acceptée par tous et qui a été la base de notre travail postérieur. En effet, nous nous sommes attachés à localiser les élèves non scolarisés et à mettre en œuvre progressivement des réponses adaptées, qu'il s'agisse du déploiement des forces de l'Éducation nationale ou des constructions d'écoles et d'établissements scolaires par les collectivités territoriales. Cette stratégie nous a permis à la fois de scolariser davantage d'enfants et de travailler dans un climat plus apaisé. L'observatoire de la scolarisation que nous avions mis en place a d'ailleurs poursuivi ses travaux bien après mon départ.

Après cette première étape, nous nous sommes attelés à l'élaboration d'un projet académique. Cet exercice peut être tout à fait factice et vain lorsqu'il s'agit d'élaborer un texte standard, qui va comporter des priorités vagues, sans fixer ni d'objectifs précis ni de moyens de les atteindre. Mais, à l'inverse, lorsqu'il est bien conçu, le projet académique peut se révéler un formidable outil de mobilisation, qui permet de donner du sens à l'action.

Avec l'ensemble des acteurs, j'ai défini très tôt trois grandes catégories d'objectifs, qui correspondaient aux piliers de la devise républicaine :

– la liberté, en partant du principe que c'est la réussite scolaire qui construit progressivement la liberté de l'élève ;

– l'égalité, pour prendre en compte les enjeux quantitatifs de scolarisation des élèves ;

– la fraternité, avec tous les enjeux de solidarité qui passent notamment par l'amélioration de la vie scolaire.

Parallèlement, j'avais défini quatre grandes catégories de moyens. L'enjeu était de déterminer en quoi ces moyens étaient au service des objectifs définis. Ainsi, en croisant les objectifs et les moyens, nous avons identifié douze catégories d'actions à mener. J'ai d'ailleurs repris cette approche à Créteil avec neuf actions prioritaires.

Avant même son déploiement sur le terrain, cette méthodologie nous a permis d'enregistrer un premier résultat, qui était véritablement exceptionnel : six à sept mois après mon arrivée, le Conseil académique de l'Éducation nationale, qui regroupe tous les acteurs de l'Éducation nationale et qui s'apparente traditionnellement à une foire d'empoigne, a adopté à l'unanimité, avec deux abstentions, le projet académique de la Guyane. Sur le moment, cette victoire inespérée m'a comblé de joie. Elle était le meilleur gage d'une réussite des politiques publiques qui suivraient. C'est ainsi que nous pûmes amorcer la mise en œuvre de multiples projets au service du progrès scolaire : pour la maîtrise de la langue, pour la formation des professeurs, pour la construction de nouveaux établissements et du nouveau campus universitaire.

C'est d'ailleurs en Guyane qu'est née mon extrême sensibilité à la question des internats. J'étais marqué par les réussites et par les manques que je constatais sur le terrain. Du côté des réussites, une tradition assez ancienne avait conduit à la création de pensionnats, gérés par les sœurs, à Maripasoula pour le Maroni et à Saint-Georges pour l'Oyapock. Du côté des échecs, on constatait parfois une sous-occupation de certains internats alors que le besoin potentiel était considérable. Il y avait des adolescents en perdition, éloignés de leur village à l'âge de tous les risques. Il était évident qu'il fallait développer des lieux pour les accueillir et un projet éducatif pour donner sens à tout cela. Le projet académique permettait donc d'apporter un cadre et un élan pour mener ce type de politique.

Grâce à ce projet académique auquel je n'ai cessé de me référer tout au long de ma mission en Guyane, nous sommes parvenus à apaiser les tensions, à changer l'atmosphère, à partager des objectifs et à faire mûrir peu à peu l'académie.

Aujourd'hui, tant de personnes qui ont contribué chacune à leur façon au succès de notre entreprise me reviennent à l'esprit. Je revois le grand man de Papaïchton, entouré d'images de toutes les religions et de photos d'actualité, me parlant de ce qu'il attendait de l'école. J'entends le chef amérindien de Twenké me disant : « Ne cherche pas à apprendre à mes enfants ce que je leur apprendrai mieux que toi. Apprends-leur plutôt ce qui leur permettra d'accéder au monde des Blancs. » Et puis tous ces jeunes professeurs, dans des lieux plus ou moins reculés, qui attendaient de l'institution un soutien clair pour affronter leur mission particulière. Cet instituteur, seul dans un village amérindien de l'Oyapock, et bien décidé à mener les enfants à une réussite au long cours. Il est parvenu à mettre le jeu d'échecs au centre d'une pédagogie qui aujourd'hui fait pleinement ses preuves. J'ai en tête tous ces élèves, ces parents, ces professeurs rencontrés en des circonstances multiples dans les villes et les villages. Même les discussions avec les syndicats me laissent un bon souvenir, car nous avions réussi à établir une confiance qui permettait d'éviter autant que possible les jeux de rôle et d'aller vers la résolution des problèmes.

Je me suis aussi attaché à faire valoir les singularités guyanaises à Paris, à l'occasion des réunions des recteurs d'académie. Ce n'était pas toujours facile d'avoir gain de cause, mais je dois souligner que j'ai toujours reçu une excellence écoute.

Un jour d'août 2006, Gilles de Robien, qui était ministre de l'Éducation nationale, de l'Enseignement supérieur, mais aussi de la Recherche, est invité à assister à un lancement d'Ariane à Kourou. Je l'accueille à Cayenne et j'organise une réunion avec mon équipe pour lui présenter les caractéristiques du système éducatif en Guyane. Je l'accompagne ensuite à Kourou où le lancement, qui devait avoir lieu au début de la nuit, a été retardé et n'a été déclenché que vers 4 ou 5 heures du matin. Nous avons donc passé une bonne partie de la nuit à discuter dans le salon réservé aux invités. Au cours de cette nuit, nous avons noué une relation très cordiale, qui est devenue amicale par la suite. Quelques semaines plus tard, lorsqu'il a eu à recruter un nouveau directeur adjoint de cabinet, il m'a demandé de le rejoindre.

J'étais très partagé au moment de partir. J'étais amoureux de la Guyane. Je lui avais consacré toutes mes forces et ma passion pendant plus de deux ans. Je voyais poindre de premiers résultats. J'aimais les gens et les lieux. Je savais que je laissais là une partie de moi-même.

3

DU COLLÈGE UNIQUE AU COLLÈGE COMMUN

Le cloisonnement est antiéducatif, dans le temps et l'espace, comme dans les esprits. Un des problèmes du système français est de multiplier les césures qui sont autant de moments où l'élève peut se perdre. Il en est ainsi au CP si la maternelle n'a pas été une propédeutique bien pensée. Il en est de même au début du collège. L'élève, après avoir eu un maître ou une maîtresse qui le connaissait très bien, se trouve aux prises avec un système reflétant les cloisonnements disciplinaires. Le voilà sommé de comprendre seul les liens à faire entre différentes tranches de savoir sans relation explicite. De plus, il faudra plusieurs semaines, voire plusieurs mois, pour qu'il soit vraiment identifié et connu de chacun de ses professeurs.

D'une certaine façon, le collège fonctionne comme un moment initiatique pour le préadolescent, dans une société sécularisée qui, justement, ne prévoit plus de véritable rite pour lui signifier qu'il entre dans un autre âge. Faute d'assumer pleinement cette dimension, notre société laisse la place à des formes d'initiation sauvage qui peuvent avoir lieu dans la cour de récréation ou hors de l'établissement et qui valorisent la loi du plus fort.

Nous devons ritualiser l'entrée au collège et cela passe par une forme d'initiation cognitive. C'est le moment où l'élève est assez âgé pour pouvoir prendre conscience de certaines complexités. Il faut alors lui permettre de comprendre que c'est en articulant plusieurs approches, à travers plusieurs disciplines, qu'il pourra mieux comprendre le réel. Il entrera ainsi dans une démarche de connaissance plurielle de l'homme, de doute permanent devant la connaissance comme facteur de progrès. C'est à ce moment, me semble-t-il, que l'on peut introduire l'approche éducative d'Edgar Morin qui prône d'apprendre à l'enfant une philosophie de la condition humaine, une compréhension de l'autre, une conscience de la place de l'erreur et de l'illusion, une vision des enjeux planétaires, qui constitueront les racines de sa formation[1].

Comme dans les rites décrits par Mircea Eliade où le père accompagne l'enfant pour le faire entrer dans une nouvelle existence, la République peut lui faire prendre conscience à son entrée au collège des perspectives infinies de la connaissance. Le premier mois en 6e pourrait être consacré à cette dimension existentielle. Il serait assumé par l'équipe des professeurs, avec une responsabilité particulière du professeur principal pour bien connaître l'enfant et l'amener à se projeter dans le futur de sa scolarité.

Nous ne savons pas jouer aujourd'hui sur la fierté et l'attente qui habitent l'élève lorsqu'il entre au collège et qui, très vite, après la 6e, peut se transformer en désillusion, en mal-être, faute d'une approche globale et puissante de l'école, en lien avec la famille. Il faut donc un rituel d'entrée en 6e qui permette aux jeunes collégiens d'être impliqués dans l'aventure collective dans laquelle ils s'engagent. On doit leur expliciter les enjeux de la formation qu'ils vont suivre, les faire participer à la définition de l'identité du collège (par exemple en se choisissant un blason ou une devise).

1. Morin E., *Les Sept Savoirs nécessaires à l'éducation du futur*, *op. cit.*

On sait que l'histoire du développement du collège en France en a fait un maillon faible car l'on n'a jamais bien statué sur le fait de savoir s'il constituait une suite de l'école primaire ou une préparation au lycée[2]. Le moment est venu de trancher cette question à la lumière de l'expérience parcourue qui n'est pas une réussite à la hauteur de l'enjeu.

Je suis, comme beaucoup, convaincu que dans une vision modernisée de l'enseignement, il faut organiser le parcours de formation en deux grandes périodes. La première, qui commence avec la maternelle et s'arrête avec la fin du collège, correspond au socle commun de connaissances et de compétences. Elle doit permettre, en allant du plus simple au plus complexe, de donner à tous les enfants de France ce qu'une personne, un citoyen, ne saurait ignorer en ce siècle. Une autre période s'ouvre ensuite avec la classe de 2de et s'achève avec l'entrée dans la vie professionnelle, en passant donc par les études supérieures ou la formation professionnelle. Ces deux périodes doivent d'ailleurs préparer à une vie de formation, une vie où l'on ne va cesser d'apprendre puisque, par définition, la vie est un apprentissage. Il est souhaitable que cette synonymie entre vie et apprentissage soit comprise et vécue le plus tôt possible par l'élève, qui doit acquérir à la fois l'esprit et les méthodes qui correspondent à cette approche.

---

2. Voir sur ces questions Raynaud P., Thibaud P., *La Fin de l'école républicaine*, Calmann-Lévy, 1990, notamment « L'unification du second degré », p. 88 et suiv. Voir aussi Prost A., *Du changement dans l'école. Les réformes de l'éducation de 1936 à nos jours*, Seuil, 2013.

Adoucir les transitions

La critique du collège français porte prioritairement sur son caractère uniforme. Le collège unique est critiqué car la fusion des cycles de formation et la massification ont conduit à la mise en place de nouveaux établissements de formation où les niveaux sont en effet beaucoup plus entremêlés. On a donc une hétérogénéité des niveaux au sein d'une même classe qui serait préjudiciable au progrès de tous. Du moins dans la plupart des collèges. Face à ces critiques, il faut à la fois admettre qu'un retour en arrière n'aurait pas de sens et qu'il est donc difficilement envisageable de ne pas avoir un collège commun à tous les élèves de France. Mais cela ne signifie pas pour autant qu'il faut ignorer les difficultés du collège unique. En somme, il faut dépasser cette nouvelle querelle, aussi stérile que les précédentes, en concevant un collège commun capable de proposer une grande diversité de parcours. Pour y parvenir, il faut chercher à modifier la donne, dans le temps comme dans l'espace.

La première chose à faire est en effet de repenser le temps du collège et pour cela de relativiser l'année scolaire comme unité de temps au profit d'une vision beaucoup plus globale. Cela suppose d'abord de s'intéresser aux césures pour les transformer en liaisons. En effet, il faut chercher à faire toujours plus pour rapprocher l'école et le collège et, de même, le collège et le lycée. Ainsi, lorsque c'est possible, la proximité physique est souhaitable, de même qu'entre le collège et le lycée.

J'observe d'ailleurs que la France a beaucoup perdu en démantelant les cités scolaires depuis une trentaine d'années, dans la foulée de la décentralisation qui a attribué les écoles aux communes, les collèges aux départements et les lycées aux régions. Aujourd'hui, je considère d'ailleurs que, lorsque l'enseignement privé obtient de meilleurs résultats que le public, c'est aussi parce qu'il réussit beaucoup mieux le continuum de l'école jusqu'au lycée, sans rupture pour l'élève, grâce à une proximité des lieux d'enseignement. Outre le privé, un certain nombre de grandes cités scolaires urbaines ont échappé au démantèlement, à l'image du « petit lycée Henri-IV », que Jean-Paul Sartre évoque dans *Les Mots*. En d'autres termes, c'est là où sont scolarisés les élèves les plus favorisés qu'on a conservé le principe d'une scolarité qui permet des transitions plus douces ! Voilà une absurdité à laquelle j'avais commencé à m'attaquer en restaurant la continuité entre le collège et le lycée dans le cadre des internats d'excellence. C'est là où les publics sont les plus fragiles que l'on doit veiller le plus à cette continuité.

En amont du collège, la césure entre le CM2 et la 6e est donc l'une des plus brutales qui soit. Il est évident que ce changement est beaucoup trop soudain et que, s'il ne déroute pas les meilleurs élèves, il n'en constitue pas moins un facteur d'aggravation des difficultés pour les plus vulnérables. Il faut donc tendre vers ce que réussissent des pays comme la Finlande : accroître le nombre de professeurs qui interviennent auprès de l'élève de manière plus progressive au cours de la scolarité, quitte à commencer plus en amont et à étendre le processus sur plusieurs années. Ainsi, il est tout à fait possible d'imaginer des interventions de professeurs spécialisés au primaire, pour les langues vivantes par exemple. À l'inverse, il est souhaitable de ne pas avoir une diversification trop forte en 6e et pour cela d'envisager un enseignement fondé sur les grandes compétences du socle : en clair, avoir trois ou quatre professeurs plutôt que sept ou huit.

Enseignement intégré, interdisciplinarité et polyvalence

En effet, en 6e et en 5e, l'enseignement peut s'organiser en fonction des trois grands champs thématiques identifiés dans le chapitre sur l'école, quitte à ce que la spécialisation s'affirme en 4e et en 3e. Ce serait une révolution tranquille extrêmement bénéfique. Sans doute pourrait-on commencer par expérimenter cette idée, mais j'imagine tout à fait une 6e et une 5e où l'enseignement se concentrerait sur trois domaines : le français ; les mathématiques et les sciences ; les humanités et les langues, avec des professeurs qui travailleraient collectivement, une grande souplesse et une grande liberté d'organisation laissées aux établissements. À vrai dire, une telle organisation ne relève pas de l'utopie puisqu'elle a déjà été testée, dans le cadre de l'enseignement intégré des sciences et technologie en classes de 6e et de 5e, que nous avons expérimenté avec l'Académie des sciences. Le principe était de regrouper les enseignements de physique-chimie, de sciences de la vie et de la Terre (SVT) et de technologie pour donner naissance à un programme conçu conjointement et assumé par les trois professeurs. Menée initialement dans une vingtaine, puis une cinquantaine de collèges, cette expérimentation a fait l'objet d'évaluations très positives et a été étendue à une centaine d'établissements. Par ailleurs, un enseignement intégré des humanités a également été imaginé, notamment dans le cadre d'une expérimentation menée en Guyane où Florence Robine, recteur de l'académie de 2009 à 2012, a été particulièrement active.

Jusqu'à présent, ces expériences d'enseignement intégré se sont accompagnées de décharges horaires pour les professeurs. Il y avait là un coût qui constituait une limite intrinsèque à l'extension. À l'inverse, lorsque cette facilité disparaît, la dynamique peine à s'enclencher, car cette manière de travailler ne va pas de soi, bouleverse les habitudes, s'éloigne des programmes habituels et ne peut s'appuyer sur des manuels tout faits. En réalité, le mouvement serait plus rapide si cette démarche était structurellement inscrite dans l'organisation du collège. Et, de fait, les résultats très positifs obtenus par les expérimentations montrent que le collège du futur peut parfaitement aller dans cette direction.

Bien sûr, on touche là à l'organisation de notre enseignement par discipline et le risque est grand de soulever une vive querelle, de nouveau stérile, entre le disciplinaire et l'interdisciplinaire. D'un côté, on se recroqueville sur les disciplines et on se donne un air faussement scientifique et supérieur. De l'autre, on semble se réjouir de la mort des disciplines, pour oublier toute rigueur intellectuelle. Les choses sont pourtant simples. Bien sûr, il faut des disciplines et, bien sûr, il faut de l'interdisciplinarité pour une raison claire : le monde n'est pas découpé en disciplines et tout progrès scientifique se fait aux frontières d'autres disciplines. D'ailleurs, vivre cette interdisciplinarité, conçue comme un dialogue d'une discipline avec les autres disciplines, me paraît particulièrement stimulant pour les professeurs qui sont d'abord des intellectuels. Mais évidemment, il n'y a pas de véritable interdisciplinarité sans socle disciplinaire sérieux et bien enraciné. À partir de là, il est nécessaire que les professeurs soient solides dans leur discipline mais qu'ils aient tout autant le réflexe intellectuel et pédagogique de travailler avec leurs collègues et qu'ils soient capables d'enseigner au-delà de leur discipline d'origine. Ce n'est pas qu'une question de bonne gestion, comme on pourrait le penser, c'est aussi une question d'ouverture d'esprit[3]. L'excellence est toujours synonyme d'ouverture.

D'ailleurs, en lycée professionnel, les professeurs bidisciplinaires sont souvent de bon niveau et la bivalence fonctionne très bien au-delà de nos frontières, par exemple en Allemagne. Là encore, enseigner au-delà de sa discipline d'origine ne doit pas être vu comme une dévalorisation de la fonction professorale mais au contraire comme un enrichissement valorisant. Dans ce domaine comme ailleurs, il faut décloisonner, libérer les énergies et les mentalités.

On peut même aller plus loin que les propositions qui précèdent en concevant la scolarité au collège sur un plan pluriannuel et non sur une base annuelle. En d'autres termes, l'élève aurait à accomplir son parcours en quatre ans selon des étapes de compétence par domaine qu'il pourrait franchir à des moments différents selon son niveau. Par exemple, en français, on aurait dix paliers à franchir en quatre ans. Celui qui les franchirait plus vite pourrait accéder à des modules de perfectionnement ou consacrer plus de temps à des matières où il est plus faible. Le système se structurerait moins selon des classes que selon des groupes de niveau, ce qui est un facteur de réussite collective.

Deux sujets très différents ont illustré ces dernières années les vertus d'une interdisciplinarité plus poussée au collège : l'histoire des arts et la connaissance du monde de l'entreprise.

Depuis plusieurs décennies, de nombreuses voix se faisaient entendre pour introduire réellement l'histoire

---

3. Voir sur ce point, et pour d'autres idées stimulantes sur le collège, Bouchard P., *École cherche ministre*, ESF, 2007. Voir aussi, notamment sur les vertus de l'interdisciplinarité et des parcours personnalisés, à partir du cas du collège de Clisthène dans l'académie de Bordeaux, Cédelle L., *Un plaisir de collège*, Seuil, 2008.

des arts dans notre enseignement[4]. L'introduction d'un enseignement transversal d'histoire des arts au collège a finalement été réalisée par l'ensemble des disciplines et tout particulièrement par l'éducation musicale, les arts plastiques et l'histoire-géographie. Là encore, les critiques ont été nombreuses, tant du côté de certains historiens de l'art, qui dénonçaient un enseignement au rabais, que du côté de certaines associations disciplinaires, qui craignaient un affaiblissement de leur matière. Mais le défi a été relevé, l'histoire des arts est présente dans tous les programmes, les professeurs sortent de leur périmètre d'origine, travaillent ensemble, et désormais chaque année les 800 000 élèves de 3e passent une épreuve d'histoire des arts au diplôme du brevet. Ils se préparent à cette épreuve en mettant en œuvre un projet pendant plusieurs mois. L'épreuve est un peu solennelle, avec deux professeurs. Elle est la première de ce type dans le parcours de l'élève et, si tout n'est pas encore parfait, il y a là un vrai progrès dont personne ne parle alors même que l'on demandait cette avancée depuis longtemps.

---

4. Voir par exemple le discours de politique générale du Premier ministre Jacques Chirac le 9 avril 1986 : « À la jonction de la politique éducative et de la politique culturelle, il est un projet qui me tient particulièrement à cœur, c'est la promotion des enseignements artistiques : il faut arrêter la dégradation continue de l'enseignement des disciplines artistiques à l'école. La responsabilité qui nous incombe aujourd'hui à ce titre est aussi exaltante que celle des fondateurs de notre système scolaire moderne : ce que Jules Ferry a fait, voici un siècle, dans le domaine des disciplines de la connaissance, nous devons aujourd'hui le faire pour les disciplines de la sensibilité, en généralisant l'initiation et la pratique artistiques. On nous parle souvent, en termes théoriques, de lutte contre les inégalités. Eh bien ! voilà un des domaines où nous pouvons très clairement concrétiser cette intention : l'acquisition des connaissances est aujourd'hui, c'est vrai, démocratisée ; il n'en est pas de même de l'éveil de la sensibilité. Ce doit être l'une des ambitions prioritaires d'une politique culturelle digne de ce nom. »

De même, de nombreuses inquiétudes s'expriment depuis longtemps sur le cloisonnement existant entre le collège et la vie économique. Cela pose un problème psychologique et intellectuel (la méconnaissance, voire la peur, des jeunes Français vis-à-vis du monde de l'entreprise) avec des conséquences quant à la qualité de l'orientation et quant à la capacité de l'élève à se projeter dans le futur. C'est un sujet qui a connu de très nettes améliorations. Les principaux de collège ont multiplié les journées portes ouvertes, les visites de professionnels, les sorties de classe dans des usines, des administrations ou des sociétés. De plus, un module de découverte professionnelle a été créé en classe de 3e, qui permet aux élèves de mieux connaître les métiers. Cela fait partie des succès silencieux, des évolutions positives qui montrent la voie.

Lorsque j'étais recteur de Créteil, j'ai reçu de nombreux courriers de familles et d'associations de parents qui me signalaient la situation difficile d'un collège de L'Haÿ-les-Roses dans le Val-de-Marne. Je voulais justement proposer à des collèges en difficulté d'expérimenter de nouvelles approches[5]. Avec la nouvelle principale, nous avons décidé de renverser la problématique et de faire de cet établissement un collège expérimental. Pour cela, la principale a su fédérer toute sa communauté de professeurs et d'acteurs du collège pour proposer des mesures simples : d'une part, la création d'une maison des parents au sein même du collège pour faciliter la rencontre avec les professeurs et, d'autre part, sur le plan pédagogique, la coloration des filières dès la 6e avec des enseignements de musique, sport, ou théâtre. Sans introduire de hiérarchie, cette coloration a permis de faire envie à l'élève

5. Nous étions allés à la rencontre de deux collèges avec Gabriel Cohn-Bendit et Pascal Bouchard dans cet esprit. La petite épopée mériterait un chapitre pour être racontée.

et contribué très fortement à rendre de nouveau ce collège attractif. Je crois qu'il y a là un élément très intéressant pour une future réforme du collège. Il est important en effet que tout établissement puisse afficher une spécificité. C'est cela qui fait envie aux familles et aux élèves.

De plus, à L'Haÿ-les-Roses, nous avons décidé de favoriser l'implication transversale de l'ensemble des acteurs de l'établissement. Ainsi, à titre d'exemple, certains personnels administratifs passionnés par ce sujet donnaient des cours de modélisme aux élèves dans le cadre de l'accompagnement éducatif. En fait, il y a une nécessité de former une véritable communauté éducative avec tous les adultes de l'établissement, en lien avec les parents, les acteurs associatifs et les collectivités territoriales. De ce point de vue, le contrat local inscrit dans la loi de 2013 me paraît être un instrument intéressant.

Personnaliser les parcours

La réforme du collège passe également par la capacité à personnaliser les parcours pour tirer le meilleur de chaque élève[6]. Le nouveau socle de connaissances et de compétences doit contribuer à atteindre cet objectif en identifiant les leviers d'excellence de l'élève, ses difficultés, mais aussi la manière dont il réussit, au fil du temps, à valider des compétences. Ainsi conçu, le socle doit permettre d'ouvrir des pistes, dans une relation quasiment contractuelle entre l'élève et sa famille[7]. Récemment, on m'a parlé d'une jeune collégienne qui obtient de très

6. Voir ainsi Giordan A. et Saltet J., *Changer le collège, c'est possible*, Oh ! Éditions, 2010, qui comporte de nombreuses idées stimulantes dans ce sens.

7. Un premier pas dans ce sens est le programme personnalisé de réussite éducative (PPRE), mis en place par la loi de 2004, qui permet

mauvais résultats scolaires mais qui est passionnée par les documentaires animaliers, allant jusqu'à en réaliser elle-même. Il est évident qu'il y a là une appétence et une compétence originales qui doivent être valorisées par le collège et qui, grâce à des stratégies pédagogiques, peuvent mener aux sciences de la vie et de la Terre, aux arts, au français et à tout ce qui sera possible. De même, je crois très utile de continuer à encourager, au collège, le travail manuel. Il ne s'agit pas d'en faire un élément de discrimination mais un élément de valorisation des talents et des intelligences multiples. Celui qui est capable de réaliser en atelier une chaise ou une table mérite l'admiration générale, tout comme celui qui parvient à résoudre une équation au second degré ! Si un adolescent s'ennuie au collège, s'il perturbe les autres du fait de son désintérêt pour les disciplines les plus abstraites, on doit pouvoir lui proposer un parcours personnalisé qui ne soit pas une voie de garage mais une manière efficace de valoriser son talent. Chacun a un talent. C'est à l'école de contribuer à le faire croître. Et on ne rend pas service à un élève en le maintenant coûte que coûte dans un modèle standardisé, selon une conception du progrès qui, en fait, est antisociale. Si l'on redoute, à juste titre, que des relégations trop précoces soient le résultat de cette approche, il convient de ménager toutes les passerelles permettant à quelqu'un de rejoindre une filière générale à un moment ou à un autre de son parcours. C'est cela aussi une vision de l'apprentissage tout au long de la vie. En somme, le système éducatif doit être capable de prendre ce qu'il y a de meilleur chez chacun, ce qui suppose une formation adaptée et une sensibilisation des professeurs, une manière nouvelle de concevoir les programmes, les chemins et

de fixer un parcours pour l'élève. Mais son application est incomplète aujourd'hui.

une vision rénovée de la réussite qui n'est pas univoque mais multiple.

Pour cela, il faut se doter des outils nécessaires. Le livret de compétences tel qu'il existe doit être complètement revisité. Il ne m'a pas beaucoup satisfait dans sa première version, mais il était déjà constitué quand j'ai pris mes fonctions de directeur général de l'enseignement scolaire. Il avait au moins le mérite d'être un premier pas concret. J'avais bien conscience qu'il était trop compliqué, trop standardisé et qu'il prêtait le flanc à une critique qui, évidemment n'a pas tardé : celle d'être une « usine à cases », obligeant le professeur à cocher des compétences de façon un peu artificielle. Comme toujours, cela a été une question d'appropriation par les acteurs. Je me souviens par exemple d'un collège de Seine-et-Marne où les professeurs avaient été pionniers dans leur conception du livret de compétences. Ils suivaient de façon très personnalisée, avec un programme informatique spécifique, les élèves qui étaient amenés à s'autoévaluer, sous le contrôle du professeur, et qui faisaient ainsi le point régulièrement sur les compétences acquises et sur le chemin qu'il leur restait à parcourir, domaine par domaine. De même, nous avons poussé une expérimentation à Issy-les-Moulineaux d'un livret de compétences prenant en compte toutes les expériences de l'élève, non seulement en cours mais aussi dans le cadre de sa vie culturelle, sportive, associative. La restitution de cette expérimentation, avec les élèves, a été particulièrement stimulante et concluante.

On doit ainsi transformer le livret de compétences en un outil approprié par les élèves. Il devra ainsi tenir compte d'un socle repensé (comme celui que je propose dans le chapitre sur l'école élémentaire), mais il pourra aussi être conçu comme une véritable carte cognitive. L'élève aura en permanence une vision cartographiée de ses forces et de ses faiblesses. Grâce à cette carte, il pourra parler avec ses parents et avec ses professeurs du travail qu'il doit accomplir pour progresser, des choix de cours qu'il aurait intérêt à faire dans un système devenu plus modulaire, des orientations futures et des métiers auxquels il pourrait penser. Tout cela renvoie à ce que Salman Kahn appelle, à la suite de W. Walshburne, éducateur américain qui l'expérimenta dans les années 1920, la « pédagogie de la maîtrise[8] ». En clair, il est important de tenir compte du rythme et des modes d'apprentissage de chaque enfant. Une pédagogie pertinente s'attache donc à ce que chaque marche soit assurée avant de passer à la suivante.

Finalement, avec cette réflexion sur la personnalisation des parcours et la valorisation des compétences, on rejoint la problématique de l'organisation de l'espace et du temps scolaires. En effet, on peut parfaitement imaginer des programmes pluriannuels, mieux articulés avec les connaissances et les compétences, qui permettent des cheminements différents, l'organisation du travail en petits groupes, et une organisation différente de la classe pour introduire des géométries variables. De fait, il ne faut pas avoir peur des groupes de compétences. Esther Duflo montre ainsi, à partir d'études réalisées en Afrique, que sur certains sujets, constituer des groupes par compétences est un facteur de progrès pour l'ensemble des groupes[9]. C'est ce que l'on a commencé à faire en France pour l'enseignement des langues, mais il est possible d'aller beaucoup plus loin. En effet, pourquoi ne pas introduire, de la 6ᵉ à la 3ᵉ, dix à douze niveaux, regrouper les élèves de l'établissement en fonction de leurs compétences, leur demander d'aller au laboratoire de langue pendant leurs heures libres et mettre en place un véritable programme d'accompagnement de

8. Kahn S., *L'Éducation réinventée*, J.-C. Lattès, 2013, p. 50.

9. Duflo E., *Lutter contre la pauvreté*, t. I : *Le Développement humain*, Seuil, 2010, p. 51.

leur niveau, plutôt que de les parquer tout au long de l'année dans une classe où ils vont se contenter d'écouter distraitement le professeur ? L'exemple des langues est l'exemple typique du cheminement spécifique qu'on peut imaginer pour chaque élève, en profitant des nouvelles technologies et en individualisant les parcours.

Si l'école doit apprendre à se diversifier et à s'adapter, il ne faut jamais perdre de vue la nécessité d'avoir des points de repère solides et communs à tous permettant de s'assurer d'une véritable maîtrise des compétences. C'est pourquoi l'existence d'un livret de connaissances et de compétences n'est pas incompatible avec l'existence d'un brevet en fin de collège pour bien affirmer ces points de repère indispensables.

Accompagner les collégiens

À l'avenir, l'objectif est donc de faire émerger le collège commun, fondé sur un enseignement qui cherche à valoriser tous les talents, tout en proposant un véritable accompagnement des élèves. Sur ce dernier point, de grands progrès ont été accomplis ces dernières années, grâce à la mise en place en 2007 et 2008 de l'accompagnement éducatif après 16 heures. Le principe était simple : proposer aux élèves volontaires de rester dans l'établissement entre 16 et 18 heures quatre soirs par semaine pour bénéficier gratuitement d'une aide au devoir ou d'activités sportives et culturelles. Annoncé en juin 2007 par Xavier Darcos, ce dispositif a été mis en place dans les collèges d'éducation prioritaire à la rentrée de septembre 2007, puis élargi à tous les collèges, ainsi qu'aux écoles de l'éducation prioritaire à la rentrée 2008. Au total, près de 1 million d'élèves en bénéficiaient chaque soir. Nous avons là une excellente illustration des qualités de notre système éducatif et de sa capacité à se mobiliser pour mettre en œuvre un dispositif de cette ampleur en un temps record.

Ce genre de déploiement a un impact considérable même s'il n'attire pas l'attention, y compris des parents eux-mêmes… J'en avais d'ailleurs fait l'expérience directe et anecdotique lorsque, recteur de l'académie de Créteil, j'avais reçu un coup de fil du directeur de cabinet de Xavier Darcos, me demandant pourquoi l'accompagnement éducatif n'était pas mis en œuvre dans un collège du Val-de-Marne. J'étais assez vexé de cette interpellation, car j'avais mis un point d'honneur à le réaliser dans chaque collège, un à un. Le ministre était au même moment interviewé par une journaliste à qui il avait exposé le dispositif en lui expliquant qu'il était désormais en vigueur partout. Elle lui avait répliqué qu'il n'était pas en place dans le collège de son fils. Je me trouvais alors au moment de ce coup de fil avec l'inspecteur d'académie du Val-de-Marne, Didier Jouault. Ensemble, nous téléphonons au principal qui nous explique que l'accompagnement éducatif était bien en place dans son établissement et qu'une fiche d'information a été transmise à chaque famille. Après une recherche rapide, il nous retrouve le document retourné et signé par la mère de famille, journaliste, qui, en fait, n'avait pas souhaité inscrire son enfant. Il nous faxe le papier, que nous faisons suivre aussitôt rue de Grenelle et, avant la fin de l'interview, le directeur de cabinet a pu retourner dans le bureau du ministre et prouver à la journaliste que l'accompagnement éducatif était bien en place dans le collège de son enfant en lui montrant même le papier signé de sa main. Cette histoire en dit long sur plusieurs points…

Au-delà de l'anecdote, il est certain que l'accompagnement éducatif a eu un effet très positif pour beaucoup d'élèves, en particulier pour ceux qui sont issus des familles les plus modestes et qui n'ont pas les moyens d'avoir recours aux cours particuliers. C'est un vrai dispositif social, qui doit absolument être conforté et consolidé, quelles que soient les orientations qui seront choisies pour le collège dans les années à venir.

La question de la place du collège dans notre système éducatif peut donc être tranchée à la lumière de l'expérience du demi-siècle passé. Oui, le collège doit être conçu dans la continuité de l'école primaire. Avec elle, il constitue la première partie de la vie scolaire de l'enfant, celle qui lui donne son socle de connaissances et de compétences pour la vie. Il doit ainsi permettre de consolider les savoirs fondamentaux mais aussi de prendre en compte les spécificités de l'élève. Non, le collège ne peut plus être unique, au sens de standardisé. Il doit au contraire être organisé de telle manière que les forces de l'élève puissent être valorisées pour lui tracer un parcours correspondant à ses talents et à ses souhaits.

Pour cela, le collège du futur offrira des parcours personnalisés. L'élève appartiendra à une classe mais une bonne partie de son temps se passera en petits groupes de compétences, en travaux personnels encadrés, en activités choisies. La progression au cours des quatre années se fera au rythme de chacun. Cela supposera une capacité d'organisation renforcée de l'établissement. Nous y reviendrons !

INTERMÈDE 3
RUE DE GRENELLE

« Le contraire de l'amour, ce n'est pas la haine, c'est le pouvoir. » Cette formule de Jung me semble assez proche de la vérité. En même temps, elle est une invitation à la faire mentir. Chacun s'y essaie à sa façon…

La vie de cabinet est une réalité bien surprenante. Elle capte immédiatement celui qui s'y engage. Le tourbillon créé peut couper de toute réalité celui qui n'y prend garde. En travaillant de seize à vingt heures par jour, six ou sept jours par semaine, en ne sortant presque jamais grâce à une intendance parfaitement organisée, l'homme (ou la femme) de cabinet peut être comparé à un moine ou à un reclus plus encore qu'à un homme de cour, tel que décrit par Baltasar Gracián. En réalité, les deux caractères coexistent au sein d'un cabinet selon le profil technique ou politique de chacun. Parfois, ils se superposent dans une même personne.

Avec Gilles de Robien, j'ai au moins la chance de me trouver auprès d'un ministre étonnant en raison de ses qualités peu banales dans le milieu politique. Humble, courtois, ouvert à la contradiction, il ne cesse de manifester une attention à l'autre qui n'est pas feinte.

En débarquant dans son cabinet, je suis d'abord frappé par une certaine ambiance. Les conseillers sont jeunes, vifs, virevoltants. J'apprendrai à les connaître et certains deviendront des amis. Mais, en cet instant, pour moi qui arrive de Guyane, l'esprit plein des problèmes concrets de cette France amazonienne, je suis frappé par la dictature de l'instant qui s'impose à tous. Ma première réunion de cabinet me fait penser à une scène de la série À la Maison Blanche, avec des conseillers qui se houspillent, pratiquent l'ironie systématique envers autrui et ne finissent par s'entendre qu'en invoquant le chef.

La dictature de l'instant se manifeste aussi par le rythme effréné des courriers électroniques. Ils condensent à la fois les sollicitations du monde extérieur et le dialogue interne collectif du cabinet. Le membre de cabinet effectue de ce fait deux jours de travail en un. Pendant la journée, il répond à mille sollicitations. Le soir, il signe les parapheurs qui se sont accumulés et tente de prendre du recul sur les événements.

Ayant à superviser l'ensemble de l'enseignement scolaire au titre de mes fonctions, je m'efforce d'avoir une vision complète de la situation. Le contact facile avec les recteurs permet de prendre la température de la vie des académies. Quotidiennement, on reçoit aussi le compte rendu des violences les plus importantes commises pendant la journée. Dans les cas les plus graves, le ministre appellera lui-même les personnes concernées. Parfois, il faut appeler soi-même.

La grande sortie consiste à aller à Matignon, à quelques centaines de mètres du ministère. J'aime le faire, plus pour me dégourdir les jambes que pour le type d'exercice auquel on est ainsi convié. Il s'agit de défendre la position du ministre ou les termes d'un texte devant le conseiller du Premier ministre qui peut être tenté de se croire très en surplomb. Il peut s'agir aussi de défendre cette position lors d'une « RIM » – réunion interministérielle –, où le ministère du Budget est toujours très redouté. On part du cabinet avec une mission. On en revient, défait ou victorieux, selon que l'on a gagné ou non un arbitrage qui se traduira par un « bleu de Matignon », précieux compte rendu réalisé par le secrétariat général du gouvernement qui, normalement, acte une décision.

En quelques rares occasions, il m'est donné de remplacer le directeur de cabinet, Bernard Thomas, auquel me lie une grande *confiance, pour assister à la réunion que tient le directeur de cabinet du Premier ministre avec les directeurs de cabinet de tous les ministères, le mercredi matin, en même temps que le Conseil des ministres. C'est un moment intéressant car le tour de table permet de prendre le pouls de la France. Il est amusant par ailleurs de voir Bruno Le Maire, au nom de Dominique de Villepin, face à Claude Guéant, au nom de Nicolas Sarkozy, faire mine de s'entendre au moment où leurs chefs respectifs se livrent publiquement à un combat sans merci.*

Cette année scolaire 2006-2007 est marquée par le sujet de la méthode syllabique. Le ministre a pris une position tranchée, définie avec son précédent directeur de cabinet, Patrick Gérard, qui avait quitté la DGESCO pour l'épauler. Avec Jean-Louis Nembrini, qui le conseille sur les questions pédagogiques, nous nous efforçons de mettre cela en musique. Il écrit les nouvelles circulaires qui marquent le début d'une révolution mentale. Pour la première fois depuis longtemps, les enseignants de France voient venir depuis le ministère une pensée pédagogique que l'on peut qualifier à tous égards d'explicite. En français, en mathématiques et dans d'autres domaines, le message que nous faisons passer est celui de la nécessité d'un enseignement clair et progressif. Cela nous vaudra d'être copieusement brocardés.

Je suis agacé par la tournure politique que prennent les événements. Alors que l'on est sur un sujet scientifique par excellence et que notre position est très étayée, je vois certains acteurs et interlocuteurs tenir avec assurance des propos d'un autre âge. Au total, l'approche de la campagne présidentielle n'arrange rien car on voit les uns et les autres parier sur la mortalité de ce que nous échafaudons. Ce calcul n'est pas tout à fait exact. Dans les deux fonctions que j'exercerai ensuite, je ferai partie de ceux qui feront vivre cette émergence d'une pédagogie explicite qui est la clé du rebond de notre école.

4

LE LYCÉE DE LA LIBERTÉ

Toute véritable éducation est une éducation à la liberté. Liberté de la maturité, liberté construite. La noblesse de l'éducation est de donner à chaque personne le socle lui permettant d'exercer cette liberté qui fera sa dignité de personne humaine. Aux antipodes d'une liberté consumériste factice, elle est le résultat d'une somme d'efforts que l'élève a pu accomplir à l'école et au collège.

L'entrée au lycée constitue un premier pas dans cet accomplissement. Le passage en seconde est clairement la marque d'une nouvelle étape de la vie. Chaque élève le vit ainsi en son for intérieur et aspire à être pris au sérieux. Dans ce moment spécifique il est important que la conception même du lycée corresponde à cette aspiration vers l'âge adulte.

Il ne faut jamais perdre de vue que tout ce qui se passe en amont du lycée est décisif et qu'il est souvent difficile de rattraper l'essentiel des insuffisances scolaires à ce stade. Ce raisonnement ne doit pas pour autant conduire à ignorer les difficultés propres au lycée français et tout particulièrement son excessive rigidité et le trop-plein de cours qui sont le reflet d'un processus de sédimentation ayant conduit, année après année, réforme après réforme, à accumuler les objectifs, les missions et les enseignements. De ce point de vue, et pour filer la métaphore, notre lycée ressemble dans ses différentes composantes à un port ensablé qu'il importait de draguer pour rendre une certaine fluidité à la navigation et faciliter la sortie vers le grand large... C'était précisément l'objectif poursuivi par la réforme du lycée général et technologique, mise en œuvre à partir de 2010, qui avait été précédée par celle du lycée professionnel engagée en 2009.

Faire du lycée un lieu d'initiatives et de responsabilités

Le constat est bien connu : le lycée ne parvient pas à proposer des parcours diversifiés et peine à se départir d'une vision puérile et déresponsabilisante des lycéens. Cette vision infantilisante de l'élève est d'ailleurs partagée par le système tout entier et conduit à un jeu de rôle où le professeur délivre son savoir *ex cathedra* pendant que l'élève accepte de jouer le jeu ou tout simplement se déporte. L'élève n'est encouragé à travailler que pour la note, le bulletin scolaire, l'examen et jamais pour son avenir. À aucun moment, il ne va comprendre qu'il est d'abord là pour lui. Cette absence de projection vers le futur est si déprimante et destructrice qu'elle aggrave cette inhibition de l'action qui nous fait tant de mal et qui empêche nos élèves de s'exprimer ou de prendre des risques. Finalement, notre école est celle du conformisme plutôt que celle de l'audace et de la construction. Il y a là un changement psychologique majeur à réussir.

De nouveau, on retrouve la question de l'exigence bienveillante vis-à-vis de l'élève, renvoyant, entre autres choses, à une évaluation constructive lui permettant de progresser. C'est dans cet esprit que j'ai été très attentif aux approches d'André Antibi qui a créé le MLCCM, Mouvement de lutte contre la constante macabre. Qu'est-ce que la

« constante macabre » ? Cela repose sur un constat très simple mais qui me semble très juste. Dans la plupart des classes, constate Antibi, on va trouver inévitablement trois types d'élèves en matière de notation : les « mauvais », les « moyens », les « bons », et cela, quel que soit le niveau de chacun des élèves. Tout se passe comme s'il fallait à tout prix avoir cette « perte » pour mieux valoriser ceux qui réussissent. On aurait donc au cœur du système une logique « naturelle » d'exclusion progressive[1]. André Antibi prône, en lieu et place de cette logique, un véritable contrat de début d'année avec l'élève, qui doit l'amener à franchir les étapes de sa réussite. Des centaines de professeurs ont adopté cette approche et je l'ai encouragée dans mes fonctions à la direction de l'enseignement.

Plus généralement, il faut dégager des solutions pour faire du lycée un lieu d'initiative, de responsabilité. Ma conviction est qu'elles sont à mettre en place à l'échelle de l'établissement en introduisant de la souplesse. Pour ma part, j'ai écarté depuis longtemps la piste consistant à indifférencier encore davantage la classe de 2de. Cela reviendrait à prolonger le collège d'un an et donc à reculer pour mieux sauter. À mon sens, c'est précisément l'inverse qu'il faut réussir. L'esprit de la réforme de 2009 a donc consisté à développer les passerelles entre les séries du lycée, à permettre une spécialisation progressive mais renforcée en terminale afin de mieux préparer à l'enseignement supérieur ainsi qu'à alléger les grilles horaires, peut-être pas toujours de la bonne façon, en développant des espaces pour l'accompagnement individualisé. L'allégement des programmes ne doit pas être synonyme d'édulcoration d'une discipline pour ceux qui choisissent de se spécialiser. Je pense en particulier aux mathématiques qui ont souffert ces dernières années d'une évolution allant

1. Antibi A., *La Constante macabre*, Éditions Math'adore, 2003.

dans le sens d'une moindre exigence. Nous devons au contraire préserver – dans ce domaine faisant partie de l'excellence française comme dans d'autres – la possibilité d'approfondissements importants lorsque l'élève choisit la voie qui lui correspond.

Beaucoup de choses intéressantes se sont en tout cas passées à la faveur de la réforme même si son application a été extrêmement hétérogène. Au fond, c'était inéluctable, puisqu'on avait pris le parti de donner les clés de la mise en œuvre concrète aux chefs d'établissement et à leurs équipes. Plus que le risque d'inégalité entre les établissements, je retiens la possibilité d'appropriation qui leur a été offerte et qui a été saisie dans de nombreux cas avec des mises en œuvre dynamiques et imaginatives. Sur le plan de la méthode et de l'esprit, je retiens donc de cette expérience la nécessité d'instiller de la liberté dans notre lycée, pour les élèves comme pour les équipes d'encadrement. En matière d'éducation, comme en d'autres matières, le vrai pouvoir c'est de savoir donner du pouvoir.

Au-delà de l'introduction d'une plus grande souplesse dans les parcours, la réforme du lycée s'est également traduite par une rénovation de tous les programmes d'enseignement des séries générales, technologiques et professionnelles.

La réforme du lycée professionnel

La voie technologique est une singularité française à laquelle je suis très attaché car elle représente un juste milieu entre la filière générale et la filière professionnelle. De ce point de vue, elle ouvre tous les possibles à ses élèves car certains iront jusqu'au titre d'ingénieur, même si une grande majorité a vocation à poursuivre ses études jusqu'au bac+2 ou bac+3, ce qui correspond à la fois à un besoin de l'économie et à un profil d'élève qui se sent bien avec des études supérieures courtes et spécialisées. Si la voie technologique doit donc être préservée, elle méritait une rénovation complète, après avoir été laissée à l'abandon pendant des années. C'était particulièrement vrai pour la série STI (sciences et techniques industrielles), dont les programmes n'avaient pas été modifiés depuis 1991 et dont les effectifs étaient en forte baisse depuis plusieurs années. Cette désaffection était due à la fois à l'obsolescence des programmes qui n'étaient plus adaptés à notre temps et à l'illisibilité des formations, avec un nombre incalculable d'options différentes. C'était d'autant plus paradoxal que le domaine technologique est sans doute celui qui a connu le plus d'évolutions rapides ces dernières décennies et concentre le plus d'enjeux pour l'avenir économique de notre pays. Nous avons donc mené un travail important pour moderniser les programmes et réorganiser la série en quatre spécialités qui correspondent aux défis contemporains : architecture et construction ; énergies et environnement ; innovation technologique et éco-conception ; systèmes d'information et numérique. Au cours de la phase d'élaboration de la réforme, menée par Éric Roser au cabinet de Luc Chatel, j'ai personnellement insisté pour que la nouvelle série intègre les enjeux du développement durable, comme le traduit la nouvelle appellation STI2D : sciences et techniques de l'industrie et du développement durable. Ce travail de modernisation des formations et de l'image a permis de redynamiser une série qui en avait grand besoin. Il reste à savoir si, à moyen terme, cet effort aura permis d'attirer davantage de jeunes filles dans une série qui était auparavant fréquentée à 98 % par des garçons.

En ce qui concerne la voie générale, j'ai milité pour introduire en terminale littéraire (L) un enseignement de

« droit et grands enjeux du monde contemporain », tant il me paraissait indispensable de transmettre dès le lycée des outils indispensables de compréhension du monde. En revanche, il me semble que nous ne nous soyons pas donné les moyens d'un rééquilibrage entre les séries S, ES et L. Face à la domination de la série S, il faudrait rassembler les forces des séries L et ES, quitte à ce qu'un vaste jeu d'options et de majeures permette de faire des choix internes, en veillant à ne pas introduire de hiérarchie. On aurait ainsi une large filière qui préparerait à l'ensemble des études de sciences humaines, de droit, d'économie et de lettres. Je suis convaincu que c'est la voie du futur, qui permettra de donner davantage de souplesse à l'organisation du lycée général.

Si les séries générales ont focalisé l'attention, c'est en réalité la réforme de la voie professionnelle qui a joué un rôle précurseur dès 2009. Malgré les difficultés et les critiques, la réforme du lycée professionnel constitue une incontestable réussite pour l'Éducation nationale. Le passage au baccalauréat professionnel en trois ans – contre quatre auparavant – était en effet indispensable pour lutter contre le fléau du décrochage scolaire et mettre la voie professionnelle sur un pied d'égalité avec les voies générale et technologique. Avant, la logique était d'imposer une année de cours en plus à des élèves qui avaient pu rencontrer des difficultés avec le cadre scolaire et visaient une insertion professionnelle rapide. En outre, certains programmes étaient étirés dans le temps pour tenir sur quatre ans, alors qu'ils pouvaient facilement être enseignés en trois. La réforme a donc consisté à reconcentrer ces programmes, tout en créant des passerelles et surtout des dispositifs d'accompagnement des élèves.

Cette réforme nous a permis d'avancer vers le grand objectif national qui est de mener 80 % d'élèves à l'obtention du baccalauréat. En très peu de temps, nous avons fait un saut énorme puisque nous sommes passés d'un taux de 65 % – inchangé depuis près de quinze ans – à 71 % de bacheliers dans une génération. Il n'est pas inutile de souligner qu'il s'agit là d'un acquis qui a été obtenu non pas de façon artificielle en abaissant le niveau de l'examen, mais en élargissant notre gamme en direction de l'enseignement professionnel. En outre, il y a là un véritable progrès social car ces nouveaux bacheliers sont souvent les premiers bacheliers de leur famille. L'enjeu majeur est désormais de dissuader ces bacheliers professionnels de s'inscrire à l'université où ils connaissent un taux d'échec effroyable. De même, il est souhaitable d'éviter qu'un trop grand nombre de bacheliers généraux s'inscrivent dans les instituts universitaires de technologie. De ce point de vue, les mesures récentes qui tendent à accorder des priorités pour les bacheliers technologiques en IUT et à ouvrir davantage les BTS aux bacheliers professionnels me paraissent aller dans le bon sens afin que les places disponibles ne soient pas préemptées par les bacheliers généraux.

Évoquer la voie professionnelle et l'avenir des bacheliers qui en sont issus conduit évidemment à évoquer la relation entre l'école et le monde du travail. Si cette relation est au cœur de la problématique de l'enseignement professionnel, elle a du sens pour l'ensemble du champ éducatif, avec un double enjeu : favoriser l'insertion professionnelle de nos élèves et encourager l'esprit d'entreprendre.

L'école et l'entreprise : deux mondes qui se comprennent mieux

Contrairement aux idées reçues, l'école ne considère pas l'entreprise comme le diable, et cette dernière ne perçoit pas le système éducatif comme un monde courtelinesque.

La relation entre l'école et l'entreprise a beaucoup évolué au cours des dix dernières années et des progrès très importants ont été réalisés en matière de compréhension mutuelle. Aujourd'hui, une bonne partie des enseignants jouent le jeu de la relation avec l'entreprise. Inversement, beaucoup d'entreprises ont compris que l'Éducation nationale se modernisait. Des actions, telles que « la semaine école-entreprise » initiée en partenariat avec le Medef au début des années 2000, ont largement contribué à cette évolution des mentalités. Il faut à présent aller plus loin, en faisant notamment porter nos efforts sur la diffusion parmi les élèves de l'esprit d'entreprise, dont notre pays a tant besoin. Cela peut se faire par le biais d'ateliers, de jeux de rôles ou de création de junior-entreprises au sein même des établissements scolaires. L'Éducation nationale dispose déjà de partenaires solides pour avancer dans ce sens, à l'image de l'association « Jeunesse et entreprise » d'Yvon Gattaz, de « 100 000 entrepreneurs » dirigée par Philippe Hayat ou encore de l'association « Entreprendre pour apprendre ». Les esprits évoluent, mais il reste encore une marche à franchir pour que la créativité et l'esprit d'entreprise deviennent des compétences valorisées par l'école, comme elles l'étaient dans le livret de compétences expérimental que j'ai évoqué précédemment.

L'autre enjeu majeur de la relation avec l'entreprise est sans conteste la préparation de l'insertion professionnelle. Aujourd'hui, l'important est de multiplier les occasions de rencontre entre les lycéens et les acteurs économiques, au sein même des établissements scolaires, comme dans les entreprises. Plusieurs dispositifs avaient été créés au cours des dernières années pour favoriser ces échanges, en amont du lycée. C'est ainsi que le parcours de découverte des métiers et des formations a permis aux collégiens de découvrir le monde du travail dès la classe de 5e. En plus de l'option de découverte professionnelle existante (DP3), nous avons également mis en place en classe de 3e une découverte professionnelle six heures, rebaptisée depuis 3e prépa-pro qui a rencontré un grand succès, à bas bruit, mais qui a été supprimée en 2013. À mes yeux, il n'y a pas de honte à avoir de proposer aux élèves, dès le collège, de se préorienter vers le lycée professionnel, même si ce choix ne doit pas être irréversible. En effet, on sait très bien que certains élèves revivent littéralement lorsqu'ils ne sont plus uniquement confrontés à des exercices abstraits.

Ce travail avec les entreprises se retrouve au niveau du lycée, et singulièrement du lycée professionnel puisque l'ensemble de nos diplômes professionnels sont conçus en concertation avec les branches professionnelles. Avec l'aide de Jean-Marc Huart, sous-directeur en charge des lycées à la DGESCO, nous avons d'ailleurs mené, au cours des dernières années, une vaste modernisation de nos diplômes pour les adapter aux mutations technologiques, à l'émergence du numérique et du développement durable, ainsi qu'aux opportunités du marché de l'emploi. En effet, la question de l'adéquation entre le diplôme, le flux d'élèves et les débouchés professionnels est essentielle. Lorsque j'étais recteur de l'académie de Créteil, j'avais pris l'habitude de répartir nos diplômes professionnels selon leur degré d'attractivité et leur capacité à insérer. Il faut bien sûr mettre de côté les formations et les diplômes qui ne sont ni attractifs ni insérants et soutenir ceux qui le sont. Mais l'enjeu majeur ce sont les deux catégories intermédiaires et en particulier les diplômes non attractifs mais insérants, à l'image du bâtiment ou d'une partie de l'industrie. L'aéronautique a des difficultés pour trouver des chaudronniers alors que c'est un secteur moderne et porteur d'emploi et d'activité économique. Il reste beaucoup à faire, en particulier du côté des métiers de l'artisanat encore trop sous-estimés.

De nouveaux partenariats avec l'enseignement supérieur

En parallèle de ces perspectives d'insertion professionnelle, le lycée doit se préoccuper de l'avenir de ses étudiants dans l'enseignement supérieur. Cette question est d'autant plus importante que l'entrée à l'université constitue, pour de nombreux étudiants, un moment aussi déroutant que l'entrée au collège, avec un taux d'échec considérable en premier cycle. Si le sentiment de liberté est immense, il est souvent difficile d'en faire bon usage, alors que les attentes s'élèvent et se transforment subitement et que le travail personnel prend une place prépondérante. Au-delà du travail mené au sein même des universités, notamment dans le cadre du plan pour la réussite en licence porté par Valérie Pécresse à partir de 2007, il est essentiel de renforcer les liens entre le secondaire et le supérieur pour préparer en amont la transition vers l'université. Sur ce point, les « cordées de la réussite », imaginées par l'inspecteur général Claude Boichot à partir de 2008, constituent un progrès considérable. Les cordées fonctionnent sur le principe du « partenariat établi entre un ou plusieurs établissements d'enseignement supérieur (grandes écoles, universités et leurs IUT), des lycées comportant des classes préparatoires aux grandes écoles (CPGE) et des sections de techniciens supérieurs et des lycées et collèges "sources" relevant prioritairement des territoires de la politique de la ville[2] ». Ces partenariats permettent la mise en place d'actions de tutorat, de soutien ou encore de proposer des activités culturelles. En 2012, 326 cordées de la réussite étaient en place, permettant un premier maillage territorial. Mais, dans ce domaine, toutes

2. http://eduscol.education.fr/cid76305/cordees-de-la-reussite.html.

les actions nouvelles sont à encourager, notamment celles qui portent sur la valorisation des classes préparatoires aux grandes écoles auprès de populations scolaires qui en sont traditionnellement éloignées.

Dépoussiérer le baccalauréat

Reste enfin la question du baccalauréat, examen bicentenaire, qui illustre de façon paradigmatique la fécondité de la tension entre la tradition et la modernité pour le système éducatif. Évidemment, je me méfie des discours un peu faciles sur la nécessité de supprimer le baccalauréat[3]. Comme le diplôme national du brevet, il est et demeure un très beau standard de fin de cycle qui contribue à la régulation des parcours : c'est un repère fort en amont et son impact est considérable. Le supprimer reviendrait à en finir non seulement avec une des dernières institutions d'unité nationale depuis la disparition du service militaire, mais aussi avec un outil de régulation qu'il faut certes réformer mais non détruire. Il doit donc être conservé dès lors qu'il permet de diffuser une logique pédagogique pertinente, même s'il gagnerait à être modernisé. L'avenir est donc de conserver quelques épreuves clés en contrôle final et d'évaluer l'ensemble des autres matières sous la forme d'un contrôle continu. J'observe d'ailleurs qu'actuellement les résultats de l'année coïncident à 95 % avec les notes obtenues *in fine* au baccalauréat. Sur cette base, il sera possible d'établir un continuum plus net entre le lycée et l'enseignement supérieur. Il n'y a donc plus grand sens à maintenir cette immense

3. C'est un de mes rares points de divergence avec mon ami Jean-Robert Pitte, qui a écrit un livre stimulant sur le sujet : *Stop à l'arnaque du bac*, Oh ! Éditions, 2007.

machinerie qui mobilise l'ensemble des énergies pendant près de quarante-cinq jours et ampute le mois de juin de tous les lycéens. En d'autres termes : préserver le standard national et le symbole républicain qu'est le baccalauréat, mais le dépoussiérer et l'adapter à notre temps, comme le lycée dans son ensemble.

INTERMÈDE 4
CRÉTEIL : INNOVER POUR PROGRESSER

Le charme de Créteil n'apparaît pas au premier abord, que l'on parle de la commune ou de l'académie. La ville a été construite au cours de ces années 1960 et 1970 lorsqu'on se croyait moderne avec des concepts qui oblitéraient pourtant sérieusement l'avenir. L'académie quant à elle a été conçue sur un mode administratif en regroupant les trois départements de l'Est francilien aux caractéristiques très dissemblables : la Seine-Saint-Denis, le Val-de-Marne, la Seine-et-Marne. À elle toute seule, la Seine-et-Marne, représente en surface presque la moitié de l'Île-de-France, de Chelles à Fontainebleau, de Meaux à Provins. Elle est une sorte de France en miniature avec ses zones rurales, rurbaines et urbaines. Le Val-de-Marne et la Seine-Saint-Denis portent crânement leurs réputations non usurpées de « banlieues difficiles », mais cela masque aussi une grande diversité de situations, avec beaucoup de lieux qui progressent et une vitalité souvent prometteuse. Comme souvent, la réalité est bien plus complexe que l'image donnée.

Ainsi, dès le deuxième abord, l'académie de Créteil présente un attrait inégalable. Elle est l'académie de tous les défis. De son quotidien se dégagent une énergie, une volonté de regarder l'avenir en face qui incitent à la créativité et au travail collectif. Rien n'y est simple. Les difficultés matérielles sont réelles. Les forces de résistance au changement y sont plus puissantes qu'ailleurs. L'enthousiasme pour les grands enjeux de progrès social qui se présentent n'est pas partagé par tous. Mais ces difficultés sont justement un levier pour tous ceux qui n'ont pas peur des obstacles et qui croient encore à l'intérêt général et aux vertus de l'éducation.

En arrivant à Créteil, je suis immédiatement frappé par la qualité de ceux qui m'entourent et de la plupart des cadres du système. Mon prédécesseur, Bernard Saint-Girons, magnifique figure de serviteur de l'État, a réalisé un beau travail. Comme en Guyane, je ne tarderai pas à m'appuyer sur les chefs d'établissement, clés de voûte du système. Ils ne sont pas tous parfaits. Mais, en grande majorité, ils sont remarquables, dédiés à la cause de l'éducation, en prise avec le quotidien. Les professeurs, quand ils ne sont pas découragés par ce qu'ils doivent affronter, sont eux aussi la plupart du temps ouverts et motivés. L'intermédiation syndicale masque malheureusement trop souvent ce dynamisme et cette volonté d'agir. Le contact direct me permet d'analyser et d'agir en m'appuyant sur les équipes. Mais, avec près de 80 000 professeurs, je ne peux espérer entretenir un lien direct avec chacun…

Néanmoins, dès le début, avec l'équipe académique, une « équipe de rêve », nous allons créer les conditions d'un changement des pratiques et des approches. En quelques semaines, un projet académique est élaboré grâce à une vaste concertation qui responsabilise tous ceux qui la mènent sur le territoire. Il sera fondé sur trois principes : réussite, équité, solidarité. Ce projet académique sera ensuite la base de tout mon système de gouvernance. Je réunirai très régulièrement les acteurs pour faire le point sur les objectifs fixés et donner les impulsions nécessaires.

Dans un contexte politique et syndical globalement hostile en raison du climat national, ma stratégie est de prendre tout le monde de vitesse en proposant des innovations à petite échelle, applicables immédiatement, évaluables et contagieuses. Cette stratégie séduit et agace. Elle séduit ceux qui voient là une méthode faisant la preuve que des changements sont possibles à l'Éducation nationale quand on s'appuie sur des réformes nationales claires et que l'on prend des initiatives adaptées au terrain. Elle agace tous ceux qui ont peur de l'innovation et surtout ceux qui vivent de la déploration, de la complainte, du pessimisme, de la critique, les adeptes de l'« esprit qui toujours dit non ».

Mes premiers pas à l'académie de Créteil me valent donc très rapidement de beaux attachements et parfois des inimitiés. Des élus, tous bords confondus, approuvent ma démarche, car ils attendent une Éducation nationale en mouvement capable d'accompagner leurs politiques de progrès social pour leurs territoires. D'autres acteurs ne tardent pas à m'identifier comme quelqu'un qui cherche à déplacer les lignes et cela leur déplaît.

La critique est alors d'un simplisme déconcertant. Je serais un homme de « coups », déployant une vitrine chatoyante au service d'un pouvoir qui ne pense qu'à casser l'Éducation nationale. Bien entendu, je me contente de répliquer à cela par des actes. En fait de coups, l'équipe de Créteil creuse des sillons qui ont vocation à s'inscrire dans la durée en apportant la preuve que des changements concrets sont possibles hic et nunc pour les grands problèmes que nous affrontons : acquisition des compétences fondamentales des élèves, stabilité des équipes professorales, modernisation numérique, relations familles-professeurs, sécurité des adultes et des enfants, dynamisme pédagogique et éducatif, etc.

On confond rapidité et superficialité quand, au contraire, c'est une logique qui est mise en mouvement au service d'une seule idée : améliorer ce qui se passe concrètement dans la classe pour l'élève. La célérité est au service de l'efficacité. Mais les méthodes que je mettais en œuvre en Guyane rencontrent ici un plus grand écho, tout simplement parce que nous sommes à quelques kilomètres de Paris dans des territoires que tout le monde regarde comme des indicateurs de la santé du pays.

Le contexte national ne facilite pas les choses. Je mets en œuvre la politique de suppression d'un poste sur deux départs à la retraite. C'est extrêmement difficile à réaliser dans un pays où tout le monde a été habitué à demander « plus de moyens » dès qu'un problème se présente. Or les problèmes ne manquent pas. Pour autant, chacun sait au sein du ministère *que la création de postes n'est pas la solution, surtout dans le second degré. En 1998, face à une grande grève des professeurs en Seine-Saint-Denis, le gouvernement a cru judicieux de créer massivement des postes dans le département. L'idée, trop simple, était d'obtenir, avec 2 000 postes, un effet « Canadair ». Pourtant, dans les dix années qui ont suivi, on n'a constaté aucun progrès particulier dans ce département, disposant pourtant dès lors, et de loin, du meilleur taux d'encadrement de France métropolitaine. Il est en réalité possible de « faire mieux avec moins ». Et c'est ce que je m'attache à prouver. Je suis secondé pour cela par une administration qui se met à procéder en finesse en travaillant autrement, notamment au travers d'une logique de contrat avec les établissements. Un dialogue de gestion se construit, avec des objectifs fixés et une plus grande autonomie d'utilisation des moyens. Par exemple, on encourage le lycée à diminuer le redoublement en seconde et les moyens que cela permet d'économiser (environ 700 postes pour une académie comme Créteil) sont utilisés pour aider les élèves en amont afin justement d'éviter le redoublement. On peut ainsi par une approche qualitative faire des économies et améliorer le système.*

Il n'en demeure pas moins qu'une politique de diminution des postes est rarement populaire a fortiori dans un pays où la pédagogie sur la situation budgétaire a été assez déficiente. Dès lors, toute action que l'on mène est accusée de participer à une politique de « casse du service public ». Cette accusation me heurte évidemment parce que j'ai le sentiment de me battre à chaque instant pour le progrès de ce service public de l'éducation en mettant l'académie de Créteil sur la bonne voie.

Plusieurs fois par semaine, je me rends dans les établissements pour parler avec tous ceux qui font l'école au quotidien. Lorsqu'on visite une école, un collège ou un lycée, il faut très peu de temps pour saisir si la tendance est globalement bonne ou mauvaise. Cela se voit à des indices tout simples et à la relation que l'on constate entre le chef et son équipe. C'est pourquoi une des clés de la qualité du système est le soin que l'on apporte au recrutement et à la formation des responsables de terrain.

Souvent, je dois venir dans un établissement dans une atmosphère de crise. Des professeurs sont en grève en raison d'une violence qui a été commise ou parce qu'ils protestent contre une réforme ou contre l'autorité. Mon principe est simple : écouter et comprendre. Les professeurs voient très bien que je ne feins pas, que s'il y a un problème que l'on peut résoudre, on le résoudra et qu'on le fera ensemble. Ils voient aussi que je suis inflexible quand je suis face à de la pure manipulation, à de l'agitation politique qui ne veut pas dire son nom. Cela m'est insupportable et je le dis toujours très directement, car c'est pour moi la violation de quelque chose de sacré : l'intérêt général que nous devons rechercher. J'ai souvent changé ma position, rectifié le tir, aménagé les choses pour tenir compte des critiques de ceux qui les connaissent au mieux car ils sont sur le terrain. Mon respect pour les professeurs est total car ce sont eux qui vivent la réalité de la classe tous les jours. Et je conçois ma mission comme un appui à leur action quotidienne. Au rectorat, dans les réunions, je demandais systématiquement : « Mais quel impact cela a-t-il pour les élèves dans la classe ? »

Les professeurs sentent et savent que mon respect est réel. De leur côté, je crois qu'ils respectent mon écoute et ma franchise. Quand il y a quelque chose qui semblerait souhaitable mais qui n'est pas possible, j'explique pourquoi. Souvent, j'essaie aussi de faire en sorte que ceux qui posent le problème participent à la solution car les problèmes de l'Éducation nationale, pour les adultes comme pour les enfants, sont plus souvent immatériels, relevant des attitudes et des méthodes, que matériels. Cela légitime aussi mes refus et mes demandes d'action.

Parfois, je les surprends en allant plus loin qu'eux. Une fois, dans un collège d'Aulnay-sous-Bois, je suis frappé par la qualité de ce que l'on m'expose. Inutile de chercher longtemps la cause de cette excellence : la communauté des professeurs et des personnels est soudée derrière un principal totalement investi, ouvert et inventif. L'équipe me fait une demande qui est habituellement vouée à l'échec. Ils ont trois conseillers principaux d'éducation, ce qui est déjà beaucoup au regard des effectifs du collège. Ils en veulent un quatrième. C'est à ce moment que germe dans mon esprit l'idée d'instituer un responsable par niveau. Je leur promets de satisfaire leur demande s'ils ont un projet éducatif par niveau que chacun pourra mener. Ils le feront et c'est de cette manière que naîtra une expérimentation plus large que je ferai à Créteil, qui inspirera ensuite la création des « préfets des études » dans les collèges Éclair, en éducation prioritaire.

Un autre jour, je vais visiter le microlycée de Sénart. Inventée par un groupe de professeurs idéalistes, cette expérience consiste à proposer à des jeunes qui ont quitté le lycée depuis plus d'un an de revenir dans une structure adaptée où on va les suivre de façon très personnalisée tout en les responsabilisant. Ces jeunes ont souvent des parcours un peu cabossés. Ils ont déjà une expérience de la vie parce qu'ils ont un travail ou parce qu'ils ont eu très tôt à affronter des problèmes de tous ordres. S'ils sont là, c'est parce qu'ils sont très motivés. Le microlycée leur prodigue des cours en petits groupes, un tutorat et leur demande de participer à toute la vie de la structure. Les élèves font donc le ménage et la vaisselle. Ils sont traités comme des adultes responsables. Le taux de réussite au bac est très important, compte tenu des difficultés présentes.

Lorsque je fais cette visite, je sais que mes interlocuteurs se posent des questions. Je représente l'institution et celle-ci est censée voir avec défiance de tels projets, un peu coûteux, non obligatoires (les élèves ont plus de 16 ans) et en marge du fonctionnement classique du système. Je les regarde. Ils ne savent pas à quel point je les aime. Ils sont pour moi significatifs de ces enseignants, si nombreux en France, qui se retroussent les manches par idéal, par empathie avec les élèves, par exigence envers ces jeunes, envers le monde et envers eux-mêmes.

Je deviens à partir de ce moment un soutien indéfectible du projet. Et je sais que cela va les étonner. Non seulement on ne fermera pas Sénart, mais je leur proposerai d'étendre l'expérience dans le Val-de-Marne et en Seine-Saint-Denis. Un dialogue suivra, portant sur la pédagogie et sur les moyens. C'est pour eux aussi une occasion de prendre plus conscience du système de contraintes que l'on doit nécessairement respecter mais qui n'empêche pas d'avancer. À un coût raisonnable, en deux ans, on ouvrira les deux microlycées projetés[1]*. Des dizaines de jeunes sont ainsi remis sur les rails chaque année grâce à des structures de ce type.*

J'attache de l'importance à tout ce qui peut dignifier ce territoire francilien souvent en retard par rapport à d'autres académies. Ainsi, j'ai poussé la région Île-de-France et le conseil général de Seine-Saint-Denis à s'engager dans le projet de lycée international de Marne-la-Vallée (sur les communes de Brie et de Noisy) souhaité par les maires de l'Est parisien et qui, demain, contribuera fortement au développement et au rayonnement de cette partie de la région.

Créteil impose par ses caractéristiques les principes d'action, d'innovation et d'expérimentation. Celles que je propose étonnent parfois parce qu'elles peuvent relever d'un classicisme que je ne renie pas ou d'anticipations qui me paraissent indispensables. Ainsi, j'essaie de remettre à l'honneur les distributions de prix de fin d'année. À mes yeux, elles font partie de ces rituels indispensables qui représentent un temps fort de la vie d'une personne, souvent même d'une famille, une somme de travail que l'institution reconnaît. Il est normal qu'une cérémonie solennelle consacre cela. J'ai entendu toutes les critiques sur ces sujets. Aucune ne m'a touché. J'ai encouragé les établissements à le faire et je suis venu à de nombreuses manifestations. C'est chaque fois la même joie, la même fierté des élèves et de leur

1. Je prônerai ensuite, à la tête de la DGESCO, la généralisation des microlycées dans chaque académie de France (dans la circulaire de rentrée de 2011), ce qui donnera naissance à plusieurs initiatives prolongées aujourd'hui, notamment pour créer des microlycées professionnels.

famille. Voir cela me donne une énergie qui m'immunise contre tous les grincheux.

D'autres initiatives relèvent plus directement de l'expérimentation, comme celles que nous menons pour voir les effets en collège d'un système « cours le matin, sport et culture l'après-midi ». Les premiers résultats seront tellement encourageants pour le climat scolaire, les résultats des élèves, la lutte contre l'obésité, que Luc Chatel me demandera de l'organiser à l'échelle nationale dès l'année suivante.

J'attache aussi beaucoup d'importance aux innovations qui permettent de prendre en compte les possibilités du numérique. Dès mon arrivée à Créteil, j'ai promu un espace numérique de travail que nous baptisons « cartable en ligne » et qui se déploie rapidement, permettant une meilleure communication avec les parents (notes, informations en ligne, etc.). Ces initiatives paraissent simples. Elles se heurtent pourtant à des obstacles de tous ordres.

En ce qui concerne le numérique, mes convictions sont affichées. Cela fait partie de la vie quotidienne de nos enfants et de nous-mêmes. L'école ne saurait s'en abstraire, au risque de dériver vers un archaïsme absurde. Pour autant, le numérique est comme la langue d'Ésope, porteur du meilleur comme du pire. Le pire, c'est la « société des écrans » qui plonge trop d'enfants et d'adolescents dans un univers d'une vacuité désespérante. Le meilleur, c'est l'incroyable ouverture sur le monde que cela permet et la possibilité d'une interactivité concrète, Graal pédagogique depuis Socrate.

En réalité, il me semble que l'on doit faire une grande distinction entre l'école primaire et l'école secondaire sur ce point. À l'école primaire, l'usage du numérique peut rester marginal. J'ai observé avec amusement et sans étonnement que des cadres de la Silicon Valley avaient conçu pour leurs enfants une école primaire très moderne par ses principes pédagogiques, mais d'où les écrans étaient bannis. Ils savent peut-être mieux que personne qu'il faut d'abord que le petit d'homme se construise avant d'entrer dans la civilisation des machines.

En revanche, le collège et le lycée peuvent être le lieu d'une modernité numérique assumée et maîtrisée. En langues, par exemple, j'ai encouragé à Créteil des méthodes conduisant les élèves à utiliser, en cours et hors des cours, leur téléphone portable pour écouter et parler à partir de leçons très vivantes. Le temps d'écoute et de parole en langue originale s'en trouvait décuplé. Puisque machines et réseaux envahissent la vie privée de nos élèves, il faut essayer de donner un contenu utile à ce phénomène. Il est possible par des stratégies bien pensées, de faire que le temps extrascolaire soit un temps d'apprentissage. Il y a par exemple un usage pédagogique des réseaux sociaux que certains professeurs ont su déjà réaliser.

L'académie de Créteil a pu être en pointe sur plusieurs expérimentations concernant le numérique, comme sur d'autres questions.

C'est ainsi que, dès mon arrivée, j'ai soutenu le principe de ce que l'on appelait les « lycées expérimentaux », expérience initiée par Richard Descoings pour pousser les lycées à travailler différemment et à ouvrir leurs fenêtres au travers de projets permis par des financements externes. J'ai rencontré ainsi des équipes de professeurs exceptionnels, totalement dévoués à la cause de la promotion de leurs élèves. J'appréciais l'ensemble de leur approche, car elle touchait tous les élèves sans avoir peur de positionner en locomotives les plus brillants d'entre eux. Tout cela était complémentaire du dispositif « ZEP Sciences Po », qui ouvrait une voie d'accès à l'école de la rue Saint-Guillaume d'une manière efficace et volontariste. Symétriquement, j'encourageais aussi toutes les initiatives qui allaient dans le sens d'une ouverture sociale de l'enseignement supérieur, comme « Une grande école, pourquoi pas moi ? » de l'Essec et dont j'approuvais aussi l'inspiration consistant à préparer les élèves le plus en amont possible des concours. C'est la même vision qui me fera soutenir ultérieurement les instituts d'études politiques en régions proposant une démarche comparable.

On a souvent opposé les deux approches, la première « démocratique », ouvrant une brèche dans le principe d'égalité théorique pour mieux assurer une égalité concrète, la seconde « républicaine », donnant une préparation plus forte aux élèves les plus défavorisés pour passer un concours identique.

En réalité, j'ai toujours pensé qu'il fallait faire flèche de tout bois, eu égard à l'ampleur de l'enjeu, et que les deux approches permettaient de prendre en ciseau la lourde pesanteur du déterminisme social.

J'ai pu, en tant que recteur, encourager de multiples dispositifs pour aller dans cette direction, en m'appuyant sur les chefs d'établissement les plus innovants et les plus audacieux. Et les résultats ont été au rendez-vous. On parle trop peu de ces avancées qui caractérisent la France d'aujourd'hui. Derrière tous les incidents et difficultés de la banlieue, il y a en réalité une génération qui monte, des jeunes qui saisissent leur chance et qui témoignent du fait que la France est une société moins fermée qu'on ne le dit. Une donnée est assez significative de cela : le taux d'accès à l'enseignement supérieur en Seine-Saint-Denis dépasse la moyenne nationale, tandis que celui de Seine-et-Marne est un des plus bas de France. La réalité est toujours plus subtile que l'image qui en est donnée et j'ai souvent souffert du manichéisme ambiant et du brouillard d'analyse dans le débat public sur l'éducation et sur les banlieues.

Je retire en tout cas de mon expérience que le champ des possibles est immense. Il n'y a aucune fatalité à la discrimination, au communautarisme, à la peur de l'autre et à la peur du futur. Le discours de la volonté, accompagné d'actes, est indispensable face à tous ceux qui font profession de noircir le tableau, de pousser les mécontentements pour mieux les exploiter.

Nous avons réussi à Créteil à changer l'ambiance. La force était du côté de l'initiative, de la volonté d'agir et d'unir.

Mon bonheur dans cette fonction a été complet. Bien des jours ont été rudes. Je me souviens en particulier de tous ces moments de crise où il fallait gérer les situations de violence, parfois dans le cadre de mouvements lancés par des apprentis sorciers qui font descendre les élèves dans la rue pour servir des objectifs politiques. Dans ces périodes, il faut soutenir chaque établissement, montrer que le cap est tenu, visiter chaque lieu qui a besoin d'un appui. Nous étions organisés et déterminés pour cela[2].

Créteil fut un bonheur pour les expérimentations importantes décrites au long de ces chapitres, mais aussi, plus généralement, pour la logique éducative et pédagogique d'ensemble qui a pu se déployer grâce à une équipe hors du commun. On a parfois le sentiment de « labourer la mer », selon l'expression de Bolivar, dans de telles fonctions où tout porte sur le temps long et où tout est à refaire chaque jour mais, en réalité, à Créteil comme dans d'autres territoires, on réussit tout de même à creuser des sillons, à semer des graines et à infléchir des destins. Et je suis parti de Créteil comme j'étais parti de Guyane, le cœur serré de laisser un territoire aimé où tant restait à faire.

---

2. Voir en annexe (p. 301) l'article paru dans *Le Monde* du 7 avril 2008 sur la gestion de crise dans l'académie.

DEUXIÈME PARTIE

L'espace de la vie

5

LA FAMILLE ET L'ÉCOLE

S'interroger sur les missions de l'école conduit à distinguer deux visions peu conciliables. On peut considérer que l'éducation n'est pas du ressort de l'école qui doit se concentrer sur la seule instruction. Évidemment, cette position a une certaine dignité intellectuelle puisqu'elle consiste à vouloir sanctuariser le cœur de la mission de l'institution scolaire, c'est-à-dire la transmission des savoirs, et laisser la famille responsable du reste. Pourtant, ce n'est pas le choix qui a été fait et ce n'est pas pour rien que le ministère en charge de l'École a renoncé en 1932 au nom d'Instruction publique pour adopter celui d'Éducation nationale. Sur le fond, je considère que la fonction d'instruction doit être le noyau dur de l'école. Cependant au regard des évolutions sociales et sociétales des dernières décennies, il est indispensable que l'école prône une vision complète de l'enfant et assume la fonction d'éducation qui doit dès lors être partagée par l'ensemble du personnel scolaire : les personnels dits de vie scolaire, les infirmières, les assistantes sociales, les médecins mais aussi par les professeurs eux-mêmes.

Le principe de coéducation

Prôner cette vision complète de l'enfant n'aurait guère de sens sans une réflexion approfondie sur la place de la famille. En effet, la question de la relation entre la famille et l'école est première, nodale, voire ontologique, puisque, par définition, c'est la famille qui est responsable de l'éducation au début de la vie. Dès lors, lorsque la famille confie son enfant à l'école s'ouvre le temps de la « coéducation ». Ce concept, qui indique qu'il y a une responsabilité conjointe et partagée des parents et de l'école pour l'éducation de l'enfant, est juste car il souligne bien qu'il n'y a pas de déresponsabilisation de la famille, à partir du moment où elle confie son enfant à l'école. À l'inverse, il n'y a pas non plus de captation de l'enfant par l'école, avec une barrière qui serait dressée pour empêcher la famille de se mêler de ce qui ne la regarderait pas.

Les principes qui fondent la relation entre l'école et la famille sont donc très clairs. Ils sont d'autant plus importants que leur efficacité est indiscutable. En effet, des études tirées de la recherche française et internationale montrent clairement que l'implication de la famille dans la scolarité est le premier facteur de réussite de l'élève[1].

1. Duru-Bellat M., Van Zanten A. (dir.), *Sociologie du système éducatif. Les inégalités scolaires*, Presses universitaires de France, 2009 ; Fayol M., Morais J., « La lecture et son apprentissage », *in* Observatoir national de la lecture, *L'Évolution de l'enseignement de la lecture en France*, ministère de l'Éducation nationale, 2004, p. 13-60 ; Glasman D., Besson L., *Le Travail des élèves pour l'école en dehors de l'école. Rapport pour le Haut conseil de l'évaluation de l'école*, Haut Conseil de l'évaluation de l'école (HCéé), 2004 ; Jeynes W. H., « Parental involvement and student achievement : A meta-analysis », Harvard Family Research Project, 2005, http://www.hfrp.org/publications-resources/browse-our-publications/parental-involvement-and-student-achievement-a-meta-analysis ; Melhuish E. C., Phan M. B.,

Par conséquent, mieux vaut avoir des parents qui ne sont pas allés à l'école, qui ont peu de moyens et qui sont défavorisés par beaucoup d'aspects, mais qui croient en l'école comme lieu d'épanouissement et de réussite que des parents aisés et cultivés mais qui méprisent l'école et ne suivent pas la scolarité de l'enfant. Ces études montrent en fait que la relation entre l'école et la famille est plus complexe qu'il y paraît. Elle n'est pas seulement sociale, mais véritablement sociétale.

Le triptyque parent-enfant-école constitue un tout qui doit fonctionner ensemble pour assurer la réussite des élèves. Or, en France, nous sommes très loin de l'harmonie et de la confiance mutuelle entre l'école et les familles. Ce n'est pourtant pas une fatalité car, dans d'autres pays, la famille joue un rôle central dans la vie de l'école. De même, il est clair que l'une des trois ou quatre raisons des réussites de l'école privée en France est précisément d'être fondée sur la qualité du lien entre l'école et la famille. Or il n'y a aucune raison pour que l'école publique ne réussisse pas à tisser et à cultiver ce même lien. Il faut donc être capable d'identifier, pour les dépasser, les raisons qui conduisent à cette distanciation entre l'école et la famille.

Une distance accrue entre l'école et la famille

Ces raisons sont d'abord à rechercher du côté d'une partie de l'héritage révolutionnaire et de l'idée, très tôt formulée, que pour assurer une véritable égalité entre les individus il faudrait placer tous les enfants dans les

---

Kathy S. *et al.*, « Effects of the home learning environment and preschool center experience upon literacy and numeracy development in early primary school », *Journal of Social Issues*, 2008, vol. 64, n° 1, p. 95-114.

mêmes conditions. Pour assurer l'égalité, l'école de la République aurait donc à couper l'enfant de sa famille. Cette conception, qui apparaît nettement dans certains discours de Saint-Just[2], a bien entendu des racines antiques très profondes, notamment du côté de Sparte. Je précise d'emblée que l'internat nouveau, tel que je le conçois, ne se rattache pas à ce modèle. Au contraire, il doit renforcer ce lien précieux avec la famille, en associant et en responsabilisant de nouveau des parents, qui peuvent traverser des moments difficiles et peiner à accompagner la scolarité de leur enfant. Il faut suivre le projet de Condorcet plutôt que celui de Saint-Just si on veut une société plus humaine et plus ouverte.

Mais l'éloignement entre l'école et la famille a également d'autres raisons plus contemporaines, comme l'évolution des rythmes de vie, la multiplication des familles monoparentales ou encore la place croissante des écrans dans la vie personnelle de nos enfants. Il y a là autant de facteurs qui peuvent conduire certaines familles à se sentir dépassées et à laisser se dégrader la relation qu'elles entretiennent avec l'école.

Enfin, il est certain que les représentations mutuelles ne contribuent pas à resserrer le lien entre l'école et la famille. En effet, pour nombre de professeurs, les parents d'élèves sont d'abord une source d'agacement. C'est bien sûr regrettable, mais encore faut-il s'interroger sur les raisons de cette tension. Or, de ce point de vue, il est clair que la spirale vicieuse du consumérisme scolaire conduit certains parents à des comportements inappropriés, voire franchement inacceptables, dans leur relation avec l'école. Cette dérive des comportements se traduit régulièrement

---

2. Saint-Just écrit par exemple dans ses carnets : « Les enfants appartiennent à leur mère jusqu'à 5 ans si elle les a nourris, et à la République ensuite jusqu'à la mort ». Saint-Just, *Fragments sur les institutions républicaines*, première parution complète en 1800.

par des faits divers, dont les médias se font l'écho et l'on ne peut que comprendre les vives réactions qu'ils suscitent au sein de la communauté enseignante.

Au-delà de cet ensemble de raisons qui permettent d'expliquer l'éloignement, voire la méfiance réciproque entre l'école et la famille, il faut également souligner que la représentation des parents au sein du système éducatif pose aujourd'hui un véritable problème. En effet, des représentants des parents participent aux conseils d'administration des collèges et des lycées, ainsi qu'aux conseils d'école, ce qui suppose des élections de représentants à chaque rentrée scolaire. Au cours des dernières années, les taux de participation aux élections des représentants de parents oscillent, autour de 45 % dans le premier degré et de 25 % dans le second degré. En 2013-2014, dans le premier degré, ce sont les listes de parents non constituées en associations qui sont arrivées en tête avec 59,85 % des suffrages, devant la FCPE, 15,49 %, et les associations locales non affiliées : 14,69 %. Dans le second degré, la FCPE domine avec 46,95 % et la PEEP[3] suit avec 10,10 %.

L'engagement de ces représentants de parents doit être salué car ils font un travail essentiel pour rapprocher les familles et l'école. Pourtant, leur dévouement est parfois brouillé par le comportement militant des représentants nationaux de la fédération considérée comme la première représentative de France. Je suis d'ailleurs convaincu que les délégués de terrain de cette fédération n'ont pas toujours conscience du caractère extrêmement politique de ce qui se passe à l'échelle nationale de la fédération[4].

---

3. FCPE : Fédération des conseils des parents d'élèves. PEEP : Fédération des parents d'élèves de l'enseignement public.

4. Les différences entre les FCPE locales et la FCPE nationale ont été particulièrement visibles récemment à la faveur du débat sur les rythmes scolaires.

Il y a donc là un paradoxe français : la principale organisation représentative des parents contribue à crisper la relation famille-école, tout en bloquant des mesures positives pour les enfants. Même si ce n'est pas systématique, il n'en demeure pas moins regrettable que cette fédération ait régulièrement tendance à s'aligner sur telle organisation syndicale et même sur tel parti politique. Il y a là une dérive typiquement française, car je ne pense pas qu'un cousinage, voire une fraternité, aussi développé entre un parti politique et une fédération de parents d'élèves ait cours dans aucun autre pays européen.

Rapprocher la famille de l'école

Compte tenu de cette distance, voire de cette méfiance, il faut soutenir vigoureusement toutes les initiatives qui contribuent à rapprocher l'école et la famille. C'était évidemment l'enjeu majeur de la « mallette des parents », développée dans l'académie de Créteil et étendue par la suite aux autres académies.

La mallette des parents

La mallette des parents est née de la rencontre d'une idée simple et d'une dynamique générale. L'idée simple consiste tout simplement à rapprocher les parents de l'école pour favoriser la réussite des enfants. La dynamique générale correspond à l'ensemble des projets qui apparaissent à partir de 2008 dans l'orbite du Haut-Commissariat aux solidarités actives. En effet, la structure pilotée par Martin Hirsch dispose de véritables moyens pour lancer des expérimentations qui permettent à la fois d'avancer sur les politiques de soutien à la jeunesse, mais aussi sur la conduite des politiques publiques et en particulier sur leur évaluation. À mes yeux, le moment est historique, puisque les outils proposés peuvent faire entrer l'activité publique dans une nouvelle ère : en effet, ils visent à développer des politiques publiques sur les bases le plus scientifiques possible et donc à transcender les clivages politiques et les blocages idéologiques en mettant en œuvre des mesures qui s'appuient sur la force de la preuve. Désormais, l'évaluation fait d'emblée partie du projet général. Elle n'est plus ajoutée de façon empirique en bout de course, souvent en catastrophe.

Évaluer une idée avant de la généraliser

Il y a là un sujet fondamental pour l'avenir de toutes les politiques publiques en général et pour l'Éducation nationale en particulier. En effet, par le passé, ce ministère a connu beaucoup d'erreurs à grande échelle qui ont été commises parce que les responsables ont souhaité généraliser d'emblée des idées qu'ils croyaient justes pour tout le monde. La sagesse impose au contraire de commencer par prouver qu'une idée va dans la bonne direction, avant de la généraliser. Et, pour cela, il faut l'évaluer avec méthode. L'évaluation peut ainsi inviter à la généralisation, comme à l'abandon, ou encore à la poursuite d'un projet à petite échelle. Je pense en particulier à l'expérience « cours le matin, sport l'après-midi », menée dans une centaine de collèges et de lycées à partir de la rentrée 2010. Les résultats de cette nouvelle organisation du temps scolaire donnant plus de place à la pratique sportive ont été excellents, une extension a pu être envisagée, mais cette idée n'avait pas vocation à être généralisée.

Pour développer ces expérimentations de terrain, le Haut-Commissariat à la jeunesse a donc mis à la disposition des acteurs une sorte de boîte à outils. Je décide de m'en saisir pour traiter du lien entre les parents et l'école.

En effet, je l'ai déjà souligné, la recherche internationale démontre que l'implication des parents dans la scolarité de leur enfant est, avec la formation des professeurs, l'un des premiers facteurs de réussite des élèves.

Pour renforcer ce lien de confiance entre l'école et les parents, nous décidons, avec mon équipe, notamment Bénédicte Robert que j'ai recrutée pour piloter des expérimentations innovantes en éducation prioritaire, de concentrer nos efforts sur l'entrée en 6e, moment fatidique qui, pour bien des familles, marque une certaine distanciation avec l'institution scolaire[5]. Alors qu'au primaire les parents entrent facilement dans l'école et connaissent le directeur ou la directrice, cette familiarité avec l'école s'estompe à partir du collège. L'établissement paraît plus froid, plus anonyme, plus intimidant, et les interlocuteurs sont plus nombreux. Il devient alors plus difficile de savoir qui fait quoi pour les élèves.

Nous mettons en place une méthodologie très simple : tout au long du premier trimestre de 6e, les professeurs vont organiser trois rendez-vous collectifs avec les familles. Il s'agit d'aller très au-delà de la traditionnelle réunion de rentrée. Ces rencontres ont pour objectif de souhaiter la bienvenue aux parents et de leur présenter le collège. J'avais d'ailleurs l'idée de faire réaliser, par les élèves de chaque collège, un DVD de présentation de leur établissement qui aurait été distribué aux parents des élèves de 6e lors de ces rencontres de rentrée. Au-delà de cet accueil des familles, les trois rendez-vous du premier trimestre sont aussi une « école des parents », puisqu'ils vont les aider à suivre la scolarité de leur enfant. Les

5. J'avais repéré cette agrégée d'anglais en raison de la thèse qu'elle venait de soutenir à Sciences Po sous la direction d'Agnès Van Zanten, sur une comparaison des politiques d'éducation prioritaire aux États-Unis et en France. *Cf.* Robert B., *Les Politiques d'éducation prioritaire. Les défis de la réforme*, PUF, 2009.

professeurs leur indiquent par exemple quelles sont les grandes problématiques d'hygiène et de santé, quels sont les indicateurs auxquels il faut faire attention ou encore quels sont les enjeux plus pédagogiques de la scolarité. Un objectif essentiel de ces séances est aussi de faire comprendre aux parents qu'un faible niveau d'étude ne constitue jamais un obstacle pour suivre la scolarité de leur enfant.

Ainsi définie, la mallette des parents, c'est-à-dire l'ensemble du processus qui se déploie au cours du premier trimestre de l'année de 6e, est expérimentée dans une quarantaine de collèges du Val-de-Marne et de Seine-Saint-Denis à compter de la rentrée scolaire 2008. Au total, près de 5 000 collégiens sont concernés. Nous faisons le choix de cibler des établissements d'éducation prioritaire, avec très souvent des parents d'origine immigrée, qui maîtrisent mal le français. Du coup, pour convaincre plus aisément les familles de s'engager dans le processus, les documents d'invitation ont été traduits en plusieurs langues : chinois, swahili, arabe, tamoul du Sri-Lanka...

À partir de la rentrée 2008, je participe fréquemment à des rencontres avec les parents, organisées dans le cadre de la mallette des parents. Ce sont toujours des moments très émouvants parce que l'on rencontre des parents qui croient en l'école, qui sont avides d'informations et qui ont besoin que l'institution les aide à s'occuper de leurs enfants. Le message que m'adressent les parents revient en boucle : nous sommes là pour que nos enfants réussissent, aidez-nous à les aider !

Les résultats de cette première expérimentation ont été scientifiquement évalués par l'École d'économie de Paris et présentés dans une étude intitulée : « Quels effets attendre d'une politique d'implication des parents d'élèves dans les collèges ? Les enseignements d'une expérimentation contrôlée[6] ». Cette évaluation montre que, avec un processus assez simple et peu coûteux, nous avons obtenu des résultats plus qu'encourageants. En effet, l'évaluation montre d'abord l'impact éducatif du dispositif, avec des parents qui connaissent mieux le collège et qui sont plus impliqués dans la scolarité de leur enfant. L'expérimentation enregistre également des résultats intéressants chez les élèves qui sont plus motivés par leurs études, moins absents et plus disciplinés en cours. L'impact est aussi perceptible sur le niveau des élèves, avec des progrès constatés, notamment en français, pour les exercices les plus simples, à la portée des élèves faibles. Il faut d'ailleurs souhaiter que, le dispositif agissant d'abord sur les comportements, l'effet sur les résultats s'accroisse à plus long terme. Mais, en attendant, l'objectif de responsabilisation des parents sur un mode constructif est pleinement atteint.

Une expérience généralisée

La publication de l'évaluation de la mallette des parents, réalisée par l'École d'économie de Paris, a coïncidé avec mon arrivée à la Direction générale de l'enseignement scolaire. Forts de ces premiers résultats, nous avons étendu, avec le soutien du ministre Luc Chatel, la mallette des parents de 6e à 1 300 collèges dans toute la France. Nous avons également lancé deux nouvelles expérimentations. Une mallette des parents de 3e, d'abord, expérimentée dans l'académie de Versailles à partir de la rentrée 2010, pour que les parents prennent conscience, dès le début de l'année scolaire, des enjeux de l'orientation, particulièrement décisifs à ce niveau. Cette expérimentation a été évaluée par l'École d'économie de Paris, en particulier par

6. http://www.parisschoolofeconomics.eu/IMG/pdf/Synthese-4p-MALLETTE-PSE.pdf.

Dominique Goux, Marc Gurgand et Éric Maurin, et les résultats intermédiaires publiés en juillet 2013 montrent un double effet bénéfique de la mallette. D'une part, la proportion de décrocheurs à l'issue de la classe de 3e est passée de 8,8 à 5,1 %, tandis que celle des élèves redoublant leur 3e est passée de 12,7 à 9,2 %. Surtout, « les réunions avec les chefs d'établissement ont permis de faire évoluer leurs attentes dans une direction plus réaliste, en montrant notamment qu'il est possible à des élèves en échec au collège de s'épanouir dans une filière professionnelle ». Ces effets bénéfiques de la mallette paraissent se confirmer à moyen terme puisque : « Ces orientations volontaristes vers la filière professionnelle sont réussies : deux ans plus tard, les élèves du groupe bénéficiaire du programme sont toujours plus nombreux en 2e année de CAP. Les effets sont par ailleurs plus forts pour les populations les plus à risque de décrochage : garçons et élèves d'origine modeste[7]. »

À compter de la rentrée 2012, une mallette des parents de CP a également été expérimentée dans les écoles élémentaires Éclair, pour faciliter l'entrée à la « grande école ». Cette fois-ci, il s'agit d'une vraie mallette, ressemblant à celle d'un jeu de société. Centrée sur l'apprentissage de la lecture, elle constitue un élément central de la stratégie

7. *Cf.* cet extrait d'une dépêche AEF du 27 janvier 2014 : « Sur l'année scolaire 2010-2011, 1 223 collèges ont proposé aux parents des élèves de 6e le dispositif selon les chiffres du ministère, soit 77 de moins que ce qu'avait prévu en mai 2010 Luc Chatel, alors ministre de l'Éducation nationale (AEF n° 131471). En 2011-2012, 1 217 collèges y participaient. En 2012-2013, le ministère indique que "la mise en œuvre de la mallette des parents semble avoir été marquée par une légère baisse de la mobilisation des établissements" : 1 161 collèges. Le ministère précise que, pour l'année 2012-2013, 90 % des établissements ont jugé que l'effet de la mallette sur le climat de la classe est "assez bénéfique" ou "très bénéfique". Près de 47 % des collèges interrogés ont par ailleurs noté une augmentation de la participation des parents.

d'amélioration du niveau des élèves à l'école élémentaire. En effet, l'amélioration du niveau des enfants en lecture, écriture, calcul dépend aussi de bonnes pratiques qui peuvent exister à la maison. Sensibiliser les parents à l'importance du livre, du vocabulaire, aux petits calculs concrets du quotidien, les avertir sur les risques d'abus de la télévision et d'Internet et les informer de certains bons usages du numérique sont autant de facteurs sur lesquels on doit jouer pour réduire les inégalités sociales.

D'autres initiatives : du cahier de correspondance à la lutte contre l'absentéisme

Mais d'autres initiatives ayant pour but de renforcer le lien entre l'école et la famille doivent être évoquées ici, en particulier le projet de dématérialisation du carnet de correspondance. Lorsque j'étais recteur de Créteil, j'avais cherché à développer le « cartable en ligne », un environnement numérique de travail permettant à l'école de partager en temps réel des informations avec les familles et favorisant en retour leur participation à la vie de l'école.

De même, le renforcement des liens avec les familles a été au cœur des efforts des dernières années pour lutter contre l'absentéisme. Là encore, le numérique est précieux avec par exemple la généralisation de l'envoi de SMS aux parents lorsque les enfants ne se présentent pas le matin à l'école. Ces innovations technologiques sont d'autant plus pertinentes qu'elles permettent de décharger le conseiller principal d'éducation et le chef d'établissement d'un certain nombre de charges administratives et de dégager du temps pour les fonctions proprement humaines. Contrairement aux apparences, l'informatisation et le numérique peuvent parfois être au service de l'humanisation de la vie collective.

La lutte contre l'absentéisme passe aussi par la responsabilisation des familles. Ce principe était d'ailleurs au cœur de la loi Ciotti du 28 septembre 2010, qui permettait d'aller jusqu'à la suspension des allocations familiales. En fait, il n'y a là rien d'autre qu'une mise au jour du principe de la carotte et du bâton, qui, s'il peut paraître daté, demeure terriblement efficace. La carotte correspond à tous les efforts qui sont faits pour que l'école soit attractive. Le bâton, à l'inverse, consiste à rappeler fermement aux familles leurs obligations légales et à les sanctionner lorsqu'elles ne les respectent pas. De ce point de vue, la loi a été une réussite car la menace de la sanction a joué à plein, comme le montrent les chiffres pour l'année scolaire 2011-2012. Au cours de cette année, les directeurs académiques des services de l'Éducation nationale ont reçu 69 616 signalements d'absence, adressé 54 216 avertissements aux familles, avant de recevoir 17 242 deuxièmes signalements. 1 179 demandes de suspension ont été adressées à la Caisse d'allocations familiales, ce qui a entraîné 78 suspensions effectives[8]. On voit bien, avec ces chiffres, que le retour à l'école a été le cas le plus fréquent, tandis que la mise en œuvre effective de la sanction a été rare. « La menace est plus importante que la prise », comme on dit aux échecs. La suppression de cette loi en janvier 2013 a donc été un choix contre-productif par rapport aux objectifs que partagent pourtant tous les partis politiques. Le but n'était évidemment pas de brimer ou d'enfoncer des familles, mais bien de créer un système d'alerte qui ramène les enfants à l'école en faisant prendre conscience aux parents, par-delà toutes les difficultés qu'ils peuvent

8. Source : Rapport de l'Inspection générale de l'Éducation nationale, *Évaluation de la loi n° 2010-1127 du 28 septembre 2010 visant à lutter contre l'absentéisme scolaire, dite loi « Ciotti »*, juillet 2012.

traverser, de l'enjeu supérieur que représente la scolarisation de leurs enfants.

En définitive, le rapprochement entre la famille et l'institution scolaire doit être une préoccupation constante pour tous les acteurs de l'école. Là encore, il faut innover dans tous les domaines, s'appuyer sur tous les outils disponibles, observer et laisser de côté ce qui ne donne pas satisfaction pour se concentrer sur ce qui marche.

Si nous réussissons à établir une communication fluide et une confiance solide entre les parents et l'école, nous posons alors le socle ferme de la réussite de tous. C'est vrai sur un plan pédagogique, car il est important que les parents soient au fait des enjeux d'apprentissage de l'année en cours que vit leur enfant. C'est encore plus vrai sur le plan éducatif avec la nécessité d'un partage des objectifs entre les deux mondes qui structurent la personnalité et la liberté en construction de l'enfant.

Aujourd'hui, il est essentiel que le ministère tire les leçons de ces nouvelles expérimentations et décide de leur avenir. Quel que soit le sort qui leur sera réservé, je suis convaincu, à la suite de nombreux chercheurs, que le lien avec les parents doit être au cœur de tout projet éducatif ambitieux. C'est une condition essentielle pour agir sur les résultats de nos enfants, de l'école jusqu'au lycée et pour bâtir une école de la confiance à laquelle adhère l'ensemble de la communauté éducative.

INTERMÈDE 5
SOURDUN : L'AVENTURE D'UN INTERNAT D'EXCELLENCE

Nous sommes à la fin du mois d'août 2009. Il fait un temps magnifique. Je suis devant de belles pelouses verdoyantes qui entourent des bâtiments militaires. Le jour de la rentrée a été avancé et je prends la parole devant les familles. Nous sommes tous là comme dans un rêve. Les élèves sont heureux, intimidés et fiers. J'entends l'un d'entre eux dire : « Je suis dans un internat d'excellence, je suis donc excellent. » J'ai à ce moment précis la sensation d'un véritable accomplissement. Avec le proviseur de l'établissement, Jean-François Bourdon, nous parcourons les couloirs. Les élèves sont à présent en train de découvrir leurs chambres, déplient leurs bagages, rangent leurs affaires. Ils sont graves, sans doute un peu émus, au moment de quitter leurs parents. Dans le regard et dans la voix des mères et des pères, je perçois cette même émotion, mais aussi une fierté et une confiance franche en l'école qui me touchent profondément. Un père, au moment de partir, s'approche de moi, me prend par le bras et me dit la gorge serrée : « J'ai fait tout ce que j'avais à faire pour mon enfant. Je l'ai amené là où il est aujourd'hui. À présent, je vous le confie pour que vous poursuiviez avec lui ce que j'ai engagé, pour que vous l'emmeniez là où je ne peux le conduire. »

À Sourdun, la République accomplit sa promesse en permettant à ses enfants de s'élever au-dessus des hasards de la naissance. À Sourdun, la République donne aussi à tous les sceptiques une belle leçon d'optimisme. Les élus et les habitants du Provinois sont venus à l'inauguration officielle de l'internat quelques semaines plus tard et s'engagent, eux aussi, dans l'aventure. C'est une très belle rencontre entre la France des banlieues et la France des campagnes, entre des élèves souvent issus de l'immigration et le monde rural.

Tout a commencé un an avant. En juillet 2008, le gouvernement s'apprête à réformer la carte militaire. Ce redéploiement des forces passe par une concentration des soldats sur certains sites et donc par l'abandon de plusieurs casernes. Ces projets suscitent alors beaucoup d'inquiétude chez les élus locaux qui s'inquiètent de l'impact de ces retraits sur la vie économique des territoires, mais aussi de la reconversion des sites. Par réflexe, je regarde quels sont les sites concernés dans l'académie de Créteil et je découvre que le 2e régiment de hussards s'apprête à quitter sa caserne de Sourdun, tout près de Provins dans l'est de la Seine-et-Marne, pour être transféré à Haguenau dans le Bas-Rhin. Aussitôt, je sens qu'il y a là une occasion unique à ne pas laisser passer : créer à Sourdun, dans la caserne des hussards, un internat d'un genre nouveau et réaliser l'utopie éducative que j'ai en tête depuis assez longtemps.

Dans mon esprit, ce projet répond à plusieurs objectifs. Installer le premier internat d'excellence à Sourdun, c'est apporter une réponse immédiate à l'inquiétude des habitants, fortement préoccupés par le départ programmé de l'armée. Ainsi, nous allons faire en sorte que l'Éducation nationale participe concrètement à l'aménagement du territoire. Si rien n'est fait, on sait que ce type de lieu se transformera en « friche militaire » pour dépérir ou devenir un squat. Sourdun peut être un premier moteur de la « Dynamique espoir banlieue », portée par Fadela Amara mais qui concerne tous les ministères.

Le ministère de l'Éducation nationale s'était engagé à offrir, dans les trois ans, 2 500 places labellisées « internat d'excellence » à des élèves méritants issus de milieux défavorisés. Internat d'excellence : le mot était lancé, mais tout restait à faire. D'abord parce que ce processus de labellisation débute dans une certaine routine et que nous rencontrons de grandes difficultés à identifier les places et à faire comprendre aux familles l'intérêt de notre démarche. Et je sens bien, à chaque réunion de recteurs, que mes collègues sont confrontés aux mêmes difficultés. En un mot, la montagne risque d'accoucher d'une souris. Mais si tout reste à faire, c'est aussi parce que la notion d'internat d'excellence demande encore à être définie, à s'incarner dans un véritable projet éducatif.

Voilà qui m'amène à évoquer le troisième objectif du projet Sourdun : donner vie à l'utopie qui hante tous ceux qui se passionnent pour l'éducation et qui avait commencé à m'habiter en Guyane, en créant un lieu d'enseignement qui soit aussi un espace d'innovation, un établissement où tout le monde est rassemblé pour travailler collectivement au service de la réussite des élèves dans des conditions humaines et matérielles optimales. Alors que certaines structures privées réussissent cela, en France ou en Angleterre, j'ai la conviction que le service public doit à présent se saisir de cette ambition. Tout responsable passionné par le sujet de l'éducation rêve nécessairement d'un tel sanctuaire propice au déploiement de ce qu'il y a de meilleur pour les enfants. On pense par exemple à Janus Korczak, qui décrit dans Comment aimer un enfant *tout le projet qu'il déploie pour l'orphelinat qu'il crée en 1912 et dont toute la philosophie est la responsabilisation de l'enfant*[1].

La première rentrée est fixée au mois de septembre. Nous avons donc à peine six mois devant nous pour transformer une caserne en internat, là où un chantier de ce type prend habituellement quatre à cinq ans. La période est donc intense. Une petite équipe se forme, pilotée par Jean-François Bourdon, nommé proviseur de l'établissement à naître. Ce choix ne doit rien au hasard : je l'avais repéré en Seine-Saint-Denis où il était proviseur du lycée Jacques-Feyder d'Épinay-sur-Seine. Chef

1. Korczak J., *Comment aimer un enfant*, Robert Laffont, 1978.

d'établissement de talent, il était déjà à la pointe des expérimentations de l'éducation prioritaire. Ensemble, nous travaillons d'arrache-pied pour bâtir le projet, franchir toutes les barrières, vaincre les scepticismes et les objections de tous ordres.

En six mois, nous parvenons à réaliser les travaux d'adaptation, de mise aux normes et d'accessibilité, à écrire le projet éducatif et à constituer une équipe pédagogique, soudée, volontariste, déterminée.

Le plan de relance nous permet de mobiliser rapidement les premiers moyens et de contribuer à un objectif fixé nationalement : donner du travail à des entreprises du bâtiment pour contrecarrer les premiers effets de la crise financière. Mais les difficultés et les critiques sont nombreuses. En fait, elles sont de trois ordres. Il y a d'abord les délais et les procédures qu'impose tout processus administratif, mais que la volonté politique permet de surmonter. Il faut aussi convaincre de la pertinence du projet. Ainsi, du côté des responsables syndicaux de l'académie, certains craignent que l'internat ne soit, pour le dire hâtivement, qu'un ghetto pour pauvres et que le passage par Sourdun ait un effet stigmatisant sur les élèves. Si cette crainte de la « stigmatisation » sera vite dissipée, je vois apparaître, sur toutes les cases de l'échiquier politique, une forme de mépris social qui me révolte : au fond, est-il bien raisonnable de dépenser autant d'énergie et de moyens pour « ces gens-là » ? Ce mépris social me révolte d'autant plus qu'il est profondément ancré et n'a pas disparu, malgré les succès rencontrés. Que de critiques ai-je entendues sur les chevaux de l'internat ! Pour moi, ce n'est pas une affaire marginale. C'est d'abord une affaire de principe puisque avec les chevaux, nous voulons respecter l'esprit des lieux et l'héritage des hussards, conformément aux engagements que nous avons pris avec l'armée. De plus, les chevaux sont déjà là, les installations existent. Il faut donc en profiter. En second lieu, les chevaux sont pour moi un emblème, car ils contribuent à offrir aux élèves de l'internat des conditions d'éducation qui ne choqueraient personne s'il s'agissait d'enfants de familles aisées. J'ajoute que les vertus éducatives de l'équitation sont bien connues car l'élève apprend à respecter l'animal, à le soigner, à le brosser, à le nourrir, à faire preuve d'humilité aussi et à respecter sa monture.

Tous ceux qui critiquent le coût des chevaux de Sourdun, le font toujours de façon superficielle, sans savoir que nous avions trouvé un bon modèle économique. Les chevaux ne coûtent pas grand-chose, puisque nous avons hérité des installations et que, de façon ingénieuse, comme toujours, Jean-François Bourdon a négocié des partenariats avec le club hippique le plus proche et avec des colonies qui montent les chevaux pendant les vacances.

En réalité, derrière la critique, il y a l'idée que tout cela est trop beau pour les enfants. Ou plutôt pour ces enfants. Ainsi, en réunion à Matignon, un conseiller tente de gommer l'écurie du projet. Il n'a pas pris le temps d'approfondir la question, il a simplement constaté dans sa pratique personnelle que monter à cheval avait un coût élevé et entend donc en priver les enfants de Sourdun. Cinq ans après, la même critique se retrouve dans le camp d'en face et, pour dénoncer le prétendu coût exorbitant des internats – ce qui est parfaitement inexact –, on brandit à nouveau l'exemple des chevaux de Sourdun. Voilà bien un cliché qui ne repose sur rien, mais qui témoigne de la difficulté que nous avons à réaliser quelque chose qui change des habitudes.

Pour tous ceux qui se sont dévoués corps et âme au projet, la rentrée de septembre 2009 est une immense fierté, qui nous fait temporairement oublier les difficultés traversées. En effet, le regard des parents qui accompagnent pour la première fois leurs enfants à l'internat vaut toutes les récompenses.

En cette première rentrée, l'internat d'excellence ouvre ses portes à 258 élèves de 4e, de 3e et de 2de. 80 % d'entre eux sont des boursiers. Pendant tout le premier semestre de l'année 2009, nous avons travaillé avec les principaux de collège de l'académie et les assistantes sociales à l'identification des futurs internes. Pour que l'« effet internat » joue à plein, nous nous sommes efforcés d'identifier des élèves méritants, travailleurs, mais qui n'avaient pas chez eux les conditions pour exprimer tout leur potentiel. Surtout, nous avons demandé à chaque famille de rédiger une lettre de motivation. C'est une manière de s'assurer de l'implication des parents dans le projet éducatif de Sourdun. En effet, l'internat, tel que je le conçois, n'a pas vocation à déresponsabiliser les parents, mais au contraire à affirmer le principe de coéducation pour renforcer le lien précieux entre la famille et l'école, qui est au fondement de toute éducation réussie. Et, de fait, les lettres que nous recevons de toute l'académie sont très belles et montrent que la scolarisation d'un enfant à l'internat d'excellence devient souvent un véritable projet familial qui mobilise toutes les énergies, qui cristallise tous les espoirs.

Cette rentrée 2009 est le début d'une aventure exceptionnelle. Grâce à l'engagement sans faille de l'équipe pédagogique et à la confiance des familles, l'internat d'excellence de Sourdun est monté en puissance. La rentrée 2010 voit l'ouverture des classes de 6ᵉ, de 5ᵉ et de 1ʳᵉ. En 2011, l'internat d'excellence propose un cycle complet à près de 500 élèves, de la 6ᵉ à la terminale, avec en plus l'ouverture de classes préparatoires aux grandes écoles qui accueillent des lycéens de Sourdun et des élèves de toute l'académie.

Fort de ce succès, je commence à en parler avec le ministre Xavier Darcos, dont le soutien s'avérera constant. Entre septembre et décembre 2008, j'approfondis les discussions avec les élus de Seine-et-Marne, en premier lieu Éric Torpier, maire de Sourdun, et avec Christian Jacob, maire de Provins, mais aussi avec les militaires et, bien sûr, avec le préfet, Michel Guillot, magnifique serviteur de l'État, qui sera un allié précieux tout au long du processus. Ce travail de conviction porte ses fruits puisque le président de la République donne son accord en décembre 2008, avant de se rendre sur les lieux quelques semaines plus tard, le 20 janvier 2009.

Deux indicateurs permettent de mesurer le chemin parcouru en trois ans. En 2013, le magazine Challenge *publie son classement des 50 meilleures classes préparatoires pour ceux qui visent les quinze meilleures écoles de commerce. Sourdun est au*

5e rang ! La même année, Sourdun est le premier lycée public de France par sa valeur ajoutée ! Pour un établissement âgé de quatre ans, c'est une performance incroyable. Il s'agit en plus du classement annuel des lycées publié par Le Monde, *journal qui n'a pourtant jamais cessé de dénigrer le projet. Ce résultat est d'autant plus intéressant que ce palmarès mesure, à partir de données fournies par l'Éducation nationale, la valeur ajoutée de chaque établissement. Il y a donc bien un effet Sourdun, un effet « internat d'excellence », que je me suis attaché à étendre en diffusant le modèle dans toute la France.*

6

L'ÉDUCATION VRAIMENT PRIORITAIRE

L'éducation prioritaire repose sur l'idée que, en matière d'enseignement, l'égalité stricte et aveugle n'est pas efficace et qu'il faut au contraire être capable de donner plus à ceux qui ont besoin de plus. Ainsi défini, ce concept contribue à introduire de la souplesse et de l'adaptation dans l'organisation du système éducatif. Apparue au début des années 1980, cette idée simple a connu un grand succès et de nombreux pays se sont engagés, selon des modalités diverses, dans cette voie.

Une politique fixiste

Pourtant, en France, les modalités de mise en œuvre de l'éducation prioritaire n'ont pas été à la hauteur de la justesse de l'intuition, principalement en raison des méthodes fixistes.

Un fixisme géographique et territorial d'abord, en raison de la mise en place d'une cartographie rigide, à laquelle s'attachent des avantages spécifiques, rapidement considérés comme irréversibles. En effet, ceux qui en bénéficient ne veulent plus y renoncer, même en cas de progrès, ce qui tend à bloquer toute évolution de la carte. Et comme souvent, les élus et les syndicalistes sont les premiers à se mobiliser pour le maintien du *statu quo*.

Alors que l'éducation prioritaire devrait être dynamique et fonctionner par projets, alors que la sortie de l'éducation prioritaire devrait être considérée comme un signe de succès, c'est tout l'inverse qui se produit : être en éducation prioritaire est devenu pour un établissement une rente dont on ne peut plus se passer.

Au bout du compte, la carte de l'éducation prioritaire est devenue en soi un problème, qui conduit à des absurdités : des espaces qui auraient toutes les caractéristiques pour être inscrits en éducation prioritaire ne le sont pas, et *vice versa.* Ainsi, au cœur de Paris, des établissements bénéficient de moyens de l'éducation prioritaire. Cela date bien sûr d'une époque où il s'agissait de quartiers populaires mais, au vu de l'évolution sociologique de certains arrondissements de la capitale, cela n'a plus guère de sens. Pourtant, comme toujours, toute volonté de modification de la carte se heurte à des oppositions très fortes.

Le deuxième élément de fixisme a été de concevoir les moyens supplémentaires attribués au titre de l'éducation prioritaire comme des contributions automatiques et de ce fait peu efficaces. En effet, la politique d'éducation prioritaire s'est longtemps limitée à l'attribution d'une prime aux professeurs concernés. Symboliquement, cela s'apparente davantage à une indemnisation de la souffrance qu'à une incitation à agir. Il y a là un misérabilisme absurde qui a de quoi décourager tout particulièrement les jeunes professeurs qui exercent dans ces établissements.

Cette vision fixiste de l'éducation prioritaire, dont les limites ont été constatées dès les années 1990, doit être vigoureusement combattue. Il faut, à mon sens, renverser la donne pour faire en sorte que l'éducation prioritaire se traduise d'abord, pour les établissements concernés, par une méthode différente de distribution des moyens, par une vigilance quant à la qualité pédagogique et à l'acquisition des fondamentaux, et par un soutien constant à toutes les actions innovantes.

Renouveler l'éducation prioritaire

Au lendemain des émeutes de 2005, le président de la République avait souhaité que le ministère de l'Éducation nationale fasse preuve de volontarisme pour transformer l'éducation prioritaire. Un rapport de l'Inspection générale avait alors prôné une approche plus qualitative que quantitative de l'éducation prioritaire. Sur cette base, le ministère a engagé une différenciation du zonage en identifiant, au sein de l'éducation prioritaire, les établissements qui avaient besoin d'efforts et de moyens supplémentaires. La mise en place de 254 « réseaux ambition réussite », distincts des « réseaux de réussite scolaire », s'inscrivait dans cette logique de soutien renforcé, mais traduisait aussi une attention nouvelle au lien entre école et collège, identifié comme un facteur clé de réussite. En effet, chaque réseau regroupe un collège et les écoles qui l'entourent pour développer des synergies. Enfin, parler d'ambition et de réussite, termes auxquels tenait beaucoup Gilles de Robien, c'était tourner le dos au misérabilisme et tirer les établissements vers le haut.

Les enjeux de l'école primaire au cœur de l'éducation prioritaire

Chaque établissement était doté de moyens spécifiques, permettant en particulier à quatre professeurs déchargés à mi-temps de s'occuper de tous les éléments éducatifs et d'assurer le suivi personnalisé des élèves. En outre, chaque réseau avait vocation à se doter d'un domaine d'excellence permettant d'affirmer son identité et à s'entourer d'un parrain ou d'une marraine. Bref, l'idée était véritablement d'engager ces établissements dans une logique et une dynamique de projet.

Le bilan des « réseaux ambition réussite » réalisé en 2010 a mis en évidence des résultats extrêmement contrastés, avec de très belles réussites de terrain, mais aussi des échecs. En fait, comme souvent, le facteur humain a été décisif : là où les équipes se sont emparées de l'opportunité qui leur était offerte, les résultats ont été formidables. Par ailleurs, l'évaluation a montré qu'il n'y avait pas véritablement d'effet « réseau ambition réussite » sur le niveau des élèves en français et en mathématiques. Or cet indicateur doit rester le critère cardinal de tout projet éducatif et il demeure donc essentiel de mener une politique pédagogique de l'éducation prioritaire en s'attachant, une fois de plus, à regarder ce qui a fait ses preuves.

Au printemps 2010, lorsque Luc Chatel a souhaité ouvrir une nouvelle étape dans l'histoire de l'éducation prioritaire, j'ai proposé, avec d'autres, que l'on prenne appui sur le bilan des « réseaux ambition réussite » pour renforcer ce qui avait fonctionné et répondre aux limites constatées. Tels ont donc été les objectifs initiaux du programme « Clair », c'est-à-dire « collège, lycée, ambition, innovation, réussite », qui a intégré les écoles, à compter de la rentrée 2011, devenant alors le programme « Éclair ». J'ai d'ailleurs beaucoup plaidé pour cette extension, tant il me paraissait essentiel d'inclure d'emblée les écoles dans l'orbite du nouveau programme. Là encore, il s'agissait de s'appuyer sur les acquis des « réseaux ambition réussite », mais aussi de signifier que les enjeux de l'école primaire sont au cœur de l'éducation prioritaire alors que l'on a tendance à focaliser l'attention sur le collège parce que c'est là que les problèmes visibles se produisent.

Les « préfets » des études

La nouveauté la plus importante du programme « Éclair » a été l'accent mis sur l'innovation, qu'il s'agisse d'innovation pédagogique, d'innovation de vie scolaire et d'innovation en matière de ressources humaines. Le dispositif s'est ainsi inspiré d'une expérimentation qui avait donné des résultats très satisfaisant dans les cinq collèges de l'académie de Créteil où elle avait été mise en place : installer un responsable des études pour chaque niveau d'enseignement : 6e, 5e, 4e et 3e. L'idée était en fait d'avoir quelqu'un qui suive personnellement le parcours des élèves, en ayant une vision complète de la dimension pédagogique, éducative et sociale de chaque situation. Cette formule permet de décloisonner la vie pédagogique et la vie scolaire et de lutter contre le taylorisme éducatif, un mal bien français. Le responsable des études est souvent un professeur, qui a donc le sens de la pédagogie, mais qui a en même temps une responsabilité éducative et une vision transversale du niveau dont il a la charge et peut ainsi contribuer à impliquer les professeurs dans les enjeux éducatifs. Si je suis particulièrement attaché à ce que les professeurs s'emparent des responsabilités éducatives, je crois en sens inverse qu'il est souhaitable que les chefs d'établissement conservent, quand c'est possible, une activité d'enseignement. C'est un moyen très efficace de faciliter le contact avec les équipes enseignantes et ainsi d'asseoir une forme de légitimité.

Pour en revenir à cette fonction de responsable des études, expérimentée dans l'académie de Créteil, elle a été étendue, sous le nom de « préfet des études » à l'ensemble des établissements Éclair. Sur le terrain, il y a eu des interprétations très variées de ce que pouvait être le préfet des études, dont certaines ont été très innovantes. C'est d'ailleurs à l'occasion de la mise en place du programme « Éclair » que la Direction générale de l'enseignement scolaire, dont j'avais la responsabilité, a engagé la rédaction de petits vade-mecum consacrés par exemple, au programme Éclair lui-même, aux préfets des études ou encore aux équipes mobiles de sécurité (les EMS). Réalisés par des services, ils avaient pour vocation de proposer « aux équipes un ensemble de repères et de ressources pour étayer la réflexion et définir leur projet d'établissement en prenant toutes les marges d'autonomie qu'autorise le programme Éclair[1] ». Sous une apparence modeste, il y avait là, une nouvelle manière de déployer les politiques publiques dans l'Éducation nationale. En effet, contrairement aux circulaires, ces textes n'avaient pas de valeur juridique particulière, mais pouvaient servir de source d'inspiration pour chaque établissement. Finalement, pour faire vivre l'autonomie des établissements, mieux vaut une incitation forte qu'une obligation faible.

L'éducation prioritaire, laboratoire d'innovation

L'innovation en matière de ressources humaines a également été un axe important du programme Éclair. La principale innovation a été de permettre au chef d'établissement de recruter lui-même ses équipes. Cette question était de la responsabilité de ma collègue Josette Théophile, directrice générale de ressources humaines du ministère, mais j'étais moi-même très favorable à cette approche. En effet, je considère, par principe, que le développement des postes à profil[2] à l'Éducation nationale est une

1. Introduction du vade-mecum du programme Éclair, préfet des études, p. 3.

2. Un poste à profil est un poste ouvert par une académie avec la description des compétences attendues, ce qui permet de recruter ensuite

excellente chose. De fait, il est largement préférable que les professeurs adhèrent au projet et forment une véritable équipe, soudée autour du chef d'établissement ou plutôt de l'équipe de direction. Pour faire réussir un établissement, la direction doit être une véritable équipe, ce qui suppose d'inciter les acteurs à prendre plus de responsabilités. Ainsi, le conseiller principal d'éducation doit être un véritable adjoint pour la partie éducative de l'établissement et non un surveillant général. De même, il serait souhaitable qu'à l'avenir les professeurs eux-mêmes prennent davantage de responsabilités, au titre de leur discipline, ou d'approches pédagogiques interdisciplinaires. À mon sens, il serait tout à fait normal, dans un établissement qui compte une centaine d'adultes, d'avoir une équipe de direction composée d'une dizaine de personnes, dont une bonne partie serait des enseignants acceptant de prendre des responsabilités et de jouer un véritable rôle d'adjoints pédagogiques. Typiquement, dans un collège Éclair, les quatre préfets des études peuvent être considérés comme des adjoints du principal. Avec Éclair, c'est donc une vision globale et ambitieuse du pilotage des établissements qui se dessine. Elle a d'ailleurs vocation à se diffuser bien au-delà de l'éducation prioritaire. Toutefois, les innovations introduites avec les « réseaux ambition réussite » puis avec Éclair montrent que, loin de toute approche misérabiliste, l'éducation prioritaire peut être en réalité l'avant-garde du système éducatif. Elle est la pointe avancée de ce qui est souhaitable pour le système entier. C'est précisément cette approche que j'avais prônée à Créteil, et je récuse une nouvelle fois la crainte que les enfants défavorisés deviennent des cobayes. À partir du moment où les innovations introduites sont scientifiquement fondées, ce qui

---

le professeur si l'institution considère qu'il est en bonne adéquation avec le profil défini.

n'a pas toujours été le cas par le passé, il est certain que la création d'avant-gardes sera facteur de mobilisation, d'entraînement, de succès et donc de réussite.

Aller plus loin

Aujourd'hui, le chemin d'une politique rénovée d'éducation prioritaire est tracé. Depuis 2012, certains aspects ont été maintenus et d'autres ont été infléchis. Il est évidemment nécessaire d'aller beaucoup plus loin en donnant encore plus de marges de manœuvre aux établissements scolaires, sur le plan administratif d'abord, avec une véritable capacité d'action conférée aux chefs d'établissement, mais également sur le plan financier. Les collectivités territoriales comme l'État fournissent déjà des moyens. Tout cela a vocation à s'accroître grâce à une meilleure gestion et à une fongibilité accrue entre les mains du chef d'établissement, qui pourra dès lors devenir le véritable pilote de sa structure, tout en diffusant un esprit collectif. De ce point de vue, les internats d'excellence correspondent à une cristallisation des ingrédients dont on sait qu'ils fonctionnent pour l'éducation prioritaire et c'est pour cette raison que j'avais souhaité qu'ils deviennent des têtes de réseau pour l'ensemble de l'éducation prioritaire.

Les internats d'excellence, tête de pont de l'éducation prioritaire

Avec l'ouverture de Sourdun – dont j'ai raconté l'aventure dans l'intermède 5 –, mon but était d'ouvrir une nouvelle étape dans l'histoire des internats en France. En effet, ces derniers sont intimement liés à l'histoire de la IIIe République dans la mesure où ils se sont développés pour accompagner le premier essor de la scolarisation secondaire, sous ses différentes modalités. Issus de la campagne, la plupart des élèves n'auraient pu poursuivre leur scolarité en lycée ou en collège sans internat. L'internat a donc indubitablement accompagné l'essor de l'école française. Mais ensuite est venu le temps du déclin. Passé Mai 68, l'internat est perçu comme une prison. Cette approche, nourrie par la littérature des décennies antérieures, a abouti, des années 1970 aux années 1990, à une dilution progressive de la culture française de l'internat. Les structures ne sont pas remplies, avec des taux d'occupation inférieurs à 60 % et, paradoxalement, la demande, là où elle existe, peine souvent à être satisfaite. Surtout, il n'y a plus de politique en la matière, et plus profondément une absence de projet éducatif pour les internats. Quand il n'est pas perçu comme une caserne, l'internat passe au mieux pour un hôtel. Dès lors, pour ouvrir la troisième étape de l'histoire des internats, il faut démontrer que l'internat n'est pas seulement un lieu d'hébergement mais bien un projet éducatif, avec une forte dimension pédagogique et psychologique. Il faut aussi montrer que l'internat de troisième génération est synonyme de liberté puisqu'il donne à l'élève les moyens de cette liberté en lui offrant les opportunités qu'il n'a pas dans son milieu familial, grâce, par exemple, à des activités culturelles ou sportives. Dans mon esprit, cette conquête de la liberté se concilie avec la rigueur propre à l'internat, qui se caractérise par une saine discipline de vie, à commencer par le respect des horaires et du temps consacré au sommeil. De nouveau, nous concilions tradition et modernité, exigence et bonheur, rigueur et ouverture pour inventer cette troisième voie qui correspond à l'équation française.

Dès lors, je m'attelle à convaincre que l'action en faveur des internats ne peut se limiter à une opération de labellisation de quelques places. Il faut constituer des équipes, penser un projet, convaincre les familles et d'abord trouver des lieux. Pour moi les choses sont claires : Sourdun peut être, doit être, le premier internat d'un genre nouveau, le premier internat d'excellence.

L'élargissement du modèle : la preuve du succès

Dès le printemps 2009, j'évoque avec Xavier Darcos l'ouverture d'autres internats d'excellence. Je reprends cette discussion avec Luc Chatel, qui lui succède au mois de juin et l'idée poursuit son chemin. L'ouverture de Sourdun montre la crédibilité du projet et, au mois d'octobre 2009, Luc Chatel et Valérie Pécresse me confient une mission sur l'extension des internats d'excellence. Dans ce cadre, j'invite mes collègues recteurs à identifier avec les collectivités territoriales des sites qui pourraient être retenus. Le redéploiement des armées nous offre – comme à Sourdun – quelques belles opportunités, en particulier à Montpellier et à Noyon, et nous parvenons à établir au début de l'année 2010, la liste d'une dizaine de sites destinés à accueillir, dès la rentrée scolaire suivante, dix nouveaux internats d'excellence. Comme l'année précédente, tenir ce calendrier est un immense défi, mais cette fois-ci il est multiplié par dix ! Nommé à la tête de la Direction générale de l'enseignement scolaire en 2009, je dispose de vrais leviers d'action. En outre, le Programme d'investissements d'avenir, préparé par le rapport Juppé-Rocard, débouche sur une enveloppe de 400 millions d'euros consacrée aux internats d'excellence.

Mais, bien vite, les blocages surgissent. Le Programme d'investissement d'avenir, plus connu sous le nom de Grand Emprunt, met en place des mécanismes de financement qui, pour être rationnels, n'en sont pas moins longs. L'Agence nationale pour la rénovation urbaine (ANRU) est désignée opérateur du projet « internat d'excellence » et impose à son tour ses propres procédures et sa propre complexité. À vrai dire, nous entrons alors dans le second temps d'une politique publique. Après l'âge héroïque et finalement artisanal qui a été celui de Sourdun, nous entrons à présent dans l'ère de la rationalisation et de l'interministérialité. Au début, je perçois surtout les inconvénients, qu'il s'agisse de l'allongement des délais, des obstacles qu'il faut contourner ou des guerres de territoire. Si la dimension de la tâche est décuplée, j'ai parfois l'impression que l'énergie demandée est trois fois plus importante. Malgré les difficultés, nous parvenons tout de même à tenir les délais et, à la rentrée 2010, les dix internats ouvrent comme prévu leurs portes à des centaines d'élèves.

Aujourd'hui, avec un peu de recul, je perçois plus nettement les vertus de la « normalisation administrative » du printemps 2010, en particulier le saut qualitatif qu'elle nous a permis de franchir en matière de planification et de technicité. En outre, le sillon administratif qui a été creusé permet d'assurer la pérennité de l'action engagée. De fait, l'ANRU et le Commissariat général à l'investissement sont devenus les meilleurs soutiens des internats d'excellence, ce qui, en période d'alternance politique, s'est avéré particulièrement utile pour défendre un projet une nouvelle fois caricaturé. Qu'il me soit permis, une fois pour toutes, de démontrer aux grincheux, aux railleurs professionnels et aux détracteurs de tout poil que dénoncer le coût des internats d'excellence n'a pas de sens. Une place en internat d'excellence représente un coût d'investissement qui ne dépasse pas ce que les collectivités locales dépensent lorsqu'elles construisent des internats.

Non seulement l'internat d'excellence n'est pas particulièrement cher, mais il produit des résultats démontrés par les statistiques ministérielles sur la valeur ajoutée des lycées, comme par l'enquête scientifique menée par l'École d'économie de Paris, dont la rigueur et l'impartialité ne sauraient être mises en doute[3]. Et surtout, l'internat est tout sauf un sujet marginal au moment de penser l'avenir du système éducatif. Il porte à l'incandescence les enjeux de l'école, et d'abord l'éducation prioritaire, qui vise à donner plus à ceux qui ont besoin de plus. Son rapport qualité-prix est avantageux car il arrive à résoudre des problèmes que l'établissement classique ne peut traiter. En effet, ce qui se construit pendant la journée scolaire peut se détruire en dehors quand les conditions personnelles de vie sont nuisibles au développement de l'adolescent. En ce sens, l'internat permet de rendre l'école plus efficace et d'apporter des solutions aux problèmes extrascolaires que la société peine à résoudre.

Au total, la politique des internats d'excellence aura été une politique publique hors du commun. Elle a permis de démontrer qu'il est encore possible d'avoir une action publique volontariste qui a un impact sur la vie concrète des élèves. Face à tous les déterminismes, elle a consisté à prendre au sérieux la notion d'éducation prioritaire en donnant plus à ceux qui ont besoin de plus, en maîtrisant les coûts, en ouvrant des pistes nouvelles pour de nouvelles approches pédagogiques et éducatives. Chaque internat d'excellence est un cas particulier, car tous les acteurs ont eu une grande liberté de définition de leur projet. À Montpellier ou à Douai, ce sont des internats de plein exercice où logement et enseignement sont dans un même lieu. Les innovations pédagogiques sont multiples[4]. Dans

---

3. L'économiste Esther Duflo s'étonne d'ailleurs dans l'ouvrage de Maryline Baumard (*La France enfin première de la classe*, Fayard, 2013) : « On abandonne cette politique le jour même où une étude montre ses bons résultats. » Elle y voit une illustration du trou qui s'est établi entre démarche scientifique et démarche politique.

4. Ces innovations aujourd'hui sont souvent soutenues par la Fondation pour l'égalité des chances, dont la déléguée est Carole Diamant, professeur de philosophie, que j'ai connue en Seine-Saint-Denis et qui

chacun de ces endroits, des progrès fantastiques ont été réalisés par les élèves. À Noyon, à Marly-le-Roi, à Metz, à Maripasoula, à Barcelonnette et dans bien d'autres lieux, des internats viennent en appui d'établissements existants. Là aussi, les résultats sont remarquables. Et puis, partout en France, on trouve des places labellisées, aux résultats très variables, mais qui ont été tirées vers le haut par la dynamique d'ensemble que tant d'acteurs ont portée avec une conviction inébranlable.

Lors de chacune de mes visites dans ces établissements, je pose souvent aux élèves les mêmes questions : « À quelle heure te couchais-tu avant ? », « À quelle heure te couches-tu maintenant ? ». Il n'était pas rare d'entendre « 1 heure ou 2 heures du matin » en réponse à la première question, « 22 heures » à la seconde puisque telle était la règle. Le simple problème du sommeil, sujet cognitif et social fondamental de notre temps, trouve ainsi une réponse efficace dans le cas des internats.

Chaque internat d'excellence respecte ainsi un alliage pertinent entre rigueur – un cadre de temps et de comportement dont chaque adolescent a besoin – et liberté, ce champ d'opportunités qu'ouvre un lieu où sport et culture sont des réalités accessibles au quotidien.

Était-ce une politique de droite ? Était-ce une politique de gauche ? C'était surtout une politique de la République quand elle veut réellement le bien de ses enfants. Son tort était d'être accomplie sous un gouvernement qui n'était pas aimé de tous (cela existe-t-il ?) et j'ai souvent été peiné de voir des personnes, dont toute la philosophie aurait dû les amener à soutenir un tel élan, se muer en adversaires pour des raisons politiques. Cela a conduit

---

faisait partie de ces professeurs au dynamisme et à l'engagement exceptionnels qui ont pu montrer leur capacité à changer les choses dans les lycées expérimentaux.

bien des acteurs à des contradictions intellectuelles qui sont autant de démissions de la pensée.

On a cherché à caricaturer les internats d'excellence, en assenant en permanence qu'ils coûtaient trop cher et qu'ils ne bénéficiaient qu'à peu d'élèves[5]. La première critique est un mensonge. La seconde critique est emblématique des ravages d'un égalitarisme absurde : si on ne peut pas faire tout, tout de suite pour tout le monde, il ne faut rien faire pour ne pas créer des différences de situation ! C'est évidemment tout le contraire que j'ai voulu en ouvrant des brèches, en estimant que l'esprit pionnier est contagieux dès lors que l'on a des réussites exemplaires.

En dépit de tout cela, cette politique publique qui est, de très loin, la plus grande réussite concrète en matière d'éducation prioritaire, a fait l'objet d'une concentration de critiques dont la nature comme l'inspiration étonnent par leur outrance et leur irrationalité. Les internats d'excellence ont agacé au plus haut point. Je crains que ce soit l'un des indicateurs de leur succès.

Un premier rapport de l'Inspection générale, quelques mois à peine après le lancement de la première vague d'internats qui a suivi la création de Sourdun, accumulait les phrases assassines, sans fondement, largement citées par la presse ensuite pour donner une impression de gestion dispendieuse. Trois ans plus tard, et sous un autre gouvernement, un rapport beaucoup plus circonstancié rend justice aux avancées constatées et, s'agissant des coûts, établit la simple vérité : très variables d'un endroit à l'autre, ils ne sont pas supérieurs à la moyenne de ce que coûtent les internats ordinaires aujourd'hui. Curieusement,

---

5. Le dernier rapport de l'Inspection générale sur le sujet, pourtant commandé par le ministre pour « passer à autre chose », fait assez bien justice de tout cela aussi bien sur les coûts que par le constat des acquis pédagogiques et éducatifs de l'expérimentation.

en effet, une extrême vigilance a commencé à être exercée par des « observateurs » sur le coût des internats d'excellence, sans aucune commune mesure avec la vigilance exercée sur les coûts assumés par les collectivités locales lorsqu'elles construisent des établissements. Or les comparaisons sont très éclairantes : de nombreux lycées récents dans différentes académies ont coûté bien plus chers que les internats d'excellence de Sourdun ou de Montpellier, sans avoir, à aucun titre, un impact comparable.

La politique des internats d'excellence a fait l'objet d'un système de pilotage serré et moderne comme on le constate pour peu de politiques publiques. Une politique publique moderne suppose la définition de référentiels clairs au travers de documents indicatifs précis et d'une coordination attentive des responsables pour leur laisser de grandes marges d'action et d'interprétation. Elle donne du pouvoir aux acteurs de terrain. Elle suppose aussi des mécanismes d'évaluation clairs. Tous ces ingrédients ont été très présents en l'espèce.

Le dernier rapport de la Cour des comptes sur le sujet traduit malheureusement une étrange conception des choses. Il commence par une curieuse affirmation pour l'évaluation d'une politique publique : celle de se refuser à traiter la question de l'impact sur les élèves, c'est-à-dire le principal sujet ! Élaboré sans le souci du contradictoire (puisqu'on n'a pas entendu l'auteur de ces lignes pourtant pilote de cette politique), il estime qu'il n'y a eu ni pilotage ni évaluation, appréciation très facile à réfuter. Enfin, il se désole de ce dont on devrait se féliciter : l'hétérogénéité des mises en œuvre. C'est précisément ce qui était souhaité : en donnant de la liberté aux acteurs mais avec des principes communs clairs, on a eu une multitude de projets éducatifs différents qui ont été autant de réussites au service des élèves, comme le montrent les premiers résultats. Mon respect pour la

Cour me conduit à inviter l'honorable rapporteur à un débat public au moment qui lui conviendra pour échanger preuves et arguments…

Aujourd'hui, les internats d'excellence sont une réalité. Leur réussite est un bonheur pour ceux qui y travaillent, une source d'agacement pour ceux qui avaient prophétisé leur échec. On vient de les rebaptiser « internats de la réussite » en expliquant que l'on voulait l'excellence pour tous et l'on a réabondé l'enveloppe des investissements d'avenir pour en prolonger les bienfaits. Je n'avais jamais dit ou écrit autre chose, y compris dans les textes officiels. La dynamique créée est irréversible. Pour la première fois depuis plus d'un demi-siècle, les internats ont un projet éducatif. C'est cela qui compte.

Une politique ambitieuse pour le primaire

Pour aller plus loin en matière d'éducation prioritaire, il faut dépasser un problème typiquement français : l'attention exclusive portée au second degré. En effet, quand on pense éducation prioritaire, on pense second degré et l'image qui surgit immédiatement est celle du collège difficile. Or, sur ce sujet, comme sur les autres, tout se joue dès l'école primaire. Il faut donc avoir, dans le 1er degré, une politique de l'éducation prioritaire plus ambitieuse. La première nécessité pour le primaire serait de responsabiliser les acteurs de terrain, notamment mettre le directeur d'école en situation d'avoir une véritable politique éducative locale, grâce à un soutien pédagogique, éducatif, administratif et financier. L'exemple des *charter schools* aux États-Unis peut être une source d'inspiration. Il s'agit de véritables contrats d'objectifs que l'on donne à une école en lui donnant des moyens importants pour les réaliser. L'équipe se mobilise pour atteindre ces objectifs, stimulée par le fait d'avoir un projet fédérateur collectif.

La future politique à souhaiter pour l'éducation prioritaire est donc celle qui accentue les avancées réalisées avec les réseaux ambition réussite et les établissements Éclair, mais qui franchit un saut paradigmatique en donnant de vrais pouvoirs aux responsables locaux de l'école ou du collège, voire des deux à la fois, avec éventuellement un chef d'établissement qui chapeaute les deux niveaux et avec des équipes qui sont là parce qu'elles en ont envie, parce qu'elles adhèrent au projet.

Il faut nuancer l'idée que l'Éducation nationale envoie au « casse-pipe » les jeunes professeurs qu'elle affecte en premier poste dans les établissements de l'éducation prioritaire. Ce n'est ni tout à fait faux ni tout à fait vrai. En effet, il faut d'abord souligner que la solution inverse consistant à affecter un agrégé de 55 ans en ZEP ne serait pas souhaitable, y compris d'un point de vue pédagogique. En vérité, le problème de l'éducation prioritaire n'est pas tant l'inexpérience des enseignants que l'instabilité des équipes. C'est la raison pour laquelle, à Créteil, j'avais posé les bases d'une politique sociale en faveur des jeunes enseignants de l'éducation prioritaire. Avec l'efficacité exceptionnelle du DRH Philippe Reymond, nous avions ciblé 20 établissements : les professeurs qui faisaient le choix d'habiter à proximité de ces établissements pouvaient bénéficier d'une prime au logement de 2 000 euros par an, à condition de rester au moins trois ans. Pour nous, au-delà de l'objectif de stabilisation des équipes et d'amélioration du pouvoir d'achat des professeurs, cette mesure permettait également de rapprocher les professeurs de l'environnement dans lequel vivent les élèves. D'ailleurs, à l'exception de quelques quartiers très localisés, la Seine-Saint-Denis n'est pas invivable : il y a le plus souvent des situations intermédiaires.

Quelle ne fut donc pas ma surprise lorsque la FSU organisa une grande polémique pour dénoncer ces mesures qui se voulaient techniques, discrètes et consensuelles. La raison de cette colère syndicale ? Nous allions « stigmatiser » les établissements concernés, car mettre en exergue leurs difficultés. Depuis ce jour, je ne peux plus entendre sans frémir ce terme de « stigmatisation », celui que l'on utilise quand on n'a plus rien à dire, quand on a renoncé à penser et que l'on prône un égalitarisme absurde, à rebours de l'intérêt véritable des élèves.

Le rôle social de l'école

En définitive, deux attitudes sont possibles face aux difficultés de l'école. Soit on considère qu'elle est un sanctuaire à protéger du monde extérieur, soit on considère qu'elle est la clé du contrat social et que c'est à partir d'elle que pourra rayonner le renouveau de la société française, notamment dans les territoires qui connaissent le plus de difficultés, en ville ou à la campagne. Ma préférence va évidemment à la deuxième partie de l'alternative. Ce qui n'était à l'origine qu'une intuition est devenu au fil des ans une conviction que chacune de mes expériences a renforcée. Pour que l'école joue pleinement son rôle social, il est primordial d'identifier des domaines d'excellence, qui permettent à chaque établissement d'affirmer ses atouts, en adéquation avec l'identité du territoire. Par ailleurs, je crois que l'on gagnerait beaucoup à faire du chef d'établissement un acteur central de l'action de l'État dans les quartiers, notamment en mettant à sa disposition des moyens de la politique de la ville. J'ai souvent plaidé pour que l'Éducation nationale et le ministère de la Ville engagent des expérimentations dans ce domaine car je suis convaincu que le chef d'établissement est celui qui connaît le mieux les familles et pourrait donc avoir un regard pertinent et constructif sur les aides sociales, qu'il s'agisse de l'allocation de rentrée ou même des allocations familiales. D'une certaine façon, c'est ce qui se passe dans certains pays comme le Brésil avec l'aide alimentaire aux familles distribuée en fonction de l'assiduité scolaire, *bolsa familia*. En France, je suis convaincu que le chef d'établissement pourrait jouer un rôle majeur pour articuler et mettre en cohérence l'action éducative de l'État et les politiques sociales de proximité.

En fait, derrière le thème du rayonnement territorial de l'école et du collège, il y a l'idée que l'école est le premier service public de proximité. Cette idée, qui a tout son sens dans les banlieues difficiles, vaut également dans les zones profondément rurales, où l'école est souvent le dernier service public, après la fermeture du bureau de poste.

Le renouveau de l'éducation prioritaire viendra de la responsabilisation des acteurs. Cette responsabilisation a déjà commencé. Bien du chemin reste à faire mais de très belles réussites montrent la voie.

7

INNOVER, EXPÉRIMENTER, ÉVALUER

Science et confiance sont les deux mamelles de l'éducation. Par conséquent, il est nécessaire que l'instance en charge de la transmission du savoir et de la science suive elle-même les méthodes de la science. C'est ainsi qu'elle inspirera confiance. La science doit donc être non seulement l'objet, mais aussi la méthode de l'école. C'est ce qui explique l'importance, pour l'école, de la méthode expérimentale qui, est, par définition, au cœur de la méthode scientifique. Cette affirmation a plusieurs conséquences directes. D'abord, les enfants doivent connaître la méthode expérimentale et, pour cela, apprendre dès le plus jeune âge à manipuler, à vérifier, à faire leurs propres expériences pour comprendre ce qu'expérimenter veut dire, ce qui, au passage, peut être un bon remède contre les différentes formes d'obscurantisme. Au-delà, cet état d'esprit devrait également inspirer les professeurs, les parents d'élèves et l'institution elle-même. Pourtant, paradoxalement, l'ensemble du système éducatif paraît antiexpérimental puisqu'il repose sur un ensemble de dogmes qui invitent à respecter des protocoles d'action, mais jamais des protocoles d'expérimentation. Par conséquent, l'introduction et la diffusion de ce souci de l'expérimentation, dans les pratiques quotidiennes comme dans la réflexion sur le système dans son ensemble, doivent devenir la philosophie fondamentale de l'école. Il y a là un enjeu essentiel – je dirais presque ontologique – pour l'Éducation nationale.

Le souci de l'expérimentation est d'autant plus nécessaire qu'au cours des dernières décennies, la tentation de réformer de fond en comble et sans délai l'Éducation nationale a pu s'apparenter à une forme de promesse politique, toujours nécessairement insatisfaite. Le fait d'avoir un service public national de l'éducation est un atout qui demeure trop souvent oublié. Il n'en faut pas moins veiller à cultiver ses qualités et à corriger ses défauts. Et surtout prendre conscience qu'il ne peut être transformé de fond en comble, du jour au lendemain, comme pourrait l'être un système militaire. C'est pourquoi il faut identifier des axes d'avant-garde, expérimenter et innover, avant d'ajuster en fonction des résultats obtenus. Expérimenter suppose à la fois une conscience des objectifs poursuivis, une méthodologie claire et une confiance partagée. Or, aujourd'hui, l'institution ne fait pas suffisamment confiance à ses acteurs, et les acteurs ne font pas assez confiance à l'institution. Combien de fois ai-je rencontré des professeurs qui me disaient : « Nous devons innover en résistant à l'institution. »

Pourtant, l'institution, depuis la loi sur l'école de 2005 et son article 34, les incite expressément à expérimenter. Si les professeurs n'ont pas clairement conscience de cette liberté désormais possible, c'est parce que la culture de l'expérimentation n'est pas encore entrée dans les mœurs. Aussi, comme recteur puis comme directeur général de l'enseignement scolaire, je n'ai cessé de répéter que l'époque où un professeur pouvait dire : « Je sais ce qui est bon pour mes élèves, mais je ne le fais pas parce que ce n'est pas conforme aux règles du jeu » est désormais révolue. Et, de fait, l'institution, par la voix des ministres, des plus hauts responsables – et bien sûr par la mienne en raison de mes responsabilités – répétait sans cesse aux acteurs de terrain : « Allez-y, avancez, proposez, soyez libres, soyez force de proposition ». Évidemment, il est toujours possible de ne pas entendre ce message, car il est plus confortable de faire comme si l'institution brimait les initiatives. Cependant, il est exact qu'une partie de l'encadrement intermédiaire n'a pas pleinement intégré cette manière de voir.

L'innovation et l'expérimentation sont donc une philosophie et une méthodologie, mais aussi une psychologie et un état d'esprit qui doivent être diffusés à tous les niveaux du système éducatif. Si un long chemin a été parcouru ces dernières années, le combat n'est pas encore achevé. De fait, les signaux que le ministère adresse depuis quelques mois me font craindre un retour en arrière. J'aurai l'occasion d'y revenir dans ce chapitre.

Réflexion sur les échelles et évaluation

L'expérimentation comme l'innovation passent en premier lieu par une réflexion sur les échelles. Sur ce point, il est très important de comprendre que toutes les échelles peuvent être pertinentes. Il peut y avoir des innovations dans une classe, un établissement, un département, une académie ou à l'échelle nationale. Toutes les échelles sont bonnes, il faut simplement déterminer celle qui est la mieux adaptée à l'expérimentation que l'on souhaite mettre en place, quitte à la faire évoluer dans le temps. Avec les échelles, l'autre mot clé de l'expérimentation est sans nul doute l'évaluation. Il est donc essentiel d'avoir une approche systématique, un protocole d'évaluation envisagé dès le début, du plus simple au plus scientifique. Au cours des dernières années, nous avons eu la chance de pouvoir faire des évaluations respectant des critères de scientificité, tels que consacrés dans la communauté scientifique internationale. Ainsi, nous avons pu travailler avec l'École d'économie de Paris, qui a évalué – je l'ai déjà évoqué – l'internat d'excellence de Sourdun et la mallette des parents de manière très rigoureuse. Elle a en particulier systématisé l'approche par « randomisation » permettant d'apprécier la valeur ajoutée d'une politique donnée : on regarde les effets sur un groupe d'élèves et on les compare à un autre groupe témoin qui a été constitué par tirage au sort au sein d'un même ensemble d'individus (par exemple, l'ensemble des volontaires pour entrer à Sourdun ou l'ensemble des volontaires pour bénéficier de la mallette des parents).

Il y a là un sujet fondamental pour l'avenir de toutes les politiques publiques en général et pour l'Éducation nationale en particulier. En effet, par le passé, ce ministère a connu beaucoup d'erreurs à grande échelle qui ont été commises parce que les responsables ont souhaité généraliser d'emblée des idées qu'ils croyaient justes pour tout le monde. La sagesse impose au contraire de commencer par prouver qu'une idée va dans la bonne direction, avant de la généraliser. Et, pour cela, il faut l'évaluer avec méthode. L'évaluation peut ainsi inviter à la généralisation, comme à l'abandon, ou encore à la poursuite d'un projet à petite échelle. Sur ce point, je voudrais évoquer deux exemples. L'expérimentation « cours le matin, sport l'après-midi » n'avait clairement pas vocation à être généralisée. Toutefois, après une première année d'expérimentation dans 100 collèges et lycées, dont l'évaluation a été très positive, le ministre Luc Chatel a fait le choix, à la rentrée 2011, d'étendre l'expérimentation à une centaine d'établissements supplémentaires. De même, la fonction de « responsable des études », que j'avais introduite en 2009 dans 5 collèges de l'académie de Créteil en m'inspirant des pratiques l'enseignement privé, a été reprise à la rentrée 2010 dans les établissements du réseau Clair, sous l'appellation « préfet des études ». Là encore, il s'agit d'une expérimentation élargie et il serait sans doute possible d'aller encore plus loin.

Enfin, pour qu'une expérimentation réussisse, la définition d'une échelle pertinente et d'un protocole d'évaluation solide n'est pourtant pas suffisante. L'élément déterminant du succès est sans aucun doute la responsabilisation de l'ensemble de la communauté éducative. En effet, un individu, si déterminé soit-il, ne peut innover seul. L'esprit d'équipe et la motivation de l'ensemble des acteurs sont absolument nécessaires pour que l'innovation ait un véritable effet d'entraînement.

L'expérimentation au service de l'égalité et des savoirs

Évidemment, j'ai conscience que, dans le champ éducatif, l'expérimentation suscite des débats, des critiques et parfois même un rejet total. Ainsi, au mois de juin 2013, un rapport d'inspection générale affirme que plusieurs expérimentations que nous avions engagées en faveur de l'apprentissage de la lecture, en particulier les programmes ROLL[1] et Parler, posent un problème éthique ! Mais de quelle éthique parle-t-on ? L'éthique, est-ce de rester les bras croisés lorsque 20 % de nos élèves quittent le primaire avec de graves difficultés en lecture, écriture et calcul ?

Le chercheur Franck Ramus, directeur de recherche au CNRS (sciences cognitives) fait justice de ce genre d'attaques en des termes auxquels je souscris pleinement :

1. Le programme ROLL (Réseau des observatoires locaux de la lecture) a été initié par Alain Bentolila, depuis l'université Paris-Descartes. Voir http://eduscol.education.fr/pid25044-cid54886/roll.html.

« Au-delà de l'inaction des chercheurs en sciences de l'éducation sur le terrain de l'évaluation expérimentale des pratiques, le plus inquiétant est peut-être que cette attitude semble être encouragée au plus haut niveau de l'Éducation nationale. Ainsi, le rapport de l'Inspection générale paru l'été dernier, après avoir fait le bilan de certaines expérimentations, concluait en jetant l'opprobre sur le principe même de telles recherches, en brandissant un argument prétendument éthique, à savoir que les élèves ne seraient pas des “cobayes”. Mais comment ces grands sages de l'éducation ne voient-ils pas qu'en l'absence de telles recherches, ce sont tous les enfants qui sont les “cobayes” de tous les enseignants ? À ne pas vouloir mener les recherches expérimentales permettant de tester rigoureusement l'efficacité des pratiques, on laisse les enseignants démunis, à la merci des modes, des idéologies et des arguments d'autorité, avec pour seul recours de tâtonner et de se baser sur leurs propres observations pour faire évoluer leurs pratiques. Autrement dit, on laisse chaque enseignant jouer au chercheur, sans pour autant lui donner une formation à la recherche, ni les moyens de mener ses expérimentations rigoureusement, et donc d'en tirer des conclusions valides[2]. »

Par ailleurs, à tous ceux qui prétendent que l'expérimentation remet en cause le caractère national du service public d'éducation, je réponds avec force que l'inertie est elle-même facteur d'inégalités. C'était d'ailleurs très précisément ce que pensait Jean Zay lorsqu'il voulut moderniser l'éducation en prônant la méthode de l'expérimentation mais, par un de ces retournements dont l'histoire intellectuelle de la France est coutumière, certains de ses héritiers l'ont oublié[3]. S'il n'y a pas d'innovation ou

---

2. http://www.cafepedagogique.net/lexpresso/Pages/2014/03/27032014Article635315024444467058.aspx.

3. *Cf.* Prost A., *Du changement dans l'école*, *op. cit.*, p. 29 et suiv.

d'expérimentation, le système purement égalitaire conduit à des inégalités encore plus fortes, puisque ceux qui vont bien s'en sortiront toujours et ceux dont la destinée est déjà écrite resteront condamnés à l'échec.

À l'inverse, l'expérimentation et l'innovation sont synonymes de liberté mais aussi de compensation. C'est d'ailleurs la raison pour laquelle j'ai très tôt été convaincu que l'innovation a particulièrement vocation à se diffuser au sein de l'éducation prioritaire. Là encore, une interprétation négative conduirait à objecter que les élèves de l'éducation prioritaire n'ont pas vocation à servir de cobayes. Mais la réalité est tout autre : affirmer que l'éducation prioritaire doit être à la pointe des innovations, c'est précisément refuser de la considérer comme la cinquième roue du carrosse. C'est aussi affirmer que, là où se posent les plus grands défis, l'État éducateur doit apporter les réponses les plus dynamiques. D'ailleurs, c'est bien ce raisonnement qui a guidé Xavier Darcos lorsqu'il a mis en place, à la rentrée 2007, l'accompagnement éducatif entre 16 heures et 18 heures dans tous les collèges de l'éducation prioritaire, avant que le dispositif ne soit étendu l'année suivante à l'ensemble des collèges de France. Dans le même esprit, j'ai eu le souci, lorsque j'étais recteur de l'académie de Créteil, d'introduire les innovations numériques d'abord dans les établissements de l'éducation prioritaire avant de les diffuser plus largement.

Mais, pour être efficace, l'expérimentation ne saurait s'apparenter à une forme d'expérimentalisme échevelé. Elle doit au contraire être au service de ces points de repère essentiels que sont les apprentissages fondamentaux. C'est ainsi qu'à Créteil, au moment même où nous lancions plusieurs dizaines d'expérimentations, l'indicateur capital demeurait pour moi le niveau en français et en mathématiques en fin de 3e dans les collèges de l'éducation prioritaire. Je le répète, il n'a jamais été question de prôner l'innovation pour l'innovation, comme on prône l'art pour l'art. L'innovation doit être au service de la transmission effective des savoirs. De ce point de vue, ceux qui défendent une approche « classique » de l'école ne devraient pas avoir peur de cette question.

Par exemple, le latin et le grec peuvent être sauvés par l'innovation. Il suffit pour s'en convaincre de se rendre sur le site Latine Loquere, développé par Robert Delord, professeur de lettres classiques au lycée du Diois, dans la Drôme, qui propose des ressources extrêmement variées pour l'enseignement des langues anciennes. Si le support est innovant, le contenu l'est tout autant avec, en particulier, un travail passionnant sur l'usage du latin et du grec dans la publicité et le marketing contemporains. Séduits par cette initiative, nous l'avions présenté aux journées de l'innovation organisées en 2011 et 2012 par la Direction générale de l'enseignement scolaire à l'Unesco et je reste encore aujourd'hui attentif aux tweets de Latine Loquere.

Ainsi, le savoir plus classique peut retrouver une véritable attractivité quand il est placé dans une perspective dynamique. C'est d'ailleurs ce que j'avais souhaité démontrer, lorsque j'étais recteur de l'académie de Créteil, en incitant des collèges appartenant aux réseaux ambitions réussite à organiser un cycle Shakespeare. Oui, il s'agissait bien de faire jouer Shakespeare en anglais dans les collèges qui concentrent le plus de difficultés et qui sont *a priori* les plus éloignés de la culture classique. Plusieurs établissements avaient ainsi été incités à préparer la même pièce tout au long de l'année : *Roméo et Juliette* d'abord, *Hamlet* l'année suivante. Les élèves se prenaient au jeu. Toute la classe était impliquée, certains élèves se préparant à monter sur scène pendant que d'autres se chargeaient des costumes ou des décors. Je me souviens en particulier d'être allé à Champigny-sur-Marne pour une représentation de *Roméo et Juliette*. C'était magnifique de voir ces adolescents en train de déclamer l'anglais classique. Les mères de famille pleuraient dans la salle, tant elles étaient émues et fières de leurs enfants ! L'un des principaux intérêts de cette initiative était son déploiement simultané dans plusieurs établissements favorisant ainsi les échanges et les liens. De fait, je crois beaucoup au rayonnement des établissements et je suis convaincu que le fonctionnement en réseau et les échanges favorisent la diffusion de l'innovation. C'est d'ailleurs pour cette raison que les internats d'excellence avaient vocation à devenir des têtes de réseau pour l'ensemble de l'éducation prioritaire, afin de jouer non seulement un rôle de laboratoire mais aussi de centre de diffusion.

La science pour l'école

L'idée d'expérimentation repose donc sur une méthode scientifique. Mais l'approche scientifique de l'école ne se réduit pas à la mise en place et à l'évaluation des expérimentations, si innovantes soient-elles. Une nouvelle fois, l'école est l'institution scientifique par excellence. La logique est donc de se dire : veillons toujours à être scientifiques avec l'institution scientifique par excellence. Par conséquent, il faut prendre au sérieux la question de la recherche en éducation. Or la France a pris, au cours des dernières décennies, un mauvais chemin avec pour conséquence un véritable divorce entre le milieu et l'esprit de la recherche d'une part et le monde de l'éducation d'autre part. Pourquoi ? Parce qu'en France les « sciences de l'éducation » se sont en partie égarées.

Alors qu'elles pourraient être à la pointe des sciences humaines et sociales en tant que véritable carrefour interdisciplinaire mobilisant l'ensemble des savoirs au service de l'école, les sciences de l'éducation se sont progressivement repliées sur elles-mêmes. Bien plus, elles se sont peu à peu desséchées pour s'apparenter à une sociologie simpliste qui se complaît dans un bourdivinisme béat dont l'objectif est de montrer jour après jour à quel point les choses vont mal, à quel point les inégalités se reproduisent. Je ne suis pas hostile à ce qu'une partie des sciences de l'éducation s'inscrive dans cette veine, car il y a assurément une part de vérité dans ces travaux[4]. Mais je ne peux accepter que cette approche soit à ce point dominante et surtout qu'elle soit devenue le catéchisme que l'on enseignait aux futurs enseignants dans les IUFM hier et que l'on enseignera demain peut-être dans les ESPE (écoles supérieures du professorat et de l'éducation). Il y a là quelque chose de totalement déprimant, qui va à l'encontre de l'espoir qu'exprime l'acte même d'enseigner. J'avais été frappé ainsi par ce qu'écrivait le correspondant de Stéphane Beaud, Younès Amrani, dans leur livre commun, collection de messages échangés entre un chercheur et un jeune homme issu de l'immigration[5] : il explique à un moment que l'insistance sur les inégalités scolaires, telles que soulignées par Pierre Bourdieu, était perçue par les élèves comme une assignation à rester toujours dans la même situation. Loin d'être émancipatrice, cette obsession inégalitaire est devenue, à force d'être assenée, antiégalitaire. On doit au contraire insister sur l'importance de l'« effet maître » qui, contre tous les déterminismes sociaux, montre que la

4. Mais il n'est pas interdit de compléter sa lecture de Bourdieu par d'autres auteurs, comme Boudon R., *L'Inégalité des chances*, Armand Colin, 1979.

5. Beaud S., Amrani Y., *Pays de malheur ! Un jeune de cité écrit à un sociologue, suivi de Des lecteurs nous ont écrit*, La Découverte, coll. « La Découverte/Poche », 2005.

qualité pédagogique de chaque professeur est, d'abord et avant tout, le facteur déterminant du progrès de l'élève[6].

Face aux dérives, il est tentant de rejeter en bloc toute approche scientifique de l'école. C'est pourtant une tentation que je combats vigoureusement car l'école a absolument besoin d'une recherche de pointe en éducation. Moderniser notre approche scientifique de l'école, c'est d'abord admettre l'importance considérable du comparatisme. Cela signifie qu'il faut bien connaître les systèmes éducatifs étrangers, mais aussi s'intéresser aux études sur l'éducation menées dans le monde entier, de façon à s'en inspirer. L'expérimentation « Parler », pour l'apprentissage de la lecture, est l'exemple type puisqu'elle s'appuie sur des études menées aux États-Unis avec une méthodologie comparable. Je l'ai dit précédemment, l'Inspection générale de l'Éducation nationale vient de condamner cette expérimentation, et d'autres qui portaient également sur l'apprentissage de la lecture. Au-delà du malaise que suscite l'argument éthique qui traverse ce rapport à charge, je déplore que les auteurs n'aient pas souhaité prendre en considération les dimensions scientifique et internationale de ces projets pourtant décisives dans leur mise en œuvre. Il y a là une faille conceptuelle et intellectuelle.

Si nous devons nous inspirer de l'étranger, un certain nombre d'initiatives françaises peuvent aussi être pionnières et inspiratrices pour des pays étrangers. C'est le cas par exemple des internats d'excellence avec le développement à grande échelle en ce moment d'institutions comparables en Chine. Cela peut être le cas aussi dans le domaine strictement pédagogique. J'ai tenté ainsi de jeter de premiers ponts en mathématiques vers l'Angleterre, avec l'aide d'Anna-Livia Susini et du département international de la

---

6. Sur l'effet maître, voir Bressoux P., « Les recherches sur les effets écoles et les effets maîtres », *Revue française de pédagogie*, juillet-septembte 1994, n° 108.

DGESCO, pour voir dans quelle mesure nos approches progressives dans le premier degré ne pouvaient pas converger. Car je pense qu'il y aurait grand intérêt, notamment dans le domaine des mathématiques et des sciences, à partager nos curriculums entre pays européens.

Moderniser notre approche scientifique de l'école c'est aussi s'interroger sur l'épistémologie même de l'innovation et de la recherche. Cela signifie concrètement que l'on doit regarder ce qui est pertinent scientifiquement, à la fois comme discipline et comme démarche. Alors que, pour moderniser l'éducation, nous avons longtemps cherché comment « apprendre à apprendre », les sciences cognitives nous permettent aujourd'hui, et pour la première fois, d'apporter des réponses scientifiquement fondées à cette interrogation fondamentale. Dans ce domaine, les progrès sont fulgurants et les sciences humaines et sociales pourraient s'inquiéter de l'émergence des sciences dures dans un champ qui leur était traditionnellement étranger. Mais, à mon sens, il n'y a pas de crainte à avoir. La question est plutôt de savoir comment articuler l'ensemble des sciences et des savoirs pour enrichir notre connaissance des processus d'apprentissage. Ainsi, le linguiste doit parler à la fois avec le cognitiviste et le sémiologue. C'est d'ailleurs cette rencontre des approches que nous avions encouragée en 2011 pour dégager les compétences clés de l'élève de maternelle.

En vérité, si les sciences cognitives sont à mes yeux fondamentales, la linguistique l'est donc tout autant comme, plus largement, chacune des disciplines enseignées aux élèves, dans son épistémologie et sa didactique propres. Cette conviction avait guidé l'organisation à Lyon, en mars 2012 d'une conférence de consensus sur les mathématiques[7]. Le défi était de taille, tant l'enseignement

7. http://educmath.ens-lyon.fr/Educmath/manifestations/dossier-manifestations/conference-nationale.

des mathématiques a donné lieu au cours des dernières décennies à d'homériques batailles. Pendant une journée entière, théoriciens et praticiens se sont efforcés, dans le cadre de tables rondes à la fois disciplinaires et interdisciplinaires, d'établir un état des lieux de la discipline et des problèmes qui se posent, mais aussi de dégager, grâce aux recherches les plus récentes, des pistes pour améliorer notre enseignement[8]. Avec cet exemple apparaissent nettement l'importance et même la nécessité d'une diffusion de la production scientifique la plus contemporaine au sein du système éducatif tout entier. C'est fondamental pour nourrir et enrichir nos pratiques d'enseignement.

Après les sciences cognitives et l'épistémologie des disciplines, le dernier niveau de scientificité à promouvoir porte sur l'évaluation des expérimentations et plus largement des résultats des pratiques d'enseignement. Précédemment évoquée dans ce chapitre, l'évaluation scientifique des pratiques d'enseignement et de leurs résultats était traditionnellement peu développée en France, peut-être en raison de la difficulté de l'institution scolaire à accepter la pertinence d'un regard extérieur, fût-il scientifique. Je me suis efforcé de dépasser cette réserve en montrant le bénéfice que l'école pouvait retirer d'un travail avec des institutions de recherche de haut niveau comme l'École d'économie de Paris, Sciences Po, l'Institut français d'éducation ou encore l'Iredu (Institut de recherche sur l'éducation). La démarche est engagée. L'évaluation de la mallette des parents et des internats d'excellence témoigne de son intérêt. Le mouvement doit donc absolument se poursuivre.

Si je cherche à résumer les enjeux de la recherche en éducation, je crois qu'il est possible de distinguer trois niveaux ou étages de scientificité qui doivent embrasser l'ensemble du champ éducatif. L'amont, c'est l'étude du

8. Voir chapitre sur l'école élémentaire.

fonctionnement du cerveau. L'aval, c'est la capacité du système éducatif à évaluer scientifiquement ses résultats et à tirer les conséquences qui s'imposent. Et, entre les deux, il y a la didactique des disciplines et l'analyse des pratiques des classes. L'école ne sera complète et moderne que si elle parvient à se nourrir jour après jour de ces trois étages de scientificité, qui doivent l'irriguer dans ses principes comme dans ses pratiques.

INTERMÈDE 6
TROIS ÉCHECS INSTRUCTIFS

L'erreur fait partie du processus scientifique. Elle fait aussi partie de la vie. Innover et expérimenter supposent de savoir assumer le risque de l'erreur et de chercher à en tirer des leçons, même si l'on doit passer par des épisodes douloureux. Nous devons transmettre ce message à nos élèves pour leur apprendre le « métier de vivre », mais aussi pour pratiquer nous-mêmes la philosophie qui en résulte. C'est un des aspects importants de l'épistémologie et de la philosophie de l'éducation d'Edgar Morin et j'ai, sous ce rapport, pour reprendre l'expression de mon ami brésilien Candido Mendes, « plus de cicatrices que de peau ».

Nous ne cessons d'affirmer que nous devons donner aux élèves le droit à l'erreur, leur apprendre à accepter le risque, à s'exprimer, à innover. Et nous savons que les élèves français sont peu enclins à le faire. Mais le monde adulte lui-même ne donne pas l'exemple. Ah, bien sûr, l'innovation est dans tous les discours… Mais celui qui innove est attendu au coin du bois ! En lançant des dizaines d'expérimentations en Guyane, à Créteil puis en France, je devais m'attendre que certaines soient des échecs. En réalité, c'était même souhaitable car, si toutes les expérimentations fonctionnaient, on pourrait avoir un doute quant à la réalité de l'innovation qu'elles représentent ou quant à la sincérité de l'évaluation qui les valide.

Dans les trois exemples qui suivent, seul le troisième correspond à un échec de cette nature. Les deux premiers sont plutôt des échecs médiatiques et politiques. Ils n'en sont pas moins instructifs car ils traduisent ce que tout auteur de politique publique doit intégrer dans son raisonnement la question de la communication et l'enjeu de pouvoir qu'elle représente avec des acteurs prêts à tout pour faire des usages polémiques.

En matière d'absentéisme des élèves, il me semblait qu'il fallait faire preuve d'audace pour tout tenter contre l'un des fléaux les plus importants du système. Chaque année, 120 000 élèves environ décrochent du système scolaire. Avant d'être des décrocheurs, ils ont été des absentéistes et, souvent, ils l'ont été dans un lycée professionnel.

Au fil des ans, j'ai acquis la conviction que la lutte contre l'échec scolaire et le décrochage au lycée professionnel doivent être, avec la maîtrise des savoirs fondamentaux à l'issue du primaire, la première priorité des acteurs de l'éducation dans notre pays. Les deux sujets ne sont d'ailleurs pas sans lien. Le défi de la persévérance scolaire – pour reprendre la terminologie québécoise – est immense. Il faut donc innover sans cesse pour le relever et en finir avec ce gâchis.

Partant de ce constat, j'ai veillé à ce que les expérimentations lancées à la rentrée 2009 dans l'académie de Créteil portent une attention toute particulière à la question du décrochage en lycée professionnel. Au total, nous proposons plusieurs dizaines d'initiatives, soutenues par le Haut-Commissariat à la jeunesse de Martin Hirsch. Parmi elles, ce que l'on appelle un « pilote d'expérimentation » (donc à petite échelle), la « cagnotte scolaire », que nous entendons tester dans trois classes de trois lycées professionnels de l'académie. Cette appellation, certainement mal choisie, désigne en réalité un contrat de discipline et d'assiduité passé par les élèves en début d'année. Si le contrat est collectivement respecté, la classe cumule des points et pourra bénéficier en fin d'année d'un financement pour réaliser un projet collectif, par exemple un voyage scolaire ou encore la préparation au code de la route.

Ce programme s'inspire en partie, mais en partie seulement, d'expériences étrangères qui ont été analysées par la recherche internationale. Ainsi, au Brésil, la bolsa familia *est une forme de bourse, versée aux mères de famille lorsque leurs enfants vont effectivement à l'école. Cette idée est d'ailleurs unanimement saluée comme l'un des succès de la politique sociale de Lula. En Angleterre, des élèves reçoivent une sorte de salaire lycéen direct, modulé en fonction de leur assiduité. Évidemment, aucune des deux expériences ne peut être transposée directement et notre idée est différente puisqu'elle insiste sur la dimension collective, en mobilisant la classe entière et non pas les élèves individuellement. À aucun moment, les élèves ne sont « payés » pour quoi que ce soit. Il s'agit de financer un projet collectif.*

En fait, ce projet peut être lu, une nouvelle fois, comme une volonté de réconcilier tradition et modernité. En effet, la dimension « traditionnelle » est évidente : là où les pratiques d'éducation classiques s'appuient, à l'école comme à la maison, sur le binôme « carotte et bâton », la cagnotte constitue clairement une « carotte », destinée à récompenser les efforts des élèves. Mais le projet est aussi innovant en ce qu'il insiste sur la dimension collective de l'action, puisque c'est l'effort du groupe entier qui est valorisé, avec en outre des échanges au sein de la classe pour mettre au jour les raisons de l'absentéisme et les combattre. L'expérimentation doit ainsi permettre de faire émerger une forme de solidarité de la classe, tout en responsabilisant individuellement chaque élève.

Un jour d'octobre 2009, peu de temps après la présentation du plan « Agir pour la jeunesse », dans le cadre duquel s'inscrivent plusieurs expérimentations cristoliennes, je reçois un appel d'une journaliste du Parisien. *Elle est allée voir plusieurs de nos expérimentations, s'intéresse particulièrement à celle-ci et souhaite y consacrer un article. Je suis en visite dans un établissement, assailli par mille urgences, mais je comprends, à travers ses questions, qu'elle a déjà choisi une approche polémique. En effet, elle considère qu'il s'agit purement et simplement de donner de l'argent aux lycéens. Je lui explique que ce n'est pas cela, que le projet est même à l'opposé d'une logique qui magnifierait l'argent puisque, à aucun moment, le moindre centime n'est versé à un élève. Il s'agit bien de soutenir un projet de la classe entière. L'effet recherché n'est pas individualiste, il est collectif. L'objectif est de voir comment une classe réussit à s'autodisciplíner pour réaliser son projet. D'autres présentations auraient été possibles et l'on pourrait faire la comparaison avec des démarches voisines qui, bien présentées, susciteraient sans doute le consensus : par exemple, dans la mesure où les lycéens professionnels sont particulièrement défavorisés et souvent absentéistes, créer des bourses qui seraient suspendues en cas de décrochage. On pourrait aussi faire l'analogie avec ce que ferait une institutrice de primaire qui annoncerait en début d'année, qu'elle organisera en fin d'année un voyage scolaire, mais seulement si ses élèves sont sages et ne font pas l'école buissonnière.*

C'est bien la logique du coup médiatique qui a prévalu. Au lendemain de cet échange téléphonique, Le Parisien *titre : « De l'argent pour les bons élèves ». Le coup médiatique est un peu spécial puisqu'il ne s'agit ni d'argent ni de bons élèves. Mais c'est trop tard. À partir du moment où* Le Parisien *est en kiosque, plus aucune explication rationnelle n'est audible. L'emballement médiatique est total, les caméras campent devant les trois lycées qui expérimentent la cagnotte scolaire, les élèves sont traqués par la presse, mon téléphone sonne sans discontinuer. Très vite, on touche à l'irrationnel : je me souviens en particulier d'une psychologue expliquant doctement, sur une radio nationale, les dangers que nous faisions courir aux jeunes générations en mettant les écoliers du primaire en contact avec l'argent !*

Avec l'emballement médiatique vient l'emballement politique. Les appels se succèdent, pas tous chaleureux. En quelques heures, je passe du statut de recteur qui montre la voie à celui d'apprenti sorcier. Heureusement que j'ai accumulé au préalable un vrai capital de confiance auprès de responsables et d'acteurs clés du système éducatif, car ce jour-là j'ai la sensation d'en dilapider la moitié ! Ce moment est aussi très instructif, car les hommes se révèlent dans la tempête. On voit ceux qui sont solides et ceux qui fléchissent d'emblée pour aller dans le sens du vent. J'ai vu des dagues sortir des manteaux d'intrigants qui, la veille encore, m'assuraient de leur amitié voire de leur admiration. On aperçoit les sourires narquois de ceux qui aiment voir autrui trébucher. Mais aussi les sourires navrés de ceux qui vous aiment vraiment. Et cela fait plus mal.

Au sein de l'appareil d'État, je dois reconnaître que j'ai plutôt été soutenu. Martin Hirsch fait le choix d'assumer l'expérimentation et organise une conférence de presse où nous expliquons ce qu'il en est. Luc Chatel, qui a pris ses fonctions peu de temps avant, me reçoit dans son bureau. Je lui indique que je suis prêt à démissionner. Il refuse l'hypothèse avec chaleur. Aujourd'hui, si j'ai un regret, c'est que la ligne de communication ait été défensive. J'aurais aimé jouer l'offensive, j'aurais aimé expliquer, défendre le projet, mais le déchaînement des critiques et ma condition de haut fonctionnaire ne permettaient sans doute pas cette option.

Au bout de quelques jours, je note certains appuis. Esther Duflo, qui a beaucoup étudié la question des incitations financières dans les politiques publiques, livre une analyse fine et sereine du sujet. Richard Descoings se scandalise du scandale, significatif à ses yeux du dédain et de la méconnaissance des élites vis-à-vis des lycées professionnels. Son intervention ne manque pas de panache. Jean-Louis Bourlanges, dans l'émission L'Esprit public *décortique avec sa sagacité coutumière tous les ressorts de l'affaire, là où certains intellectuels ont préféré foncer tête baissée dans la muleta.*

Il n'en demeure pas moins que, malgré la tempête politico-médiatique, l'expérimentation se poursuit tout au long de l'année scolaire dans les trois établissements pilotes. Dans l'un des lycées, le succès est au rendez-vous et Martin Hirsch, qui n'a cessé de soutenir le projet, peut ainsi déclarer à la radio : « J'ai eu au téléphone l'un des trois proviseurs, qui à ma grande surprise, m'a dit : "Mais ce projet, il a transformé notre vie." » À l'inverse, dans un autre lycée, il paraît clair que la médiatisation a abîmé le projet. L'École d'économie de Paris, qui a livré une évaluation mitigée de l'expérimentation, relève d'ailleurs que « l'information communiquée aux enseignants et aux élèves a été partiellement occultée par les images du dispositif diffusées dans certaines représentations médiatiques ».

Avec quelques années de recul, je crois qu'une de nos erreurs a été de retenir le terme de « cagnotte ». Nous l'avions choisi parce que c'était le plus imagé pour expliquer que la classe accumulait des points tout au long de l'année et donc des moyens destinés à la réalisation du projet final. Mais, le terme était trop ambigu, agitant le fantasme d'une corruption de l'école et des jeunes esprits par l'argent. Au-delà de ce regret, je tire trois leçons de cet épisode malheureux. D'abord, toute cette affaire en dit long sur le rapport de l'opinion publique avec l'argent. Ensuite, l'affaire de la cagnotte a montré que l'absentéisme et le décrochage des élèves de lycée professionnel n'intéressaient pas grand monde. En effet, la plupart des gens ont bien vite oublié que la persévérance scolaire était le véritable enjeu du projet. Tout se passe donc comme si cette question, pourtant cruciale, devait demeurer éternellement en dehors du débat public car elle ne concerne pas les plus favorisés. Il y a là une forme d'hypocrisie généralisée qui me choque profondément. Enfin, et c'est la troisième leçon, cet épisode est révélateur de la superficialité du débat public dans notre pays et de la difficulté à accepter l'idée même d'expérimentation. Oui, expérimenter, c'est accepter de commencer à petite échelle, accepter l'idée de ne pas généraliser, accepter aussi le droit à l'erreur et à évaluer sereinement, tout en évitant l'embrasement politico-médiatique, surtout lorsqu'il repose sur des bases erronées. Le chemin à parcourir est encore long.

Un autre épisode m'a valu une sérieuse secousse médiatique. Et, comme dans le cas précédent, j'ai pu regretter qu'une thématique importante ait pu pâtir d'une présentation biaisée des choses. Il s'agit du dispositif de repérage et de remédiation des difficultés de l'élève que j'ai déjà évoqué dans le chapitre sur l'école maternelle. Il s'agissait, à mes yeux, d'un élément clé d'une stratégie plus globale de lutte contre les inégalités. Or j'ai totalement sous-estimé l'opposition qu'une telle idée pouvait rencontrer. J'étais tellement convaincu par la démarche scientifique et par la visée sociale que je croyais un peu naïvement sans doute que la mesure rencontrerait un certain consensus. J'ai aussi sous-estimé, malgré ce que j'avais déjà vécu, ce qui peut se passer en matière de « fuites » de nos jours. J'ai donc commencé à consulter différents partenaires, notamment les syndicats, dans une phase qui était encore préliminaire et à un moment où le projet n'était pas encore abouti. Dès le lendemain des premières consultations, le projet était connu d'un « grand quotidien du soir » qui en faisait sa une avec une présentation dans laquelle je reconnaissais mal ce que nous avions à l'esprit. La journaliste était consciente d'ailleurs du caractère partiel et partial de ce qu'elle écrivait, mais m'affirma ensuite qu'il s'agissait d'une version provisoire que sa rédaction avait publiée en la prenant sur son ordinateur en son absence…

Les leçons de cet échec sont évidentes. Il faut, en amont de toute politique publique de ce type, un travail d'explication et une légitimation par la preuve qui interviennent le plus tôt possible. De plus, il ne faut discuter avec des acteurs dont la discrétion n'est pas assurée qu'à un moment où l'on est en mesure de répondre publiquement aux attaques qu'ils voudront déclencher. Il faut aussi, pour un directeur d'administration centrale, s'assurer en amont du soutien plein et entier du ministre, sans l'écran du cabinet. De nouveau, l'articulation entre le scientifique et le politique suppose une approche maîtrisée des critères qui valent dans les deux champs et qui ne peuvent être rendus compatibles que par une maîtrise des processus de décision.

Le troisième exemple est d'une nature bien différente. Il montre que l'échec peut être utile dans la démarche d'expérimentation. On pourrait être tenté en effet de penser que toute expérimentation est par nature vouée au succès. En effet, elle crée une mobilisation des esprits, une motivation des acteurs qui sont la première cause de toute réussite. Et les nombreux cas que je donne illustrent bien cette logique à l'œuvre dans la plupart des situations. Néanmoins, il y a différents types d'expérimentations et les plus scientifiques supposent des protocoles qui atténuent ces effets. Le but recherché est souvent de bien distinguer les causes et les effets dans une politique menée.

Ainsi, lorsque nous avons voulu déployer l'expérimentation « Parler » en France, nous avons, avec les laboratoires concernés, choisi des échantillons de classes dans l'académie de Lyon permettant de mesurer les effets de la politique pédagogique en question (petits groupes, explicitation phonologique, etc.) sur les compétences des élèves en les comparant à d'autres groupes. Nous étions persuadés de la pertinence de notre démarche. Pourtant, un an plus tard, les résultats tombaient et nous étonnaient : les résultats des élèves concernés par l'expérimentation ne différaient pas de ceux d'un groupe témoin. Cet échec fut une grande déception. Loin de nous décourager, il nous conduisit à en rechercher les raisons et à modifier l'expérimentation. Nous changeâmes les paramètres. Nous changeâmes de terrain en allant vers des académies du nord de la France. Et, au bout d'un an, la nouvelle expérimentation donna des résultats positifs.

L'échec n'est donc pas un problème en soi. Au contraire, il fait partie du chemin, pour l'individu comme pour les institutions. Nous devons l'accepter comme tel. L'acceptation et la compréhension de l'échec sont les ingrédients d'une philosophie de la réussite.

8

UNE ÉCOLE SEREINE ET SÛRE

Avec l'ennui, la peur et la honte sont les fléaux que l'on doit extirper du quotidien des élèves. Or trop d'enfants et d'adolescents vont à l'école avec la peur au ventre parce que la réalité qu'ils vivent est faite de moqueries, de harcèlement, de menaces, de coups. Affirmer que cela existe depuis toujours, comme l'attestent une littérature et une filmographie abondantes, est une bien piètre défense. Nous sommes, avec cette question, au cœur des enjeux de progrès humains que l'école doit absolument favoriser. Car c'est à l'école que prend racine notre sens du respect de l'autre, notre écoute, en lieu et place des instincts les plus bas. J'ai une aversion viscérale pour le phénomène de bouc émissaire que chacun a pu observer ou connaître dès l'enfance et que René Girard a analysé avec profondeur avec sa théorie du désir mimétique[1]. Ce phénomène, l'humanité doit savoir le dépasser pour éviter la violence et accéder à un plus haut niveau de conscience. Et cela se joue dès la cour de récréation.

Pour comprendre comment avancer vers une école sereine, il faut commencer par décrire les trois cercles concentriques de l'école en distinguant ce qui se passe dans la classe, dans l'établissement et autour de l'établissement. Le défi constant de l'école est précisément de relier

1. Girard R., *Le Bouc émissaire*, Grasset, 1982.

ces trois cercles. Il y a là un véritable défi tant est forte la tentation de déporter les problèmes d'un cercle vers l'autre, dans un mouvement centrifuge. Ainsi, les élèves en difficulté, qu'il s'agisse de difficultés d'apprentissage ou de comportement, vont être exclus du premier cercle pour être en quelque sorte sous-traités au deuxième cercle. Il est si facile, en effet, de considérer qu'à partir du moment où il y a des personnels de vie scolaire, du moins dans le second degré, c'est à eux de s'occuper du problème. Mais il s'agit là d'un cercle vicieux, car les personnels de vie scolaire vont prendre en charge les élèves sous l'angle de l'absentéisme et de la violence et très vite, faute de réponse adaptée, vont être conduits à les expédier dans le troisième cercle, à l'extérieur de l'établissement, sans perspective de retour.

Pour lutter contre ce cercle vicieux, il faut donc éviter les effets d'exclusion qui entretiennent l'absentéisme et la violence. Surtout, il est absolument nécessaire de décloisonner les compétences éducatives et pédagogiques au sein de l'établissement et, pour cela, lutter contre le taylorisme éducatif qui fait des ravages. Henri Bergson notait déjà que la division du travail en matière éducative était un non-sens. Dans le premier degré, le risque est de sous-traiter la prise en charge de la difficulté scolaire à des spécialistes extérieurs à la classe. Dans le second degré, il est de sous-traiter la dimension éducative. En effet, très souvent, le professeur exclut de la classe l'élève qui se comporte mal. Il se rend alors chez le conseiller principal d'éducation qui va traiter cette situation sur le plan éducatif. Il y a là une première spirale de décrochage qui, si les difficultés de comportement persistent, conduisent à l'exclusion avec un risque de voir l'élève rejoindre ces petits groupes qui « zonent » aux abords des établissements, harcèlent les bons élèves et les professeurs. Pour lutter contre ce phénomène de relégation et d'exclusion progressive, il faut veiller à ce que les trois cercles concentriques de l'école communiquent entre eux, sous la conduite du chef d'établissement qui a vocation à être l'agent majeur de ces articulations.

Éviter les effets d'exclusion

La meilleure réponse à l'absentéisme ou à la violence est donc de créer du liant, non dans une logique défensive mais offensive, pour créer un climat propice à une responsabilisation collective. Une responsabilisation de tous les adultes de l'établissement pour qu'ils se sentent pleinement concernés par ce qui se passe au sein même de l'établissement et dans son environnement. Mais aussi une responsabilisation des élèves. En effet, l'enfant doit comprendre très tôt qu'il est partie prenante d'un jeu d'interactions avec les autres qui suppose le respect. De ce point de vue, le sens des responsabilités mais aussi les valeurs morales font partie des compétences à transmettre aux élèves. C'est la raison pour laquelle je défends vigoureusement le principe d'un enseignement de la morale à l'école. C'est ce qui était prévu par les programmes de l'école de 2008 qui introduisaient un enseignement d'instruction civique et morale. En août 2011, j'ai d'ailleurs piloté, avec Yves Cristofari, inspecteur général de l'Éducation nationale et sous-directeur en charge du socle commun à la DGESCO, la rédaction d'une circulaire destinée à préciser les enjeux et les objectifs de cet enseignement. Ce texte rappelait notamment que l'enseignement visait à « asseoir les bases d'un exercice bien compris de la liberté individuelle au sein de la société » et insistait sur la nécessité d'« aider chaque élève à édifier et renforcer sa conscience morale dans des situations concrètes et en référence aux valeurs communes à tout “honnête homme” ». Parallèlement, nous avons coordonné un ouvrage intitulé *L'Instruction morale à l'école*[2] qui visait à mettre à la disposition des maîtres les ressources nécessaires pour nourrir cet enseignement. Cette approche a d'une certaine façon été amplifiée par l'alternance politique car Vincent Peillon a souhaité renforcer cette dimension. Il faut évidemment se garder de donner le sentiment que s'instaure une sorte de « morale d'État » avec une connotation politique et conserver une ligne claire permettant à tous de se retrouver dans le principe du respect d'autrui qui est à la base de toute vie sociale.

La responsabilisation des élèves dès le plus jeune âge, grâce à la transmission de valeurs comme le respect des règles ou le goût de l'effort, est donc essentielle pour prévenir l'absentéisme et la violence. Celle des parents l'est tout autant et c'est le sens de dispositifs comme les écoles de parents ou tout simplement la généralisation de l'envoi de SMS à la famille en cas d'absence non justifiée d'un élève.

Responsabiliser les adultes et les enfants au climat de l'école

Cette double responsabilisation des parents et des élèves peut contribuer à changer le climat des établissements, notion fondamentale qui a tardivement été prise en compte par l'Éducation nationale. En 2012, un groupe de travail piloté par le professeur Éric Debarbieux s'est interrogé sur cette notion. Destiné à nourrir les travaux du conseil scientifique de la DGESCO, le rapport issu de cette réflexion montre notamment la difficulté de définir

2. Blanquer J.-M. (dir.), *L'Instruction morale à l'école*, Sceren-CNDP, 2011.

et de mesurer le climat scolaire dans la mesure où cette notion fait appel à des facteurs aussi différents que l'état des locaux, la qualité des relations au sein de l'établissement ou encore le sentiment d'appartenance[3]. Mais les experts rassemblés par Éric Debarbieux ont également souligné que cette notion de climat scolaire était fondamentale, tant elle avait un impact sur les apprentissages, la sécurité ou encore la santé des élèves. Au terme de leur travail, ils ont identifié des pistes d'action pour améliorer le climat et insistent en particulier sur la stabilisation et l'accompagnement des équipes éducatives, sur l'intérêt d'introduire l'étude du climat scolaire dans le curriculum des adultes et des élèves et sur l'importance d'inclure la « communauté » dans les actions d'amélioration du climat scolaire.

Assurer la sérénité du climat scolaire suppose aussi de former les professeurs à la gestion de la classe. C'est ce que j'avais engagé à Créteil en m'appuyant sur les réflexions emblématiques d'un professeur, Sébastien Clerc. Je l'avais repéré parce qu'il avait publié, lors d'une rentrée scolaire, un livre sur son expérience de professeur de lycée en Seine-Saint-Denis[4]. Ce qui m'avait plu, c'est qu'il ne se contentait pas de déplorer certaines situations mais qu'il proposait des solutions. Je l'invitai à venir me voir un soir d'août au rectorat. Il s'attendait, je crois, à recevoir quelques réprimandes. Je lui demandais, au contraire, d'inspirer nos formations en matière de gestion de classe. Avec le philosophe Yves Michaud, il a conçu des modules de formation à la tenue de classe, qui s'appuyaient sur l'analyse

---

3. Debarbieux E., Anton N., Astor R. A., Benbenishty R., Bisson-Vaivre C., Cohen J., Giordan A., Hugonnier B., Neulat N., Ortega Ruiz R., Saltet J., Veltcheff C., Vrand R., *Le « Climat scolaire ». Définition, effets et conditions d'amélioration*, rapport au Comité scientifique de la Direction de l'enseignement scolaire, ministère de l'Éducation nationale, MEN-DGESCO/Observatoire international de la violence à l'école, 2012.

4. Clerc S., *Au secours, Sauvons notre école*, Oh ! Éditions, 2008.

de situations concrètes. Ces séquences ont connu un tel succès qu'elles ont été diffusées avec l'aide du CNDP à tous les jeunes professeurs nouvellement recrutés.

Plusieurs initiatives ont été lancées ces dernières années pour assurer une plus grande sérénité à l'école mais aussi pour lutter contre le harcèlement scolaire avec une campagne nationale de prévention à partir de janvier 2012. J'ai beaucoup encouragé par exemple les démarches de responsabilisation des élèves qui consistent à les initier aux techniques de médiation, comme je l'ai vu pratiquer dans un collège de Seine-et-Marne.

Il faudrait, dans la suite de tout cela, créer un label « bon climat » ou « sérénité » pour que tous les établissements scolaires fassent de cette question un enjeu majeur. Il est en effet très important que tous les adultes d'un établissement fassent équipe sur ce sujet pour répondre avec force aux problèmes. Un professeur chahuté ne doit pas rester enfermé dans sa solitude. Un adulte, quelle que soit sa fonction, doit intervenir si deux élèves se battent. De même, tout professeur doit avoir compris dès sa formation initiale que la lutte contre la violence passe par la vigilance vis-à-vis de tous les signaux qui se manifestent en classe. En particulier, le harcèlement d'un élève par un autre doit être repéré au plus tôt, à la racine. Le professeur joue, de ce point de vue, non seulement un rôle pédagogique mais aussi un rôle éducatif.

Sanctionner, oui ; déscolariser, non

Cette stratégie de prévention, avec la mise en place d'indicateurs, de l'attention au bien-être, ou encore la lutte contre le harcèlement, est-elle suffisante ? Certainement pas. Elle est l'essentiel mais pas la totalité. L'autre versant, c'est la sanction. À mon sens, les mesures qui luttent contre l'absentéisme et la violence par des sanctions ont toute leur légitimité, à condition qu'elles soient intelligentes. La sanction la moins intelligente est évidemment l'exclusion. Les plus pertinentes sont celles qui permettent la prise de conscience par l'élève et par sa famille de ce qu'il ne faut pas faire. C'était précisément le sens du dispositif de prévention de l'absentéisme qui pouvait aller jusqu'à la suspension des allocations familiales. C'est aussi le sens de la nouvelle échelle de sanctions mise en place dans les établissements du second degré à partir de la rentrée 2011, qui prévoit l'automaticité des procédures disciplinaires dans certaines hypothèses, mais aussi l'introduction d'une mesure qui vise à responsabiliser les élèves et à leur faire prendre conscience des conséquences de leurs actes. Elle prend notamment la forme d'une participation des élèves sanctionnés à des activités de solidarité, culturelles ou de formation à des fins éducatives ou en l'exécution d'une tâche en dehors des heures d'enseignement. Ces activités peuvent être réalisées au sein même de l'établissement ou bien à l'extérieur, par exemple auprès d'une collectivité territoriale ou d'une administration de l'État. Cette réforme des sanctions et des procédures disciplinaires est particulièrement intéressante, car elle a non seulement pour objectif de réaffirmer le respect des règles, mais aussi de limiter les exclusions, temporaires ou définitives, pour éviter le risque de déscolarisation. Je crois d'ailleurs, qu'il faut aller le plus loin possible dans cette direction, en favorisant plus généralement l'implication des élèves dans des causes sociales ou humanitaires. En somme, je suis convaincu qu'on peut lutter contre la violence et l'absentéisme par la responsabilisation et par une éducation à la générosité, à l'altruisme, au don de soi et à la philanthropie.

Il n'y a pas bien sûr une solution miracle pour assurer la sérénité du climat scolaire. Mais un continuum de dispositifs bien pensés et bien articulés peut permettre de lutter contre l'agitation en classe, l'exclusion et la marginalisation progressive des élèves poly-exclus ou violents. C'est tout l'intérêt de ces différents maillons de la chaîne que constituent les ateliers relais, les classes relais, puis les internats relais qui ont été développés sous le nom d'établissements de réinsertion scolaire pour accueillir les élèves les plus perturbateurs.

Des outils pour affronter les situations de crise

Et puis, bien sûr, ce continuum de dispositifs doit aussi comprendre des outils pour faire face aux situations de crise. Dans ce domaine, la création, en 2009, des équipes mobiles de sécurité (ou EMS) a représenté une avancée considérable. Lorsque j'étais recteur de Créteil, j'étais en effet frappé par le sentiment d'impuissance qui habitait certains chefs d'établissement et professeurs face à des phénomènes de violence dont ils étaient témoins. Parfois, même le personnel de vie scolaire se sentait dépassé. Ils avaient besoin d'un appui concret et en même temps psychologique lorsqu'ils étaient confrontés à des faits de violence auxquels ils n'étaient pas préparés. Il fallait donc à la fois gérer ces situations de crise tout en concevant une réponse structurelle à ces violences. C'est ainsi qu'a germé l'idée des équipes mobiles de sécurité (EMS), pour Créteil d'abord, puis pour la France, qui ont été un très grand succès. Dans chaque académie, ces équipes de 10 à 50 personnes sont composées à la fois de personnels de l'Éducation nationale et de professionnels de la sécurité, par exemple des policiers ou des gendarmes à la retraite ou encore des médiateurs. Ces équipes interviennent aussi bien de manière préventive, que pour accompagner un établissement en cas de grande tension ou encore pour le sécuriser[5].

Évidemment, les EMS ont été critiquées à leur création : nous avons été suspectés de vouloir installer des vigiles partout, voire de créer une sorte de milice de l'Éducation nationale. C'était tout le contraire. Les EMS ont été créées en lien avec les équipes de police et de justice, pour intervenir précisément là où il y avait un angle mort : entre le champ de compétences d'un établissement qui n'est pas équipé pour lutter contre des formes de violence extrême et celui de la police et de la justice qui n'ont pas vocation à intervenir systématiquement dans le système éducatif, mais qui doivent pouvoir agir ponctuellement en cas de nécessité avérée. Les EMS se sont installées dans cette zone grise et ont permis de créer ce continuum, pour deux raisons principales : d'abord parce que leurs personnels ont été formés dans ce but, ensuite parce que les EMS ont créé un sentiment de sécurité qui a contribué à restaurer l'idée que la force était du côté du droit. À Créteil, j'ai ainsi recruté à la tête de l'EMS un commissaire mis à disposition par son ministère, Hervé Luxemburger, qui a été très efficace, notamment pour réussir le dialogue entre les cultures de l'Éducation nationale, de la police et de la gendarmerie. L'effet psychologique a été considérable. Dès que des crises sont survenues, on a été capable d'envoyer les EMS dans des délais extrêmement rapides. Leur intervention a contribué à montrer que la force est du côté du droit, à rassurer,

5. Voir le vade-mecum élaboré par le ministère de l'Éducation nationale sur le sujet : http://cache.media.eduscol.education.fr/file/actus_2011/99/8/Vademecum_EMS_ouebe_203998.pdf.

à calmer mais aussi à instaurer des relations nouvelles, apaisées, entre les différents types de compétences. Les EMS ont également permis la réalisation de diagnostics de sécurité dans tous les établissements scolaires avec un effet concret sur le climat car ce travail a souvent été l'occasion d'une prise de conscience collective au sein de la communauté éducative. Aujourd'hui, personne ne souhaite plus se passer des EMS, en particulier dans les académies les plus touchées par les phénomènes de violence. Elles sont plébiscitées par les chefs d'établissement.

De même, la création des établissements de réinsertion scolaire (ERS) a été beaucoup critiquée quand nous l'avons mise en place en 2010, mais elle a permis d'accueillir dans des petites structures adaptées les élèves les plus violents. Parfois, il faut savoir sortir un élève de l'établissement quand il est un facteur de trouble très important et qu'il n'y a pas de remède. Cela est utile dès lors que l'objectif reste la réinsertion.

J'y vois la preuve qu'en matière de sécurité et de climat scolaires comme ailleurs, il faut dépasser les clivages idéologiques, à commencer par l'opposition stérile entre prévention et répression, au profit d'un éventail ou plutôt d'un continuum de solutions et de dispositifs pragmatiques qui vont permettre d'apporter la bonne réponse à une situation donnée, en veillant toujours à la traiter plutôt qu'à la déporter vers l'extérieur, vers la périphérie de l'école.

INTERMÈDE 7
LA MARSEILLAISE OU LA RÉPUBLIQUE EN MUSIQUE

Enseigner La Marseillaise *aux écoliers est pour moi l'acte républicain par excellence. En effet, comment espérer réussir l'intégration, la transmission des savoirs et même une forme de bonheur à vivre en collectivité, s'il n'y a pas d'adhésion aux emblèmes nationaux, de sentiment d'appartenance à la nation française et d'adhésion au projet républicain ? Dans tous les pays du monde, il paraît tout à fait normal que les élèves chantent l'hymne national. C'est même un sujet de fierté pour beaucoup d'entre eux. Or, ne l'oublions pas, l'histoire de* La Marseillaise *est intimement liée à celle de notre République et, si on peut discuter de la violence des paroles, elle demeure l'hymne national le plus connu au monde et même un cri de ralliement pour tous les partisans de liberté. «* La Marseillaise *est un hymne d'éveil et de résistance qui a valu pour les résistances qui ont suivi, qui vaut pour celles que nécessite notre temps, et qui vaudra pour les résistances futures*[1]. »

Et pourtant, dans ce pays si singulier qu'est la France, une telle évidence apparaît régulièrement sous un jour conflictuel. La gauche, qui aurait dû porter avec fierté ce chant révolutionnaire, semble vouloir le laisser à la droite. On retrouve ici le goût si français du dénigrement dirigé contre soi-même. Cette attitude

1. Voir le lumineux commentaire de *La Marseillaise* dans *Le Monde* du 16 mai 2014 par Edgar Morin, insoupçonnable d'un chauvinisme étroit.

est profondément destructrice. Il ne s'agit pas de tomber dans un chauvinisme de bas étage qui n'aurait aucun intérêt. Mais je suis convaincu qu'on ne peut réussir l'intégration en remisant au placard le drapeau et les emblèmes de la République. Comment peut-on imaginer en effet une réussite par le creuset républicain si les enfants issus d'autres cultures sentent que leur pays d'adoption ne croit pas en lui-même ? L'intégration suppose que l'on ait cette fierté en partage.

Pour ma part, j'ai toujours été convaincu que La Marseillaise *avait toute sa place, sans pathos, de façon sereine, dans une école profondément républicaine et que l'Éducation nationale peut légitimement se fixer pour ambition de transmettre aux enfants cette référence commune. Le même raisonnement vaut pour des savoirs qui fondent la citoyenneté comme la maîtrise de la langue, la culture générale, la connaissance de l'histoire et de la géographie.*

Au moment où je deviens recteur à Créteil, je constate que, si les programmes scolaires prévoient bien l'apprentissage de La Marseillaise, *les instructions sont finalement peu précises. Ainsi, les programmes de l'école publiés en 2008 indiquent explicitement qu'au cycle 3, c'est-à-dire entre le CE2 et le CM2, les élèves « apprennent à reconnaître et à respecter les emblèmes et les symboles de la République (*La Marseillaise, *le drapeau tricolore, le buste de Marianne, la devise "Liberté, Égalité, Fraternité") ». Pourtant, sur le terrain, personne ne sait vraiment à quel moment enseigner l'hymne national, ce qui incite les enseignants à renvoyer la balle à leurs collègues de la classe d'au-dessus ou d'en dessous. De ce fait, dans bien des cas, l'hymne n'est pas enseigné du tout.*

Fort de ce constat, je décide que dans l'académie de Créteil, La Marseillaise *sera enseignée en CM1 à tous les élèves*[2].

2. Cela me vaudra le sobriquet de « Super-Dupont » dans le blog d'un journaliste que, par ailleurs, je respecte.

Comme toujours lorsqu'il s'agit de mettre en œuvre une mesure d'ordre général, je m'appuie sur les avant-gardes. En l'occurrence, l'avant-garde est incarnée par un directeur d'école en Seine-et-Marne, qui orchestre cet apprentissage de façon remarquable, au point d'en faire le cœur de son projet d'école. Au croisement de l'éducation civique et de l'éducation musicale, les pratiques pédagogiques qu'il met en œuvre pour enseigner l'hymne à ses élèves sont donc proposées comme modèles à toutes les écoles de l'académie. Mais, pour susciter l'adhésion de l'ensemble de la communauté éducative, il nous manque encore une initiative symbolique à laquelle chacun puisse s'identifier. Cette initiative, nous allons chercher à la bâtir avec nos partenaires sportifs. En effet, l'idée que je poursuis est de préparer nos élèves à chanter La Marseillaise *au début des compétitions sportives organisées dans chacun des trois départements de l'académie. Et, bien sûr, lorsque l'on parle de compétitions sportives en Seine-Saint-Denis, tout le monde pense au Stade de France, si cher au cœur des Français depuis un certain soir de juillet 1998.*

Grâce aux relations de mon directeur de cabinet, Laurent Petrynka, avec le milieu sportif, nous prenons contact avec les fédérations françaises de football et de rugby. Il faut dire que le terrain est, malheureusement, favorable pour une initiative civique. L'hymne national vient en effet d'être sifflé en ouverture de plusieurs matchs internationaux de football. L'effet est déplorable dans la société tout entière. Les responsables politiques s'émeuvent et cherchent des réponses à cette défiance. Une conviction guide nos discussions avec les fédérations, et notamment avec la Fédération française de rugby qui nous a fait le meilleur accueil : jamais une Marseillaise *chantée par des écoliers en ouverture d'un match international ne sera sifflée. Au contraire, il s'agira nécessairement d'un moment de communion intense qui aura un effet d'entraînement sur tout le stade. De fait, c'est exactement ce qui va se passer.*

En effet, Pierre Camou, président de la Fédération française de rugby, invite les chorales de l'académie de Créteil à interpréter les hymnes nationaux en ouverture du match amical France-Samoa, qui doit se dérouler au Stade de France le 21 novembre 2009.

Des répétitions ont eu lieu en amont, sous la houlette d'un professeur de musique remarquable qui a accepté de jouer le rôle du chef d'orchestre, dans tous les sens du terme d'ailleurs puisque organiser des répétitions communes entre des écoles de nos trois départements constitue une véritable gageure.

Le jour du match, je descends dans les entrailles du stade de France pour saluer les élèves de l'académie qui s'apprêtent à entrer sur le terrain. Ils sont évidemment fiers, peut-être un peu intimidés, au moment de chanter devant 50 000 spectateurs. Mais ils ont à cœur d'être à la hauteur de l'événement. Et, quelques minutes après, ils sont là, sur la pelouse, aux côtés des deux équipes. Ils ont appris La Marseillaise *et l'hymne des îles Samoa qu'ils chantent à pleins poumons, avec beaucoup de talent et de conviction, sous les applaudissements enthousiastes de la foule. D'ailleurs, cet incipit musical crée une ambiance particulière, joyeuse et festive, qui se prolonge tout au long de la partie et accompagne la large victoire du XV de France. Ce jour-là, nous avons vécu au Stade de France un très grand moment, une magnifique récompense des efforts consentis. J'aurais souhaité que cette initiative soit reconduite et même qu'elle soit généralisée. Cela n'a pas été le cas, et pourtant, il faudrait peu de chose, pour renouveler cette belle aventure.*

Peu de temps après avoir été nommé directeur général de l'enseignement scolaire, j'évoque cette expérience avec Luc Chatel et il me demande de mettre en place les outils pour que l'apprentissage de l'hymne national devienne une réalité concrète dans nos classes. Comme à Créteil, nous décidons de retenir le CM1 comme niveau de référence et nous travaillons, avec les équipes de la direction générale, à l'établissement d'un petit livret-partition de quatre pages comprenant la partition de Rouget de Lisle, le texte des couplets, des éléments sur l'histoire du Chant de l'armée du Rhin, *devenu* Chant des Marseillais, *avec bien sûr un lien vers différents enregistrements de l'hymne et des partitions pour l'arranger dans les tonalités correspondant aux voix des enfants.*

Ce livret, qui sera envoyé dans toutes les écoles élémentaires, est présenté par Luc Chatel à Marseille le 8 mars 2011. En effet, le ministre inaugure, avec le maire, le mémorial de la Marseillaise, *édifié dans les murs de l'ancien Club des Jacobins, point de départ, en 1792, des fédérés marseillais, qui entonnèrent le* Chant de l'armée du Rhin. *Le ministre profite aussi de l'occasion pour dévoiler la maquette de l'affiche de la Déclaration des droits de l'homme et du citoyen du 26 juin 1789, destinée à être accrochée dans toutes les salles de classe de notre pays.*

Dans ce domaine, c'est d'ailleurs une belle et réjouissante continuité républicaine qui prime depuis plus de dix ans. En effet, en 2002, à l'initiative de Jack Lang, un petit ouvrage sur La Marseillaise, *coordonné par l'historien Michel Vovelle, avait été adressé dans les écoles, les collèges et les lycées. Tout récemment, au mois de mai 2013, le Sénat vient d'ajouter à la loi de refondation de l'école un amendement disposant que la devise de la République et le drapeau tricolore seront apposés sur la façade des écoles et des établissements du second degré. En outre, l'amendement prévoit également que la Déclaration des droits de l'homme et du citoyen sera affichée de manière visible dans les locaux scolaires. Désormais inscrite dans la loi, cette présence des emblèmes et symboles de la République, sur les murs de nos écoles, est salutaire car de nature à faciliter l'acquisition de repères civiques, essentiels pour que la citoyenneté ne soit pas un slogan mais bien une réalité quotidienne pour tous les Français.*

L'apprentissage de La Marseillaise *participe bien évidemment de cette formation civique des jeunes générations. Mais les bénéfices pédagogiques vont bien au-delà, puisque transmettre l'hymne national c'est aussi enseigner l'histoire de notre nation. De plus, l'enjeu artistique d'un tel apprentissage doit également être souligné. En effet, chanter l'hymne national en chœur suppose de maîtriser sa voix, de suivre le rythme, d'apprendre à écouter son voisin, de s'accorder avec lui, de respecter les consignes du chef de chœur. Bref, un vrai travail artistique mais aussi d'apprentissage des règles de la vie en société.*

D'ailleurs, la dimension musicale et artistique a bien été au cœur de l'expérience menée dans l'académie de Créteil. En effet, au-delà de La Marseillaise, *nous avons fait de gros efforts pour promouvoir le chant, systématiser les chorales scolaires et encourager les orchestres à l'école qui se développent à grande vitesse dans notre pays. En ce domaine, le Venezuela est souvent cité en exemple, avec près de 350 000 jeunes de 3 à 29 ans engagés dans un très riche réseau d'orchestres de jeunesse. Les principes sur lesquels repose ce dispositif sont excellents, comme suffit à le prouver la trajectoire du grand chef d'orchestre Gustavo Dudamel, issu de cette pépinière. Mais je crois que notre pays a toutes les caractéristiques pour réussir quelque chose de semblable grâce à un service public de l'éducation, qui assure une formation musicale à tous les élèves, grâce à un très dense maillage d'écoles de musique et de conservatoires et grâce à des collectivités territoriales souvent prêtes à soutenir les projets les plus ambitieux.*

Dès la rentrée 2008, j'avais d'ailleurs demandé aux établissements de l'académie de Créteil de commencer l'année en musique. Cette initiative s'inspirait d'une expérience particulièrement intéressante dont j'avais été le témoin en Guyane et qui m'avait montré à quel point on pouvait faciliter ainsi la rentrée (voir Intermède 2). L'orchestre de l'établissement avait joué La Marseillaise *et le dernier mouvement de la* Neuvième Symphonie *de Ludwig van Beethoven, qui est aussi l'hymne européen. Cette idée de promouvoir les concerts de début d'année, et non seulement de fin d'année, sera désormais inscrite dans le projet académique.*

Au début de son Art poétique, *Paul Verlaine réclame « de la musique avant toute chose » : c'est ce précepte que j'ai repris à Créteil et c'est encore lui qui m'accompagnera lors de mon arrivée à la direction générale de l'enseignement scolaire, tant les expériences de terrain m'avaient convaincu des vertus pédagogiques du chant et plus largement de la musique. En effet, comme pour* La Marseillaise, *je m'attache alors à étendre les initiatives lancées à Créteil et précédemment en Guyane. C'est ainsi que dans la circulaire de rentrée, destinée à fixer les grandes priorités de l'année scolaire 2011-2012, nous invitons au développement des chorales scolaires et des pratiques instrumentales complémentaires des enseignements, avant d'insister sur la question en septembre 2011 avec un texte spécifique adressé à tous les recteurs et à tous les directeurs des services départementaux de l'Éducation nationale. Intitulée* Le Chant choral à l'école, au collège et au lycée, *cette circulaire vise à la fois à motiver les acteurs de terrain, mais aussi à les aider à développer leurs projets. Les différents objectifs pédagogiques des chorales sont ainsi précisés, de même que les partenariats possibles. En outre, quelques lignes sont consacrées aux répertoires, en invitant tout particulièrement les chœurs d'élèves à interpréter l'hymne national et l'hymne européen dans le cadre de commémorations, d'inaugurations ou des compétitions sportives. Quelques mois plus tard, pour donner une traduction symbolique à cet élan en faveur des chorales, je demande à mes équipes de jeter les bases d'un chœur de l'Éducation nationale formé de professeurs, sur le modèle du chœur de l'armée française.*

Mon départ du ministère en novembre 2012 ne m'a pas permis de voir ce projet aboutir, mais il est aujourd'hui une réalité et je m'en réjouis. La musique à l'école reste pour moi un sujet central.

TROISIÈME PARTIE

Une exigence bienveillante pour l'école

9

REPENSER L'ORGANISATION DU SYSTÈME ÉDUCATIF

Le système éducatif a réussi à cumuler deux problèmes qui devraient théoriquement être contradictoires : une forte résistance au changement accompagnée de fréquents réflexes protestataires et, dans le même temps, une infantilisation déresponsabilisante de tous les acteurs, qui va de pair avec une organisation très hiérarchique. Paradoxe ? Pas vraiment, car le premier point n'est jamais que la réaction au second ! Infantilisés, les professeurs peuvent se sentir sous une chape de plomb. Du coup, ils s'irritent voire explosent, parfois pour des sujets qui ne le mériteraient pas. Ils ne croient plus aux messages venus d'en haut. Ce constat incite à réfléchir sur l'organisation même du système éducatif.

Donner du pouvoir aux acteurs de terrain

La question centrale est de savoir comment donner du pouvoir à chaque personne dans son champ de compétences. Lorsque l'organisation renforce les acteurs, leur fait prendre confiance, les désinhibe, on obtient ce qu'il y a de mieux. Pour y parvenir, il faut mettre en place à la fois des relations beaucoup plus fluides entre les différents niveaux du système éducatif et des mécanismes de responsabilisation, au sein même des établissements scolaires comme dans le pilotage du système éducatif. À mes yeux, la clé n'est pas tant la décentralisation que la déconcentration. La France est déjà allée assez loin sur le chemin de la décentralisation de l'éducation, il faut à présent la faire vivre telle qu'elle est non seulement au titre des compétences matérielles des collectivités quant aux bâtiments mais aussi au titre de leur participation à la stratégie éducative de l'établissement.

Cependant, c'est une déconcentration bien pensée, responsabilisant les représentants de l'État au plus près du terrain, qui est un axe de progrès majeur. Des évolutions intéressantes ont déjà été enregistrées ces dernières années, avec notamment des pouvoirs accrus au niveau académique. C'est ce qui a permis d'accomplir de réels progrès, par exemple pour la préparation des rentrées scolaires (tout le monde a oublié qu'elles étaient plus chaotiques autrefois). Si cette déconcentration académique reste avant tout technique et invisible aux yeux du grand public, elle n'en demeure pas moins fondamentale.

Le véritable enjeu pour l'avenir est l'autonomie de l'établissement scolaire lui-même, stade ultime de la déconcentration puisque le chef d'établissement serait considéré comme un véritable représentant de l'État. Pour y parvenir, il faut d'abord vaincre les peurs et ne pas supposer, comme on l'entend parfois, que l'autonomie de l'établissement est une rupture du principe d'égalité. De fait, il ne s'agit pas de décentraliser, mais bien de responsabiliser les acteurs de l'établissement, l'équipe de direction, les professeurs et les familles, en leur donnant davantage de pouvoir du point de vue pédagogique, du point de vue éducatif et du point de vue administratif. Et surtout de faire en sorte qu'ils se considèrent entre eux comme des partenaires et non comme des adversaires.

Cette responsabilisation des acteurs de l'établissement, dans le cadre d'une véritable autonomie est d'autant plus envisageable qu'elle existe déjà. Quelques établissements publics se sont engagés dans cette voie, dans le cadre des expérimentations menées ces dernières années. Je pense aux internats d'excellence ou aux établissements Éclair. Bien sûr, la réussite de ces expérimentations dépend de l'implication des acteurs, qui diffère fortement d'un établissement à l'autre. Certaines équipes ont réussi dans cette direction notamment en parvenant à s'approprier véritablement les moyens qui leur sont attribués. Le fait pour le chef d'établissement d'avoir pu choisir ses équipes dans certains internats d'excellence a été par exemple un facteur clé de réussite. La réforme de 2010 a également contribué à la responsabilisation des proviseurs en leur confiant la répartition d'un nombre d'heures accru. Une nouvelle fois, on a vu des formes d'appropriation complètement différentes d'un établissement à l'autre. Parfois, les proviseurs reconduisaient à l'identique les répartitions antérieures pour acheter la paix sociale avec les tenants de telle ou telle discipline, mécontents d'avoir perdu quelques heures. Inversement, d'autres ont réussi à imaginer des projets transversaux avec leurs professeurs.

On le voit à travers ces quelques exemples : au fond, tout dépend des hommes, mais aussi de l'esprit d'équipe, ce qui confirme l'importance des modalités de recrutement, de l'adhésion au projet de l'établissement et de la stabilité des enseignants et des personnels administratifs. À l'inverse, il faut veiller à ce qu'une autonomie accrue ne conduise pas à l'émergence d'un principal ou d'un proviseur trop puissant, qui se comporterait comme un « petit chef » auquel chacun devrait se soumettre. C'est évidemment au résultat opposé qu'il faut aboutir, avec des équipes qui se soudent autour de leur responsable pour faire fonctionner l'établissement. De ce point de vue, le leadership est essentiel mais il ne fait pas tout : il faut également mettre en place une méthodologie de la concertation et de la participation au sein de l'établissement.

Prenons un collège de taille moyenne ou grande. Dans une approche rénovée de la gouvernance, il disposerait, sous la responsabilité d'un conseiller principal d'éducation, adjoint du principal, de quatre « préfets des études[1] » correspondant à chacun des niveaux (6e, 5e, 4e, 3e). Un professeur serait le doyen coordonnateur pour chacun des trois piliers du nouveau socle : français ; mathématiques et sciences ; humanités. Ensemble, ces huit personnes autour du chef d'établissement incarnent la politique pédagogique et la politique éducative de l'établissement. Ces huit personnes auxquelles on doit ajouter le responsable du centre de documentation (devenu centre d'études) et l'intendant peuvent composer le comité exécutif de l'établissement. Ce comité peut se réunir très régulièrement sous la direction du (de la) principal(e) pour le pilotage de l'établissement.

Par ailleurs, cette nouvelle organisation renvoie à une réflexion sur l'espace de l'établissement, son étendue, sa conception. À mes yeux, tout lieu collectif doit avoir un centre et, s'agissant d'une institution scolaire, ce centre naturel doit être le lieu d'étude par excellence : la bibliothèque ou CDI. Le CDI, tel qu'il est conçu aujourd'hui, doit évoluer pour devenir un véritable centre de connaissances où il y a place pour le travail individuel – consultation d'ouvrages et de ressources numériques – et pour le travail collectif avec des espaces pour travailler en petits groupes[2]. Centre névralgique de l'établissement, il doit être le lieu où l'on va pour se concentrer ou pour échanger,

1. Rappelons qu'il s'agit d'un professeur déchargé de la moitié de son temps de classe et qui assure la supervision de la vie scolaire d'un niveau. Il (ou elle) contribue à la personnalisation du parcours de chaque élève.

2. http://cache.media.eduscol.education.fr/file/actus_2012/77/1/2012_vademecum_culture_int_web_214771.pdf.

non seulement entre élèves mais aussi entre élèves et professeurs et entre professeurs.

Certains établissements pourraient aussi se doter de « fab lab[3] » pour développer une culture de la production d'objets ou de contenus par l'interaction entre élèves, avec l'aide d'un professeur. Ce serait l'occasion de valoriser davantage l'intelligence collective et l'intelligence de la main. C'est typiquement un sujet qui peut requérir l'intervention de la collectivité locale pour l'investissement nécessaire mais aussi pour l'interaction avec des acteurs proches de l'établissement, des professionnels, des artistes, etc.

Enfin, la construction des établissements devrait s'inspirer de ce qui se fait de mieux au monde, notamment pour favoriser le travail et la circulation. En particulier, la salle des professeurs n'est pas un espace suffisant et il est souhaitable que ces derniers puissent disposer de bureaux où ils pourraient rester pour préparer les cours, corriger les copies, recevoir les élèves.

Tout cela suppose une révolution culturelle d'autant plus importante que la culture du dialogue doit être un modèle pour nos enfants. En effet, il doit y avoir cohérence entre l'organisation et le fonctionnement administratif de l'établissement d'une part et la vie pédagogique et éducative d'autre part. De fait, comment être crédible lorsqu'on demande aux élèves de s'ouvrir aux autres, de s'exprimer constructivement, de ne pas se battre dans la cour, si l'exemple qui leur est donné du monde adulte se résume à des relations conflictuelles et à des comportements individualistes ? C'est pourquoi j'ai souvent

3. Le « fab lab », qui se développe notamment dans le contexte universitaire, consiste à mettre en relation différentes compétences en un même lieu pour stimuler la créativité et le sens des réalisations concrètes, en s'appuyant sur des outils, notamment des ordinateurs et des imprimantes 3D.

été consterné par les conflits que j'avais à traiter au sein d'établissements car ils donnaient une terrible image et un bien curieux modèle aux élèves.

L'enjeu majeur est de se rassembler pour faire réussir le projet d'établissement. Il ne s'agit pas d'engager la grande réforme qui ferait basculer d'un coup l'ensemble du système dans un nouveau paradigme, mais de donner aux établissements la capacité de s'engager, grâce à des moyens humains et matériels délivrés sur la base d'un contrat avec l'académie. Cette logique de la contractualisation est très importante. D'ailleurs, elle vaut aussi pour le premier degré et, de ce point de vue, je crois nécessaire d'avancer vers l'existence d'une personnalité morale des écoles. Mais je crois surtout à l'affirmation de la liaison entre école et collège qui pourraient former un même ensemble institutionnel. Toutefois, il faut être attentif à ne pas perdre au passage ce qui fonctionne bien dans le premier degré, grâce à la responsabilisation du directeur d'école. Là encore, il n'est pas nécessaire de tout bousculer car il faut prendre garde à ne pas perdre ce qui va plutôt bien : la simplicité et la spontanéité qui caractérisent les relations humaines dans nos écoles primaires.

Le pilotage du système

Après la réflexion sur l'organisation de l'établissement et les moyens de donner le pouvoir aux acteurs de terrain, dans une logique contractuelle, vient la réflexion sur l'organisation du système éducatif lui-même. Et d'abord, s'agit-il véritablement d'un « mammouth », comme l'avait déclaré Claude Allègre en son temps ? Loin de l'esprit de provocation qui animait le ministre, je considère pour ma part que, si l'on veut utiliser une image négative, il faudrait plutôt parler d'un diplodocus, avec un grand corps et une petite tête. À l'inverse, si le regard se fait plus positif, on peut évoquer l'image d'un félin, au regard des innombrables prouesses invisibles accomplies chaque jour dans nos académies et nos établissements. En réalité, l'Éducation nationale est plutôt un animal chimérique, qui ne ressemble à aucun autre. Pour filer la métaphore animale, peut-être faudrait-il préciser que cette chimère a des pattes de félin, un corps de mammouth et une tête de diplodocus…

Il n'en demeure pas moins que la métaphore du mammouth est durablement ancrée dans l'imaginaire collectif. Elle fait beaucoup de tort car elle accrédite l'idée que le problème de l'Éducation nationale serait l'importance de la bureaucratie. Alain Touraine a écrit : « Le technocrate, c'est le technicien que l'on n'aime pas[4]. » D'une certaine façon, le mammouth, c'est l'Éducation nationale que l'on n'aime pas. C'est le mot facile que chacun utilise quand il est contrarié par cette machine qui provoque beaucoup de contrariétés.

Le problème n'est pas tant (ou n'est plus, avec les suppressions de postes qui ont eu lieu tout au long des années 2000) celui d'une épaisseur administrative excessive. Les grandes entreprises mondiales ont des équipes d'état-major infiniment plus étoffées que celles dont dispose l'Éducation nationale pour réguler le système éducatif qui emploie 850 000 professeurs et forme 12 millions d'élèves. Songez qu'il y a à peine deux ou trois niveaux de responsabilité entre un professeur et son ministre, très loin de ce qui se pratique dans une grande entreprise. À vrai dire, la gouvernance et le pilotage administratifs se sont beaucoup améliorés et modernisés au cours des dernières années. Le pilotage administratif s'est professionnalisé grâce à la mise

---

4. Touraine A., *La Société post-industrielle*, Denoël, 1973.

en place d'indicateurs fiables. Mais il est encore soumis à des effets de routine et à des pertes de temps liés à certaines caractéristiques du système. On peut en particulier s'interroger sur le gaspillage d'énergie incroyable que représente le paritarisme tel qu'il a dérivé au fil du temps. Le pouvoir des syndicats réside en effet pour l'essentiel dans le rôle qui leur est donné pour suivre les questions de carrière dans des commissions diverses et variées. Dans la pratique, cela les positionne dans un jeu clientéliste avec les professeurs. Il est très malsain et même antirépublicain qu'un professeur non syndiqué puisse se sentir défavorisé par rapport à un autre lorsqu'il s'agit de sa promotion ou de sa mutation.

Le paritarisme a tout son sens quand il est une garantie d'objectivité des critères d'avancement sur la base du mérite de chacun. Il perd toute légitimité s'il n'est que l'ancre flottante du principe aveugle de l'ancienneté, mâtiné de souplesse quand il s'agit de privilégier un militant ou un sympathisant syndical. Quand il dérive ainsi, le syndicalisme, c'est l'égalitarisme plus le favoritisme.

De la même façon, sur les sujets plus globaux, l'intérêt général a tout à perdre lorsque se pratique une cogestion consistant à faire viser par les syndicats tout texte qui sort du ministère ou du rectorat. J'ai été un recteur et un directeur général à l'écoute des partenaires sociaux mais j'ai mis un point d'honneur, une fois que le dialogue avait eu lieu, à tenir ma plume sans eux.

C'est parce que le dialogue social est médiocre que le risque de la cogestion se fait jour. Dans un monde mieux fait, on aurait des syndicats plus forts mais non déterminés par des motivations politiques et des pratiques clientélistes. L'affaiblissement continu de l'audience des syndicats tient d'ailleurs au cercle vicieux dans lequel ils se sont enfermés. À l'échelle nationale, la critique systématique est une défaite de la pensée qui est ressentie comme une contradiction pour une profession intellectuelle. À l'échelle locale, certains comportements peuvent s'apparenter à de l'ostracisme vis-à-vis de celui ou de celle qui pense différemment, voire à du harcèlement moral vis-à-vis de chefs d'établissement ou de collègues.

J'ai connu pour ma part le meilleur et le pire en matière de relation avec les syndicats. Le meilleur, c'est le dialogue que j'ai réussi à établir en Guyane avec des partenaires pourtant réputés comme étant parmi les plus radicaux de France. Je crois que c'est la dureté des problèmes très concrets auxquels nous étions tous confrontés qui a contribué à ce que l'on puisse trouver des terrains d'entente pour les résoudre ensemble de bonne foi. J'ai souvenir aussi, à Créteil comme en Guyane, de syndicalistes qui, dans les établissements, étaient dévoués à la cause des élèves. Avec ceux-là, on se comprend en une minute. Je les respecte infiniment car je retrouve chez eux la noblesse et la beauté de l'engagement au service des autres. Le meilleur, c'est aussi le syndicalisme des chefs d'établissement qui, la plupart du temps, se traduit par un sens des responsabilités et un goût pour la proposition constructive. Ce n'est jamais un syndicalisme de connivence, bien au contraire, mais c'est le plus souvent un syndicalisme de responsabilité qui ne dédaigne pas de proposer une vision d'ensemble et d'imaginer des innovations utiles.

Mais j'ai connu aussi le pire. Des syndicats qui, à l'échelle académique et même parfois à l'échelle nationale, pratiquent la politique de la terre brûlée. Un phénomène illustre ce point. Depuis une grande grève de 2004 et la décision du gouvernement d'alors de veiller réellement à ce que les jours non travaillés ne soient pas payés, le taux de grévistes ne cesse de décroître d'année en année (sur ce point aussi, on a oublié ce que c'était il y a encore dix ans). Pour compenser ce phénomène, certains responsables locaux ont trouvé comme remède de faire descendre les élèves dans la rue, ce qui est très facile à réaliser quand on n'a aucun sens des responsabilités. C'est ainsi que l'on a vu se multiplier depuis dix ans des manifestations « spontanées » lycéennes (et même parfois collégiennes). C'est évidemment une attitude d'apprenti sorcier. J'ai eu à traiter des situations de déchaînement de violence qui trouvaient leur origine dans des manifestations d'élèves que l'on avait instrumentalisés et qui étaient rapidement débordés par des vandales de tout poil.

Le syndicalisme enseignant français est malade, et ceux qui le savent le mieux sont les syndicalistes eux-mêmes. Il est malade, même si on le compare seulement au reste du syndicalisme français qui n'est pourtant pas bien portant. Cette maladie a pour racine le déni du réel, un trop faible amour pour la vérité. Cela se traduit notamment par l'art du double langage qui a choqué tous les ministres, de gauche et de droite, des dernières décennies. Tous témoignent de la stupeur qu'ils ont ressentie devant le décalage entre les propos tenus en audience personnelle et en public. Tous ont vécu des épisodes d'engagements non tenus par leurs interlocuteurs. Beaucoup ont fini par connaître le sort de la chèvre de Monsieur Seguin.

L'offense à la vérité dans le domaine qui devrait être le plus habité par l'esprit scientifique ne pardonne pas. Elle conduit à cette atmosphère d'immobilisme qui nuit à tout le monde et qui ne rend pas notre pays optimiste et heureux. C'est pourquoi ce sujet est si essentiel. C'est pourquoi il a une dimension intellectuelle et morale que l'on doit souligner avec force : la réforme de notre système en dépend.

Tout système d'enseignement, à l'échelle d'un pays, d'une université, d'un établissement scolaire peut souffrir du cloisonnement entre la sphère de la gestion et celle de la pédagogie. Les malentendus peuvent exister entre les différents métiers. La fonction administrative s'assèche si elle ne prend pas sens par les objectifs éducatifs poursuivis. La fonction pédagogique s'épuise si elle n'est pas articulée à une bonne organisation. Il est donc très important d'avoir une culture du projet dans le système éducatif pour unir les différentes compétences, les différents professionnels derrière des buts partagés. Cette logique de projet peut se déployer en chaîne, du ministre jusqu'à l'élève, en renforçant la contractualisation entre l'État et les académies, puis entre l'académie et les établissements.

Elle suppose une capacité à mener un pilotage pédagogique à tous les niveaux du système.

Dans ce domaine, il faut surtout s'interroger sur le rôle de l'Inspection générale de l'Éducation nationale, ce qui nous renvoie à la question de l'infantilisation des professeurs. Le système est à deux niveaux : les inspecteurs généraux coordonnent l'action académique des inspecteurs pédagogiques régionaux (IPR). À leur tour, les professeurs écoutent la parole des IPR avec une oreille attentive, alors qu'ils ont souvent du mal à reconnaître l'autorité du chef d'établissement. Ce système peut être pernicieux quand il crée des effets de double circuit et de cléricature.

Il faut donc remodeler cette organisation. La nécessité d'être professeur d'université pour devenir recteur est fréquemment critiquée, mais il faut bien être conscient que la légitimité intellectuelle du recteur permet d'éviter le découplage entre légitimité intellectuelle et légitimité institutionnelle. Il faut donc veiller à les rapprocher, quitte à ce que des inspecteurs généraux deviennent recteurs. D'ailleurs, ceux qui le sont devenus ont souvent été excellents. Par ailleurs, il faut veiller à introduire une plus grande fluidité entre les corps. On pourrait ainsi imaginer un corps unique entre IPR et chefs d'établissement, avec une circulation entre les deux. De même, il faudrait pouvoir accompagner beaucoup plus efficacement qu'aujourd'hui, un chef d'établissement en difficulté. Cette fonction est beaucoup trop importante pour que l'on puisse se permettre de ne rien faire quand un chef d'établissement est en échec.

Cette fluidité accrue concerne aussi les professeurs dans la mesure où il est indispensable de leur faire comprendre qu'il leur est possible de s'engager, de prendre des responsabilités au sein de l'établissement, par exemple en devenant responsable de niveau ou responsable de discipline. Il faudra d'ailleurs imaginer un statut pour ces corps nouveaux en veillant à ce qu'ils ne soient pas rigides et que l'on puisse en sortir pour se tourner vers d'autres fonctions, ou redevenir professeur, avec toute la noblesse attachée à ce métier. Cette diversification des responsabilités et des missions incite à repenser l'organisation du temps de travail des enseignants. Aujourd'hui, un professeur effectue dix-huit heures d'enseignement par semaine. Demain, il pourrait en fait vingt-cinq ou bien dix, en fonction des responsabilités qu'il exerce en dehors de la classe. Ou même dix heures, voire aucune, pendant un an, mais trente l'année suivante. La question de l'annualisation du temps de travail des professeurs revient souvent sur la table. Pour ma part, je crois qu'il faut être beaucoup plus ambitieux et parler de pluriannualisation !

S'il est évidemment illusoire de considérer que tout le monde peut jouer à tous les postes, il n'en demeure pas moins que changer de rôle et travailler différemment permet de développer d'autres qualités et d'acquérir des compétences nouvelles. La mobilité interne est plus que jamais une clé fondamentale d'évolution du système éducatif. La concevoir et demain la réaliser, c'est ouvrir les fenêtres et faire entrer l'air dont l'école a tant besoin.

INTERMÈDE 8
LE DICTIONNAIRE DES ÉCOLIERS

Depuis mon arrivée à Créteil au début de l'année 2007, une question m'obsède : comment renforcer les compétences des écoliers en français, surtout en grammaire et en vocabulaire ? Comment leur faire ressentir et aimer le caractère vivant de notre langue, dans un territoire marqué par la difficulté économique, les problèmes sociaux, la diversité culturelle et le défi de l'intégration ? Je voudrais innover dans ce domaine pour que les élèves s'approprient véritablement les mots et apprennent à ressentir leur caractère vivant, interactif, interdépendant. Cela se traduira par le plan de lutte contre l'illettrisme que nous concevrons avec les inspecteurs d'académie de Seine-Saint-Denis, du Val-de-Marne et de Seine-et-Marne, avec le concours des inspecteurs de lettres de l'académie. Comme pour chaque politique générale, il me semble qu'il faut une mesure emblématique, une initiative pionnière qui ouvre la voie. Je pense alors, puisque le vocabulaire est une question si importante, à un travail qui permettrait de faire réfléchir tous les élèves au sens des mots et à leurs interactions.

J'appelle Dominique Roure, mon conseiller pour le premier degré, et je lui demande ce qu'il pense d'un travail sur la langue qui serait centré sur la définition. En fait, j'ai en tête de proposer aux écoliers de Créteil de devenir de petits académiciens et d'établir leur propre dictionnaire, comme leurs glorieux aînés, les académiciens du Quai Conti qui se réunissent chaque jeudi matin en commission pour établir patiemment le dictionnaire de l'Académie française.

Il saisit immédiatement l'intérêt d'une telle idée et nous nous attachons à affiner le projet pour concevoir ce que pourrait être ce dictionnaire des élèves travaillant sur le vocabulaire avec des vues de leur âge. Très vite, nous contactons Hélène Carrère d'Encausse, secrétaire perpétuelle de l'Académie française, pour lui faire part de notre idée. Nous lui expliquons que le soutien de l'Académie serait un formidable encouragement pour les élèves et pour les maîtres, tout en témoignant du lien nécessaire entre les générations, mais aussi entre les territoires. Hélène Carrère d'Encausse est séduite par cette idée d'une Académie engagée au service de la Cité et de la transmission et nous donne son accord de principe pour suivre notre initiative avec bienveillance.

Mais le plus dur reste encore à faire : mettre en place les outils pour permettre aux classes de participer à cette aventure collaborative. Dominique Roure établit une méthodologie précise, constitue une banque de mots, destinée à être découpée par segments, chaque classe s'attelant en général à définir des mots qui se succèdent dans l'ordre alphabétique. Parallèlement, il conçoit avec les responsables de l'informatique du rectorat, l'architecture numérique et met patiemment en place le logiciel destiné à rassembler les travaux. Deux filtres sont retenus : celui du maître et celui de notre académie.

À la rentrée de septembre 2009, tout est prêt. Les maîtres de l'académie de Créteil sont invités à se saisir de ce projet de dictionnaire et des outils qui l'accompagnent. Le succès est immédiat. Avec 700 classes du CE2 au CM2 inscrites pour l'année 2009-2010, les premiers résultats vont au-delà de nos espérances.

Cette première phase suscite l'intérêt des académiciens. Hélène Carrère d'Encausse, Erik Orsenna, Angelo Rinaldi viennent observer le travail des écoliers. Jean d'Ormesson fait part publiquement de son intérêt, ce qui donne lieu, quelques jours plus tard, à une satire assez drôle de l'un de nos grands imitateurs imaginant la rencontre entre l'académicien et des élèves de l'académie de Créteil !

Au terme de la première année, 7 000 définitions, proposées par 17 500 élèves, ont été collectées. Elles témoignent de la rigueur du travail mené sous la conduite des professeurs des écoles de l'académie, mais aussi de l'imagination des enfants. Les définitions proposées sont tour à tour drôles, saisissantes de maturité, touchantes, et parfois très poétiques. Ainsi, l'école « c'est un bâtiment où l'on apprend des choses : des mathématiques, des sciences, du français. Il y a des classes, une cantine, une cour et parfois une salle de cours. Et surtout une école sans récréation, ce n'est pas amusant ».

Ces définitions sont consultables sur le portail mis en place par le rectorat[1]*. Mais je tiens à ce que les élèves puissent aussi, en guise de récompense, conserver la trace matérielle de leur travail. Aussi, nous décidons d'autoéditer ce premier dictionnaire de l'académie de Créteil, et de le distribuer dans toutes les classes qui y ont contribué par leur travail minutieux et patient. En effet, pour moi, le numérique n'est pas une alternative au livre. L'un ne va pas sans l'autre et je suis convaincu qu'à l'heure de la révolution numérique, la mission de l'école est plus que jamais de transmettre l'amour de la langue, le plaisir du texte et le goût du livre, tout en formant les élèves aux technologies contemporaines et aux usages de l'internet. Le livre demeure d'ailleurs le plus beau des cadeaux que l'on puisse faire à un enfant et je crois profondément que l'école joue un rôle social majeur lorsqu'elle contribue à faire entrer le livre dans les foyers où il est peu présent.*

Pour clore cette belle aventure sur une note solennelle, Hélène Carrère d'Encausse, qui n'a cessé d'encourager les écoliers cristoliens tout au long de l'année, invite une classe à venir présenter le volume, tout juste sorti de presse, à l'Académie française.

---

1. http://polenumerique.ac-creteil.fr/Notre-dictionnaire.

L'aventure du dictionnaire séduit et va connaître un prolongement inattendu. Lors de mon arrivée à la Direction générale de l'enseignement scolaire, je présente à Luc Chatel le travail sur les mots engagé à Créteil. Le ministre, qui entend favoriser les apprentissages fondamentaux, est immédiatement convaincu de l'intérêt pédagogique de la démarche et, le 29 mars 2010, au Salon du livre, il évoque pour la première fois l'idée d'une extension du dictionnaire des écoliers à la France tout entière. Il allie d'ailleurs le geste à la parole en se rendant, quelques jours plus tard, à l'école Lapie de Saint-Maur, à la rencontre d'écoliers en pleine séance de définition.

Dès lors, notre idée prend de l'ampleur et, à la rentrée scolaire 2010, le Centre national de documentation pédagogique met en ligne la plate-forme destinée à recueillir les définitions venues de toute la France. Après le dictionnaire de l'académie de Créteil, voici donc le Dictionnaire des écoliers de France *! En réalité, l'extension est double puisque le site est ouvert aux écoles de toutes les académies, mais aussi parce que nous faisons le pari d'étendre les classes concernées. En effet, comme à Créteil l'année précédente, les élèves du CE2 au CM2 sont invités à travailler sur le vocabulaire, mais une banque de mots spécifique est également élaborée à destination des élèves du cycle 2, de la grande section au CE1. Au total, ce n'est pas un, mais deux dictionnaires des écoliers de France qui s'élaborent simultanément dans plus de 3 000 classes, tout au long de l'année scolaire 2010-2011.*

De nouveau, j'ai le souci que ce travail soit publié pour en souligner l'ambition et la rigueur. Et dans ce but, quoi de plus naturel que de se tourner vers Larousse, *éditeur prestigieux, dont l'origine et l'histoire sont intimement liées aux dictionnaires ? Après quelques discussions, ses directeurs acceptent avec enthousiasme de s'engager à nos côtés et publient, en partenariat avec le Centre national de documentation pédagogique, deux volumes illustrés correspondant aux définitions produites par les élèves du* cycle 2 et du cycle 3. Le premier, correspondant au travail des petits, propose 8 500 définitions, le second en rassemble 10 500.

Ces deux volumes sont présentés à la presse en novembre 2011, à l'école élémentaire Charles-de-Gaulle de Coulommiers. Franck Riester, le député-maire, accueille Luc Chatel, Alexandre Jardin et Hélène Carrère d'Encausse qui, quelques jours plus tard, présentera les deux volumes à ses confrères.

Le sentiment qui domine est sans doute la fierté. Il suffit de voir les visages rayonnants et sérieux des écoliers qui présentent au ministre et au secrétaire perpétuel les définitions qu'ils ont élaborées. Sentiment aussi du devoir accompli car j'ai la conviction que l'école n'est jamais autant dans son rôle que lorsqu'elle parvient à transmettre l'amour de notre langue à tous les enfants de la République. C'est d'ailleurs ce sillon que nous entendons creuser, avec le ministre et son équipe, en remettant à partir de l'été 2010, un livre à chaque enfant qui quitte le CM1. Il s'agit à la fois d'inviter à la lecture pendant les vacances et de saluer les efforts accomplis pendant l'année en renouant avec l'esprit des cérémonies de prix que j'ai d'ailleurs encouragées à Créteil. Ce livre pour l'été sera successivement un recueil de Fables de La Fontaine illustrées par Marc Chagall, puis des Contes de Charles Perrault et enfin, Les Lettres de mon moulin d'Alphonse Daudet. Ainsi, trois ans de suite, 600 000 élèves de CM1 ont quitté l'école un livre à la main. Un beau livre illustré pour les vacances. Un livre qu'ils ont lu et partagé en famille.

Mais j'en reviens au dictionnaire. Alors que le succès pédagogique est incontestable, la presse ne s'intéresse qu'à ce qui n'a pas fonctionné. Par deux fois, telle ou telle entrée, maladroitement conçue, formulée avec des mots d'enfants, va être montrée du doigt. Nous n'avons pas cédé la première fois mais une deuxième salve de critiques aboutira – hélas ! – à la suspension de la plate-forme collaborative à l'automne 2012. Comme d'habitude, la présentation des choses est caricaturale. Au lieu de voir qu'il s'agit d'un travail d'enfant, au service de la langue française, *dans la grande tradition de l'apprentissage du vocabulaire à l'école primaire, une partie de la presse conservatrice a considéré que c'était de la démagogie, pendant que d'autres esprits s'attachaient à traquer de supposés dérapages.*

Par-delà ces regards blasés, ces dédains si parisiens, on retrouve en fait les mêmes catégories de critiques qu'à Sourdun. D'un côté, la presse de gauche ironise sur le côté « gadget » du projet, à la fois ringard et réactionnaire. À l'inverse, la presse de droite s'attache à dénoncer son caractère démagogique : autrefois, on apprenait le vocabulaire tel qu'il était ; aujourd'hui, on laisse les jeunes formuler leurs propres définitions. Une telle entreprise rappellerait donc les pires dérives pédagogistes, en laissant la part belle à l'élève constructeur de son propre savoir !

Tout cela est absurde. Chacun des deux camps recherche la caricature et donne une image biaisée de ce qui est réalisé au lieu de voir que ce projet de dictionnaire est à la fois synonyme de qualité, au sens le plus traditionnel du terme – ce qui théoriquement devrait plaire à la droite – et de démocratisation, au service des territoires et des élèves les plus fragiles, ce qui théoriquement devrait plaire à la gauche. Surtout, cette double critique refuse de voir que le dictionnaire des écoliers réussit, grâce à une démarche pédagogique innovante et nécessaire, à promouvoir partout le respect de la langue française. Elle feint aussi d'ignorer l'enthousiasme des professeurs, la joie des élèves et le succès de librairie !

Mais peu importe. Plutôt que ce petit vacarme médiatico-politique, je retiens la pertinence du travail de définition dans le processus d'apprentissage de la langue, l'importance du livre dans l'éducation de nos enfants et le bel élan collectif qui a traversé les classes attelées à l'élaboration du Dictionnaire des écoliers de France.

10

LES PROFESSEURS, PIÈCES MAÎTRESSES DU CHANGEMENT

La solidité du système éducatif a très longtemps reposé sur la puissance de la figure du professeur. Il suffit, pour s'en convaincre, de relire la célèbre lettre qu'Albert Camus adressa le 19 novembre 1957 à Louis Germain, son instituteur d'Alger, quelques jours après avoir reçu le prix Nobel de littérature à Stockholm :

> « Sans vous, sans cette main affectueuse que vous avez tendue au petit enfant pauvre que j'étais, sans votre enseignement, et votre exemple, rien de tout cela ne serait arrivé. Je ne me fais pas un monde de cette sorte d'honneur. Mais celui-là est du moins une occasion pour vous dire ce que vous avez été, et êtes toujours pour moi, et pour vous assurer que vos efforts, votre travail et le cœur généreux que vous y mettiez sont toujours vivants chez un de vos petits écoliers qui, malgré l'âge, n'a pas cessé d'être votre reconnaissant élève[1]. »

Pourtant, avec le temps, la figure du professeur a été désacralisée et le respect qui lui est dû s'est peu à peu estompé. Ce n'est pas un sujet français : cette problématique existe au-delà de nos frontières. Si les raisons

1. C'est en ayant en tête cette phrase que j'ai promu le baptême de deux salles du ministère, l'une au nom d'Albert Camus et l'autre au nom de Louis Germain. La citation est affichée dans cette dernière.

de cette désacralisation sont multiples et s'il faudrait plus d'un livre entier pour les identifier, je ne crois pas qu'il y ait là une quelconque fatalité. Au contraire, je suis convaincu que la figure du professeur peut et doit être aujourd'hui revalorisée, réanoblie dans notre société. Le sujet est immatériel avant d'être matériel. Il se joue dans la tête des enseignants eux-mêmes et dans la tête de l'ensemble des acteurs de l'école.

Restaurer la dignité de la figure du maître

Le premier pas vers cette restauration de la figure et de l'autorité du professeur est de considérer qu'il peut et doit être un intellectuel dans la Cité, c'est-à-dire un « honnête homme » (au sens qui inclut les deux sexes bien sûr) qui se distingue à la fois par sa culture personnelle et par son ouverture intellectuelle. Cette notion d'ouverture figure d'ailleurs au premier rang des devoirs du professeur. Elle va de pair avec la nécessaire acceptation du point de vue d'autrui qui est au cœur du pacte républicain et qu'il revient au professeur de transmettre à ses élèves. Aujourd'hui, l'immense majorité se comporte de la sorte. Mais il faut dénoncer lorsque ce n'est pas le cas, parce que l'idéologie et le sectarisme n'ont pas leur place à l'école et parce que les options politiques du professeur doivent rester les siennes propres et ne jamais transparaître dans son enseignement. C'est aussi cela que signifie la laïcité. Ce qui doit en revanche transparaître, rayonner, c'est sa capacité très républicaine à faire de l'élève un futur citoyen, capable de comprendre le point de vue d'autrui, capable d'en avoir un et de l'exprimer. Il y a là une éthique républicaine qui est aussi une méthodologie intellectuelle et pédagogique fondamentale. Elle est d'ailleurs au cœur du processus de dignification du professeur.

La dignification du professeur passe aussi par son apparence physique et intellectuelle. Il doit en permanence veiller à se rendre respectable, par sa tenue comme par son comportement. Il n'y a rien de désuet à l'affirmer ! Lorsque j'étais recteur en Guyane, je répétais sans cesse aux professeurs qu'ils devaient être correctement habillés pour faire honneur à leur fonction, alors que, dans la chaleur et la moiteur, la tentation était grande d'aller enseigner en tongs et en short. Moi-même, je mettais un point d'honneur à porter une cravate en toutes circonstances. Je savais d'ailleurs que mes interlocuteurs, qu'il s'agisse des élus locaux ou des familles, étaient sensibles à ce souci de représenter dignement l'institution : ils avaient envie de respecter l'école et cela supposait qu'elle se présente bien. En sens inverse, il faut que l'institution témoigne du respect que lui inspirent ses professeurs. Cela passe, par exemple, par l'organisation de cérémonies d'accueil pour les nouveaux enseignants, initiative que j'avais prise et systématisée à Créteil.

Bien entendu, la dignité des professeurs peut avoir un effet en cascade au sein des établissements scolaires, par exemple sur ce que le règlement intérieur peut exiger des enfants. Je voyage et je vois que beaucoup de pays, notamment les pays asiatiques, portent une attention particulière à la tenue et au comportement des professeurs comme des élèves, ce qui crée un climat de respect propice aux apprentissages. C'est d'ailleurs le cas en outre-mer, où les enfants portent un uniforme, sans que cela ne pose problème à quiconque, malgré les conditions climatiques.

Le professeur, maître du temps et de l'espace

Au-delà de ce sujet symbolique et psychologique se pose la question de la place et du rôle du professeur face aux bouleversements de notre époque. Plutôt que de céder à la tentation décliniste, pourquoi ne pas considérer que le professeur peut incarner de nouveau la figure centrale du pacte républicain du XXIe siècle ?

En particulier, l'école peut être le lieu d'invention d'un nouveau rapport au temps, échappant à l'immédiateté caractérisant notre époque, et dont le professeur serait le vecteur principal. En effet, le professeur est aujourd'hui la seule autorité en situation de maîtriser le temps, dans la mesure où, tout au long de l'année scolaire, il va passer plusieurs dizaines, voire des centaines d'heures avec ses élèves. Pour un enfant, c'est beaucoup plus qu'avec tout autre interlocuteur, même dans le cercle familial. Dès lors, deux attitudes sont possibles : soit on considère qu'il y a là un archaïsme, voué à disparaître car totalement inadapté à des élèves qui ont la bougeotte, n'écoutent pas et s'ennuient ; soit on voit dans cette situation une occasion de se réapproprier le temps. Dans cette seconde hypothèse, la question est de déterminer ce qui peut avoir lieu lorsqu'un être humain, qui détient du savoir, passe du temps avec d'autres êtres humains en formation.

Repenser la pédagogie à l'aune du temps

Ce qui compte, c'est la manière dont le maître va se saisir de cette extraordinaire opportunité et réussir à articuler, au sein de son enseignement, trois types de temps : un temps magistral, un temps d'interaction et un temps d'autonomie de l'élève. L'enjeu est bien de faire en sorte que ces trois temps se fertilisent mutuellement. Du coup, cette nouvelle conception du temps que le professeur passe avec ses élèves ébranle profondément notre conception des programmes d'enseignement. Ils doivent ainsi être mieux articulés avec les compétences que l'on attend des élèves et laisser davantage de liberté aux professeurs, par exemple pour agir ensemble, concevoir des interventions à plusieurs voix, comme cela a pu être le cas dans certaines expérimentations d'enseignement de la philosophie avant la classe de terminale. Pourquoi ne pas imaginer également que les professeurs dispensent moins de cours magistraux mais passent plus de temps en petits groupes avec les élèves ? Le champ des possibles est immense lorsqu'on repense l'organisation du temps du professeur et de l'élève et que l'on revisite à cette aune la question des programmes.

Le débat sur les programmes me semble pouvoir aujourd'hui franchir deux étapes à la fois. On critique souvent à juste titre l'empilement des contenus qui débouche sur une somme indigeste d'éléments que les manuels traduisent tant bien que mal et qui oblige les professeurs à une course haletante et contre-productive toute l'année pour « boucler le programme », quitte à perdre au passage l'attention et la compréhension d'une bonne partie de la classe[2]. Les plus « modernes » proposent de remplacer les programmes par des curriculums[3]. Et l'on peut penser que le nouveau conseil des programmes va aller dans ce sens. Les plus « traditionnels » s'inquiètent de cette évolution qui pourrait être synonyme d'édulcoration des contenus et de baisse du niveau.

En réalité, il y a moyen aujourd'hui de réconcilier les deux approches au travers de ce que l'on appelle la pédagogie inversée (« *flip learning* »). En effet, on peut très bien concevoir que chaque compétence corresponde à un ensemble de vidéos que l'élève doit avoir vues (et

2. Voir Davidenkoff E., *Réveille toi Jules Ferry, ils sont devenus fous*, Oh ! Éditions, 2006.

3. Voir par exemple Gauthier R.-F., « Les programmes d'enseignement dans l'institution scolaire française. Problématique juridique et pédagogique générale », *in* Demonque C. (coord.), *Qu'est-ce qu'un programme d'enseignement ?*, CNDP-Hachette Éducation, 1994.

qu'il peut revoir autant de fois que nécessaire contrairement à ce qui se passe en cours). La base de données la plus célèbre est celle développée par la Khan Academy[4] (relayée par « Bibliothèque sans frontières » en France). Cependant, le ministère lui-même (avec le CNDP devenu « Canopé » ou le CNED[5]) et les éditeurs sont aussi en situation de développer des contenus pertinents. Le travail que l'élève doit réaliser en amont peut s'effectuer au sein de l'établissement ou à la maison. Le professeur renforce ensuite les connaissances transmises dans une partie de son cours qui reste magistral, mais il peut surtout consacrer l'essentiel de son temps à éclairer les élèves sur ce qu'ils n'ont pas compris. La relation pédagogique peut connaître une transformation radicale grâce à ces nouvelles pratiques qui sont déjà une réalité dans certaines parties du monde et qui font la preuve de leur efficacité.

On retrouve en revanche ici la dimension contractuelle : dès le début, le professeur doit échanger avec la famille et l'enfant sur les progrès à accomplir au cours de l'année ou sur plusieurs années, redonnant ainsi de la force à la notion de cycle. Il y a bien sûr des éléments de progrès qui doivent être communs à tous les enfants dans une période donnée, mais il peut aussi y avoir des sujets spécifiques, d'ordre pédagogique ou éducatif incluant par exemple le sport ou des aspects du comportement. Ainsi, lorsqu'un enfant hyperactif entre en 6e, alors qu'il est très doué pour les jeux vidéo, mais a de gros problèmes de sociabilité, les professeurs peuvent décider, avec les parents et le psychologue scolaire des progrès à accomplir dans les deux ans sur ce terrain. Les attentes sont alors

---

4. *Cf.* Kahn S., *L'Éducation réinventée*, J.-C. Lattès, 2013, notamment le chapitre intitulé « La classe à l'envers », p. 139.

5. Aujourd'hui, le CNED a « en étagères » le contenu de tous les programmes qui pourraient être diffusés à tous les élèves.

clairement indiquées à l'enfant, par exemple en matière de maturité, de recul sur lui-même, avant de décliner ces objectifs en acquisitions de savoir, en ateliers, en exercices. Cette forme de contractualisation peut d'ailleurs conduire à repenser la notion d'évaluation, grâce à des points réguliers avec l'élève et sa famille. On le voit, cette nouvelle conception du temps scolaire emporte avec elle une nouvelle conception du métier de professeur et de nouvelles façons de travailler.

Réorganiser l'espace

Un raisonnement identique pourrait être mené sur l'espace. De même que le professeur peut aider l'élève à se réapproprier le temps, à une époque où tout semble aller plus vite, il peut l'aider à mieux se situer dans l'espace, dans un monde où les distances sont abolies. Par exemple, en repensant l'espace de la classe, au moment où le numérique bouleverse les repères traditionnels que sont le tableau et le cahier : organiser les tables différemment permet de favoriser le travail en équipe, ou encore connecter le tableau numérique, avec les tablettes des élèves. Mais la maîtrise du professeur ne se limite pas à l'espace de la classe. Elle s'étend aussi à l'établissement, grâce au travail en équipe et surtout grâce à une continuité renforcée entre la pédagogie et le travail éducatif, loin du taylorisme éducatif qui a trop longtemps miné nos collèges et nos lycées. Enfin, le domaine d'intervention du professeur s'étend à la cité tout entière, où il a vocation à être un intellectuel respecté, soutenu, valorisé par l'ensemble de ces concitoyens.

Du respect et de la confiance placés dans la figure du professeur dépend la réussite de l'école. Dès lors, toute cette réflexion sur le nouveau rôle du professeur a un impact sur sa formation. Nous sommes à nouveau en présence d'un sujet crucial pour l'école car il s'agit là d'un des plus grands leviers de progrès, identifié comme tel par tous les travaux scientifiques. Pour autant, ce sujet a été obscurci par beaucoup de polémiques et même de mensonges. Le système des IUFM, tel que conçu par la loi de 1989, était à bout de souffle dès le début des années 2000, critiqué par tout le monde et notamment par les jeunes professeurs qui disaient presque unanimement qu'ils avaient le sentiment de perdre leur temps. J'ai toujours pensé que le problème n'était pas l'IUFM en tant que tel : lorsqu'on lit les termes de la loi, on voit un mécanisme très rationnel de préparation au concours et d'initiation au métier. Le problème n'a pas été l'intention ou l'institution. Il a résidé dans ce que l'on y a mis. Une certaine science de l'éducation, dont j'ai déjà pointé les travers dans les pages précédentes, y a établi son nid pour diffuser une vulgate faible, voire franchement erronée scientifiquement. C'est d'ailleurs au cours de ces années 1990 que l'on a vu s'affaisser le niveau de l'école. Bien sûr, il ne faut pas être caricatural ou injuste. Des contenus excellents ont pu exister en IUFM et des efforts remarquables ont été accomplis par certains des acteurs. J'en ai connu plusieurs qui ont suscité mon admiration. Mais le phénomène est resté marginal.

L'échec des IUFM est patent. Pour autant, cela ne signifie en aucun cas que l'on doive supprimer la formation des professeurs ! Que s'est-il donc passé à la fin des années 2000 qui autorise aujourd'hui les esprits les plus simplistes ou les plus partisans à dire : « On a détruit la formation des professeurs. » D'abord, pour être détruite, il eût fallu qu'elle existât. Or elle était dans une situation déjà très dégradée lorsque la loi de 2005 a prévu une nouvelle étape en envisageant leur intégration pleine et entière dans l'université. Ensuite, en 2007-2008, sont intervenus les bouleversements entraînés par ce que l'on appelle la

« masterisation ». Cette approche, venue de l'Europe mais aussi de tous les pays développés, consiste à considérer que le niveau bac+5 doit désormais être requis pour enseigner. Ce n'est pas absurde si l'on considère le niveau général de diplômes de la population et si l'on pense que les professeurs ont vocation, par nature, à faire partie du segment le plus diplômé. Reste à définir ce qui doit se passer au cours des cinq années en question.

En particulier, il est indispensable de susciter et d'accompagner les vocations très en amont du master. Je suis partisan de renouer avec la tradition des IPES (Instituts de préparation au second degré) en finançant, peu après le baccalauréat, les jeunes étudiants qui ont une véritable vocation à enseigner.

En tout état de cause, le fait de consacrer en 2008 cette approche de la masterisation n'a pas procédé de la part de Xavier Darcos d'une volonté d'abaissement de la formation des professeurs puisque cela consistait justement à demander deux années de formation en plus. Ce qui est vrai mais n'a rien de scandaleux, dans les critiques formulées, c'est que cette mesure permettait par la même occasion d'économiser l'équivalent de 16 000 postes.

Les mesures prises ont placé le système dans une situation intermédiaire qui supposait de franchir encore une nouvelle étape. Dans un premier temps, de nouvelles formules ont été expérimentées qui ne manquaient pas d'intérêt. En particulier, on a favorisé le « compagnonnage » qui consiste à attribuer un tuteur expérimenté au jeune professeur. Dans le premier degré, cela a souvent permis une entrée dans le métier très intéressante et réussie. Dans le second degré, cela a été plus aléatoire, ne serait-ce que parce que certains syndicats appelaient les professeurs à refuser de jouer le rôle de tuteur... Dans ce domaine comme dans d'autres, ceux qui crient « au feu » sont souvent les pyromanes.

J'ai, pour ma part, poussé à la création de « masters en alternance » qui permettraient de conjuguer cours théoriques et expériences de terrain pendant les deux dernières années d'études.

La création de nouvelles « écoles supérieures du professorat et de l'éducation » (ESPE) peut être la nouvelle étape utile dans la réinvention indispensable de la formation des professeurs. Mais elle peut être aussi un pas en arrière redoutable si elle conduit à un retour aux IUFM et à la reconstitution de chapelles. Certains signes le laissent craindre. C'est de nouveau par la science et par l'esprit pratique que l'on pourra infléchir les choses dans la bonne direction. Par la science, en s'assurant que les disciplines pertinentes et les contenus appropriés sont enseignés (*cf.* chapitre 12). Par l'esprit pratique, en donnant de la force à des personnes venues du terrain pour offrir aux jeunes professeurs ce dont ils ont besoin en matière de gestion de classe, de compréhension des enjeux éducatifs du quotidien.

La formation des professeurs pourra alors devenir l'un des principaux vecteurs du renouveau de l'école.

INTERMÈDE 9
LE JEU D'ÉCHECS

À Kourou, depuis quelques années, des élèves de toute la Guyane se retrouvent pour disputer un grand tournoi d'échecs interscolaire sous un immense préau. L'image est spectaculaire : de longues rangées de tables sont alignées, parallèles les unes aux autres. Derrière ces tables, des centaines d'écoliers et des collégiens se font face, concentrés, déterminés. Entre eux, un plateau de 64 cases, 32 pièces, et des combinaisons qui s'esquissent, des stratégies qui se dessinent, des coups qui s'annoncent. Il y a là de jeunes Amérindiens venus de l'Oyapock, région de l'Est, le long de la frontière brésilienne, mais aussi de jeunes Bushinengue de l'Ouest, et des élèves de tout le littoral. Pour nombre d'entre eux, c'est la première fois qu'ils quittent leur village et s'aventurent hors de la zone du fleuve.

Ce grand tournoi interscolaire témoigne de la vitalité du jeu d'échecs dans les écoles et établissements scolaires de Guyane. Au moment de concevoir le projet académique, j'avais été très attentif à en encourager la pratique en milieu scolaire car je suis convaincu des vertus éducatives et pédagogiques de ce jeu qui concilie la rigueur de l'apprentissage et le plaisir. Surtout, je considère que les échecs concentrent une grande partie des valeurs que l'école cherche à cultiver dès le plus jeune âge.

Les échecs ont d'abord une forte dimension pédagogique puisqu'ils conduisent à développer des raisonnements mathématiques et stratégiques, mais aussi des capacités de recul, d'analyse et d'abstraction, qui seront utiles à l'élève tout au long de la scolarité et que le maître peut relier aux connaissances acquises par ailleurs. Des expériences internationales, menées par exemple par la Kasparov Chess Foundation, sur l'introduction du jeu d'échecs à l'école tendent d'ailleurs à montrer que les enfants qui ont suivi une initiation réussie au jeu d'échecs ont un niveau de performance scolaire plus élevé. C'est pourquoi il est tout à fait souhaitable que l'initiation aux échecs soit précoce. Je me souviens d'une école maternelle de l'académie de Créteil, qui avait tracé un échiquier sur le sol de la cour. Des séances collectives permettaient aux élèves de devenir les pièces d'un jeu vivant à échelle humaine. C'était une façon de leur enseigner la géométrie, la latéralisation, le déplacement vers l'avant, l'arrière, le côté, ou encore en diagonale. C'était aussi leur apprendre à être dans l'intersubjectivité par rapport aux autres enfants, eux-mêmes placés sur l'échiquier. Ces parties d'échecs à taille humaine étaient très amusantes et épanouissantes pour les enfants et témoignent des multiples exercices que permettent les échecs.

Le jeu d'échecs a également des vertus éducatives en ce qu'il permet aux élèves de s'exprimer au-delà du langage, ou plutôt de s'exprimer d'une autre façon qu'avec les mots. Ainsi, les enfants non francophones, mais dotés de bonnes aptitudes mathématiques, vont pouvoir s'exprimer pleinement. Combien d'enfants, relégués au fond de la classe, un peu oubliés, considérés comme de mauvais élèves, ont révélé leurs talents et leurs compétences grâce aux échecs ! On renoue ainsi avec l'idée, chère à la tradition scolaire, que les mathématiques sont une façon de transcender les clivages sociaux et les inégalités culturelles. Évidemment, tous les élèves ne sont pas bons en mathématiques et en raisonnements abstraits. Mais pour ceux qui le sont les échecs permettent de valoriser cette compétence.

D'un point de vue strictement éducatif, le jeu d'échecs est un remède aux difficultés de concentration de l'enfant. Alors même que nous avons tous de plus en plus de mal à nous concentrer, en raison notamment de la multiplication des écrans et des sollicitations incessantes qu'ils suscitent, le jeu d'échecs réussit la prouesse de retenir, pendant plusieurs dizaines de minutes consécutives, l'attention des enfants. C'est prodigieux de voir des élèves hyperactifs passer une heure devant l'échiquier en ne pensant qu'à la manière dont ils vont développer leurs offensives et déjouer celles de l'adversaire. Pour moi, c'est sans doute la première vertu des échecs. Une vertu que le roi des jeux partage d'ailleurs avec d'autres et c'est ce qui m'avait conduit à expérimenter des salles de jeux au sein de plusieurs écoles des Yvelines.

Les échecs apprennent également à l'enfant à gagner et à perdre, à s'améliorer à chaque partie, à respecter l'adversaire, à le saluer avant et après la partie : autant de vertus civiques et sportives qui peuvent servir dans d'autres domaines.

Enfin, le jeu d'échecs est l'occasion d'enseigner l'esprit d'équipe. C'est une dimension que l'Éducation nationale a particulièrement explorée ces dernières années en développant le jeu en équipe et les rencontres scolaires. C'est le cas en Guyane, je l'ai dit, mais aussi en Corse, en particulier grâce au travail accompli de longue date par Léo Battisti, ou encore dans les académies de Rennes, de Montpellier ou de Créteil, qui ont été particulièrement dynamiques dans ce domaine. À mes yeux, un homme incarne cette dynamique collective que peuvent créer l'introduction et la promotion des échecs à l'école : Daniel Baur, professeur des écoles en Guyane. Directeur d'une école à classe unique à Trois-Palétuviers, petit village amérindien situé sur l'Oyapock, à deux heures de pirogue de la première agglomération, il a choisi d'inscrire depuis dix ans les échecs au cœur du projet pédagogique de son école. Dans ce village sans téléphone ni Internet, le club d'échecs créé en 2006 est entièrement dédié à la réussite scolaire des enfants mais aussi à celle, sociale, des parents. L'enthousiasme que suscite cette initiative est telle que Daniel Baur a emmené ses élèves disputer des compétitions jusqu'en Europe, et même en Australie où une photographie mémorable montre des enfants aborigènes d'Australie et amérindiens de Guyane devant un échiquier avec en arrière-plan Ayers Rock !

Depuis mon passage en Guyane, je n'ai cessé d'inciter au développement des échecs en milieu scolaire, chaque fois avec l'aide de mon ami Bertrand Guyard. Je l'ai fait bien sûr à Créteil et, par la suite, lorsque je suis devenu directeur général de l'enseignement scolaire, j'ai essayé d'enclencher une dynamique nationale qui s'inscrivait dans le mouvement global en faveur de l'innovation et de l'expérimentation. Le ministère a ainsi signé, en 2011, deux conventions-cadres avec la Fédération française d'échecs d'une part et avec la fondation « L'Échiquier de la réussite » et nous avons publié, au début de l'année 2012, une circulaire intitulée Introduction du jeu d'échecs à l'école, *qui incite les enseignants à faire jouer leurs élèves et souligne notamment les articulations possibles avec les apprentissages. De son côté, la Fédération française d'échecs a récemment créé en son sein une commission scolaire, à laquelle participe d'ailleurs Daniel Baur.*

Dans cette belle aventure pour introduire le jeu d'échecs à l'école, nous avons pu compter sur un parrain de choix en la personne de Garry Kasparov. En effet, l'inoubliable vainqueur de Karpov, s'est beaucoup intéressé, notamment dans le cadre de sa fondation, à l'impact du jeu d'échecs sur les apprentissages. Il a été très heureux que la France souhaite être en pointe dans ce domaine et nous a fait l'honneur de nous rendre visite en mars 2012, à l'occasion des journées de l'innovation que la direction générale de l'enseignement scolaire organisait à l'Unesco. Lors de son intervention, il s'est attaché à préciser l'apport des échecs pour l'éducation, soulignant à la fois l'impact sur la logique et la créativité. Il a également rappelé que les échecs, à mi-chemin entre la visualisation et le calcul, transmettaient le sens des responsabilités et enseignaient à agir dans un cadre contraint.

Le soutien d'un tel parrain doit nous inciter à aller de l'avant, en organisant une grande conférence internationale sur la pédagogie des échecs et, surtout, à développer sans relâche le goût des jeux de réflexion dans nos écoles.

11

LE NUMÉRIQUE, UNE RÉVOLUTION ANTHROPOLOGIQUE ?

Le surgissement du numérique est le fait majeur de notre époque. Il change nos modes de vie, notre rapport au monde et nos manières de penser. Il a un impact politique en tant qu'il modifie les modes d'exercice du pouvoir et crée de nouvelles souverainetés. Il a un impact économique par de nouvelles formes d'échanges obéissant à des lois nouvelles. Il a un impact cognitif, enfin, car il bouleverse nos manières d'apprendre et de voir. Comme la révolution génétique, et avec elle, la révolution numérique pourrait conduire à un changement de l'être humain dans ce qui le définissait depuis toujours.

Sous un angle positif, le numérique crée une politique de la transparence, une économie de la connaissance, une société de la communication au service d'une forme d'accomplissement historique des principes de liberté et d'égalité. Sous un angle négatif, il développe un monde orwellien, et même pire puisque la dilution de la frontière entre sphère publique et sphère privée est le résultat d'une forme de servitude volontaire. Jouant sur l'angoisse et sur le narcissisme, les réseaux sociaux pourraient déboucher sur un monde de vacuité, de voyeurisme et de violence.

En fait, le numérique, comme la langue d'Ésope, peut être la source du meilleur comme du pire, selon l'usage que l'on en fait. Il faut se méfier des analyses qui se concentrent sur un seul des deux horizons. Vigilance et espérance doivent aller de pair si l'on veut que l'homme reste maître de ce qu'il a créé. Récemment, Michel Serres a insisté sur le changement de paradigme que cela induisait[1]. Bien entendu, l'éducation est concernée à tous égards par cette nouvelle révolution[2]. Et tous les systèmes scolaires sont en train de la prendre en compte : « La révolution numérique dans l'éducation implique une réinvention profonde du modèle, impensable sans un effort inouï de formation des enseignants et d'évangélisation des parents et des élèves [...][3]. »

Quel rôle pour l'école ?

L'école doit d'abord prendre en compte le fait que nos élèves sont des « *digital natives* ». Ils sont nés, vivent, pensent et se projettent avec le numérique. C'est un fait sociétal majeur qu'il faut accepter et tenter d'orienter vers le meilleur. C'est la raison pour laquelle, le numérique doit faire partie, avec le raisonnement, la capacité d'initiative et la maîtrise corporelle, des quatre grandes compétences transversales qui structurent le nouveau socle de connaissances et de compétences esquissé dans le chapitre sur l'école élémentaire.

En premier lieu, l'école a un rôle central à jouer pour former les élèves à un usage responsable du numérique. Ainsi, le harcèlement scolaire prend souvent des formes numériques, comme l'ont illustré encore récemment plusieurs événements tragiques survenus au Canada ou en

1. Serres M., *Petite Poucette*, Le Pommier, 2012.
2. *Cf.* Bach J.-F., Houdé O., Léna P., Tisseron S., *L'Enfant et les Écrans. Un avis de l'Académie des sciences*, Le Pommier, 2013.
3. Davidenkoff E., *Le Tsunami numérique*, Stock, 2014, p. 54.

Grande-Bretagne. Aussi, dans le cadre de la campagne de lutte contre le harcèlement à l'école lancée en janvier 2012, nous sommes-nous efforcés de lutter contre ces dérives et de promouvoir un usage responsable des réseaux sociaux, en nous appuyant en particulier sur l'action de l'association e-Enfance.

L'interactivité au service de la pédagogie

Au-delà de ces dérives potentielles, qui invitent au fond à élargir le champ de l'instruction civique et de l'éducation à la responsabilité, la question centrale que l'école doit se poser est : que faire avec l'outil ? Il y a là une interrogation éthique et anthropologique qui constitue un premier pas vers les réflexions plus proprement pédagogiques. De ce point de vue, il faut évidemment se demander comment l'école peut s'emparer du numérique et en faire un outil au service de la transmission des savoirs. Certes, si l'introduction du numérique dans le processus d'apprentissage n'a pas d'autre finalité que d'appuyer sur un bouton pour délivrer un contenu tout prêt, ce n'est en rien un progrès pédagogique. Ce serait même antipédagogique. En revanche, si le numérique devient interactif et permet le surgissement d'une pensée, il peut devenir un outil au service de l'émergence des savoirs, car il met le professeur en situation d'individualiser ce qu'il fait avec chaque élève. De fait, avec un usage pertinent du numérique le maître va aider son élève à accoucher du savoir. Il y a là quelque chose de puissant que Socrate n'aurait sans doute pas renié puisqu'il ne délivre jamais un savoir tout fait mais le fait toujours émerger grâce au dialogue, c'est-à-dire à l'interactivité.

En fait, on retrouve la dimension ambivalente du numérique, et donc son utilité possible, sur les trois dimensions pédagogiques que nous avons déjà abordées : le jeu, l'exercice, le travail. S'agissant du jeu, il est évident que le numérique introduit une nouvelle dimension. Alors que d'un côté, l'abus de jeux vidéo est devenu un problème de santé publique, de l'autre côté, la « *gamification* » est déjà en route et elle se traduit par exemple par les « jeux sérieux » dont les vertus pédagogiques sont considérables : mémoire, motivation, action, modularité de l'esprit (capacité à mener de front plusieurs tâches), intuition... Certains prédisent que l'entrée dans les universités mondiales les meilleures se fera bientôt au travers de scores obtenus à ce type de jeu[4]. S'agissant de l'exercice, il est évident aussi que le numérique permet de rendre ludique et efficace des répétitions indispensables que tout élève doit faire pour progresser.

D'autres formes d'intelligence : un pas de plus vers la liberté

Le numérique peut être l'occasion de mettre en évidence des formes de notre intelligence que nous inhibons le plus souvent, notamment quant à nos perceptions de l'espace. Les différentes dimensions de notre capacité cognitive viennent à l'appui de notre liberté. De ce point de vue, les grandes évolutions de la psychologie de l'enfant, notamment grâce aux sciences cognitives, ne rejettent pas les théories pédagogiques plus anciennes comme celles de Piaget, mais elles les complexifient, au meilleur sens du terme[5]. Les pratiques pédagogiques numériques tiennent nécessairement compte de cette complexité. De même que notre cerveau a des aptitudes

4. Voir les réflexions très intéressantes d'Idriss Aberkane sur ce sujet : http://www.cafepedagogique.net/lemensuel/laclasse/pages/2008/93_entretienidrissaberkane.aspx.

5. Houdé O., *La Psychologie de l'enfant*, PUF, coll. « Que sais-je ? », 2013.

pour l'empathie (comme nous l'avons vu au travers des travaux de Jean Decety), il a des aptitudes pour l'action, pour la connaissance par l'action, qui est le vecteur de sa liberté. La spécificité qu'a chacun pour accéder au savoir, la diversité des chemins, est aussi un vecteur de liberté. Et c'est en ce sens seulement que la révolution digitale peut être bénéfique à l'éducation si on la définit comme éducation à la liberté.

Quel rôle pour le professeur ?

Effectivement, le numérique bouleverse le travail du professeur et exige un travail important en amont et en aval du cours. Mais cela peut être l'occasion de faire évoluer la perception que nous avons du temps de l'élève et du professeur et de modifier leur organisation. En effet, le travail de préparation du cours, qui peut être collectif, va être facilité par les outils numériques. Une partie du cours peut d'ailleurs être suivi hors de la classe et il devient possible de gagner du temps en classe et ainsi de mieux distinguer la partie magistrale des moments où l'élève va travailler en autonomie.

Ces perspectives sont à rattacher à la question du livret de compétences puisque le numérique va permettre à l'élève de s'autoévaluer tout au long du processus d'apprentissage. J'ai d'ailleurs rencontré, dans un collège de Moissy-Cramayel en Seine-et-Marne, des professeurs qui étaient allés très loin dans cette démarche. Ils avaient développé un outil numérique fondé sur le livret de compétences et articulaient leurs cours en fonction de cela, ce qui permettait aux élèves de s'autoévaluer au fur et à mesure de l'année. Ainsi, le numérique peut se mettre au service d'objectifs intemporels de toute fonction éducative.

Quel rôle pour l'institution ?

Pour le ministère de l'Éducation nationale, la question majeure est de savoir comment se mettre au service de cette approche nouvelle par le numérique, comment la faciliter et la diffuser. Pour cela, il doit se concentrer prioritairement sur l'immatériel, sur le « soft » plus que sur le « hard » qui relève d'abord des collectivités. Mais ce qui est certain c'est qu'une grande impulsion nationale est nécessaire. En effet, aujourd'hui en France, il se passe avec le numérique éducatif, ce qui s'est passé il y a vingt ans avec le Minitel. Notre pays, qui avait un vrai temps d'avance dans les années 1980, a tardé à prendre le virage d'Internet. De même, la France a inventé le Centre national d'enseignement à distance bien longtemps avant que les MOOC ne soient imaginés, tout comme le Centre national de documentation pédagogique et la télévision scolaire ont été lancés bien avant l'émergence des grands éditeurs numériques scolaires. Or ce qui aurait pu constituer un temps d'avance est en train de devenir un temps de retard. L'existence d'une nouvelle direction du numérique à l'Éducation nationale permettra peut-être cette accélération souhaitable.

Les bouleversements de l'intelligence collective

Au fond, ces difficultés à appréhender et à intégrer le numérique dans les pratiques d'enseignement sont bien compréhensibles car elles nous renvoient à des questions philosophiques fondamentales. En effet, dans *L'Introduction à la psychanalyse*, Freud théorise l'idée que l'homme, au cours de son histoire, a vécu trois blessures narcissiques fondamentales qui sont autant de décentrements. Avec

Copernic et Galilée tout d'abord, la Terre n'est plus au centre de l'univers. Avec Darwin ensuite, l'homme n'est plus au centre de la création. Avec la psychanalyse enfin, l'homme n'est plus au centre de lui-même. Il est décentré en quelque sorte par la non-maîtrise de son inconscient.

En 1996, j'avais émis l'idée, dans un petit ouvrage intitulé *Changer d'ère*[6], que la révolution numérique constituait une quatrième blessure narcissique dans la mesure où elle horizontalise les rapports humains, crée une forme d'intelligence collective, mais aussi transforme chacun en la partie quantifiable d'un tout. C'est le phénomène que l'on appelle aujourd'hui « Big Data ». De ce point de vue, la révolution numérique peut être très angoissante, parce qu'elle nous donne l'impression de n'être que des numéros, reproduisant à l'infini et en système une fonction neuronale. La question est de savoir comment on fait de cet horizon diabolique un levier pour le travail collectif, une possibilité de devenir acteur à l'échelle mondiale, comme cela n'a jamais été possible. À ce titre, l'exemple de Twitter est excellent : dès lors qu'on y met du fond, Twitter permet de déployer un message ou une idée à l'échelle mondiale et, à l'inverse, de se nourrir de sources de savoirs beaucoup plus diversifiées.

Cette quatrième blessure, qui s'annonçait il y a une vingtaine d'années et qui devient patente avec les réseaux sociaux et avec Big Data, a donc à la fois des effets positifs et négatifs. Pour l'école, il faut sans cesse aller à la recherche de ces effets positifs, ce qui est en réalité consubstantiel à l'éthique scientifique. De fait, la révolution de la méthode expérimentale introduite par Claude Bernard et la pensée progressiste du début du XXe siècle sont directement liées à ces blessures narcissiques dont elles constituent l'antidote. L'idée d'un progrès de l'homme,

6. Blanquer J.-M., *Changer d'ère*, Descartes et Cie, 1996.

qui a mes yeux a encore du sens, passe par l'utilisation du progrès des sciences, mais aussi du progrès des technologies au service d'une plus grande liberté, d'une plus grande égalité, d'une plus grande émancipation, d'une plus grande connaissance de l'homme par lui-même et donc d'une plus grande réflexivité, individuelle et collective. Au fond, l'enjeu est politique et démocratique, car il ne s'agit pas d'instaurer une transparence absolue, une sorte de téléréalité à l'échelle planétaire, mais bien de donner vie à l'idée d'une éducation plus active pour tous.

Pour l'école républicaine, il y a là un enjeu magnifique et la France, grâce à son service public d'éducation, se trouve en réalité dans une situation, conceptuelle et pratique, privilégiée pour tirer le meilleur du numérique et en faire un instrument au service de la démocratie et de l'émancipation.

INTERMÈDE 10
DANS LE SAINT DES SAINTS

Lorsque Luc Chatel m'a demandé de prendre la tête de la Direction générale de l'enseignement scolaire (DGESCO), son attente à mon égard était clairement formulée. Mon action à Créteil avait été caractérisée par un déploiement d'innovations et d'expérimentations. Je devais faire souffler le même esprit Rue de Grenelle en ouvrant les fenêtres, en prenant des initiatives, en lui proposant de nouvelles voies.

L'idée que l'on se fait de l'administration centrale du ministère est souvent assez inexacte. De nouveau, l'image du mammouth nuit à une perception correcte des choses. La Direction générale de l'enseignement scolaire est de création relativement récente. Elle est le fruit d'une réforme assez réussie du ministère au milieu des années 2000 consistant à regrouper les fonctions « supports » (notamment la direction des ressources humaines et la direction des affaires financières) sous la responsabilité d'un(e) secrétaire général(e) et de regrouper ce qui autrefois avait pu être distingué (les écoles, les collèges et les lycées) en une même direction générale, dite direction de programme.

C'est aussi une conséquence logique de la réforme des finances publiques du début des années 2000, la LOLF, qui conduit les administrations à raisonner par enveloppes correspondant à des objectifs. Une « direction de programme » comme la DGESCO correspond donc à une administration qui doit remplir des objectifs fixés par la représentation nationale à partir d'un budget déterminé en fonction desdits objectifs.

De ce point de vue, la DGESCO est, de loin, la principale administration en France avec un budget qui dépasse 50 milliards d'euros, soit la plus grande partie du budget du ministère, autour d'un programme « premier degré », d'un programme « second degré » et d'un programme « vie de l'élève ». On retrouve ensuite une déclinaison de ces programmes à l'échelle de chaque académie.

La DGESCO est, de par cette situation, à l'articulation de multiples institutions. Elle est par définition l'interface entre le ministre, son cabinet et l'administration. Mais elle rend des comptes régulièrement devant les commissions compétentes des deux assemblées, devant la Cour des comptes et devant de multiples instances (la France n'en manque pas) qui ont un regard sur l'éducation. Enfin, elle est aussi à l'interface de la politique territoriale et doit veiller à ce que les académies jouent bien le jeu des grandes politiques publiques nationales.

Tous ces éléments peuvent faire naître une grande surcharge et le risque est grand pour le manager public de se trouver pris dans un jeu d'interactions qui lui fasse perdre l'essentiel de vue : ce qui se passe pour de vrai pour l'élève dans la classe.

Pour pouvoir éviter les risques de cet engoncement, ma méthode à la DGESCO, comme en rectorat, fut d'une part le travail d'équipe, d'autre part l'inspiration par l'ouverture vers l'extérieur.

Le travail d'équipe commença par une refonte rapide et concertée de notre organigramme. Je réunis les cadres de la DGESCO pendant une journée et demie à Sourdun. L'ambiance de l'internat, le témoignage des élèves placent tout le monde dans une approche créative et constructive. Nous revenons avec une refonte des responsabilités qui fait sens pour tous. D'un côté, un service de l'instruction publique et des ressources pédagogiques me permet de distinguer trois sous-directions qui sont autant de sous-ensembles fondamentaux de notre système : le socle commun (donc l'école et le collège) ; le lycée (général, technologique et professionnel) ; les ressources, ce qui me conduit à « importer » dans ma direction une sous-direction du numérique jusque-là isolée et que j'essaierai de relier aux enjeux de formation des professeurs et de réalisation des programmes. De l'autre côté, un service correspond aux trois échelles de notre territoire, l'État, l'académie et l'établissement. Une des nouveautés que j'introduis est la dimension contractuelle du dialogue de gestion entre le niveau étatique et les académies. En clair, un travail très resserré entre la DGESCO et les académies permet d'élaborer des dossiers précis quant au niveau des élèves et à l'organisation du système, région par région, et, sur cette base, les académies peuvent s'engager dans le cadre d'un véritable contrat d'objectifs. Tout cela représente une modernisation des approches, moins verticale, plus interactive.

De plus, je crée directement auprès de moi trois départements qui vont pouvoir jouer un rôle d'aiguillon pour l'ensemble de l'administration en matière d'innovation, de relations internationales et de communication.

La création d'un département de la recherche, du développement, de l'innovation et de l'expérimentation est en soi une petite révolution au sein du ministère. Le choix même des termes indique bien qu'il s'agit de placer la recherche à la tête de nos processus pour les influencer. C'est la première pierre d'une approche de conduite des politiques publiques « par la preuve ». Avec un correspondant dans chaque académie (un « Cardie », conseiller académique en recherche-développement, innovation et expérimentation), ce département va être un aiguillon essentiel, à partir duquel je pourrai lancer les expérimentations et les recherches utiles pour le progrès de notre système éducatif.

12

CULTIVER L'ESPRIT SCIENTIFIQUE À L'ÉCOLE

La création en octobre 2010 d'un conseil scientifique de la Direction générale de l'enseignement scolaire a été le fruit d'une conviction qui traverse l'ensemble de cet ouvrage : le lien entre enseignement et recherche est absolument matriciel, à tous les niveaux du système éducatif.

Les enseignants et la recherche

Dans l'enseignement supérieur, le lien entre enseignement et recherche va de soi tant il apparaît évident que la transmission suppose de penser sans cesse, de réfléchir et d'approfondir de manière continue. D'ailleurs, c'est souvent dans le cadre du cours, à l'épreuve des questions des étudiants qu'apparaissent les idées nouvelles et que le savoir progresse grâce à ce processus dialectique entre recherche et éducation.

Ce qui est vrai pour l'enseignement supérieur l'est également pour le premier et le second degré, même si le lien entre recherche et enseignement reste à expliciter davantage. Il ne s'agit évidemment pas de faire de tout professeur un chercheur. Cela n'aurait pas de sens. En revanche, il me paraît souhaitable que le professeur soit sans cesse en position de réflexivité, de manière à s'interroger sur ce qu'il est et sur ce qu'il fait. Surtout, et c'est le deuxième aspect, il est essentiel que le professeur connaisse ce qui se fait de mieux dans son domaine et pour cela soit connecté aux évolutions en cours. Il est important que la formation des professeurs explicite l'importance d'une approche expérimentale scientifique en matière d'éducation. De fait, j'ai souvent été frappé par le besoin d'adossement que ressentent les professeurs sur le terrain. Ainsi, le professeur de physique a besoin de connaître les dernières avancées scientifiques pour nourrir son enseignement, même s'il est évident que les programmes auront toujours un certain retard par rapport aux travaux les plus récents. De ce point de vue, la formation continue doit contribuer à entretenir ce lien entre les professeurs et le monde de la recherche. Et, pour ne prendre qu'un exemple parmi d'autres, l'implication de l'Éducation nationale dans une manifestation comme les rendez-vous de l'histoire qui se déroulent chaque automne à Blois permet annuellement à plusieurs centaines de professeurs de rencontrer les historiens français, européens et internationaux, et de découvrir les évolutions les plus récentes de l'historiographie, tout en bénéficiant d'ateliers pédagogiques qui leur sont spécifiquement destinés. D'autres manifestations ont d'ailleurs été créées récemment sur ce modèle, par exemple à Fontainebleau pour l'histoire des arts ou à Langres pour la philosophie.

Avec les élèves aussi

Au-delà de l'enjeu stratégique que constitue la mise en relation des professeurs avec le champ scientifique, c'est l'attitude générale du système éducatif face à la recherche qui pourrait évoluer. Si le raisonnement est poussé jusqu'à son terme, il est souhaitable de placer les élèves eux-mêmes en situation de recherche. Réfléchir, rechercher et trouver peut évidemment s'avérer ludique, mais également valorisant pour l'enfant qui découvre qu'il peut participer à l'avancée du savoir. C'est d'ailleurs ce qui se passe dans le cadre de « La Main à la pâte », méthodologie d'enseignement des sciences à l'école élémentaire mise au point avec l'Académie des sciences à la fin des années 1990 et qui est pleinement imprégnée de cette approche. C'est aussi sur cette approche expérimentale de la recherche que repose l'expérience menée par François Taddéi, directeur de recherche à l'Inserm, avec Ange Ansour, professeur à l'école élémentaire Paul-Vaillant-Couturier de Bagneux, près de Paris[1]. Les élèves de CM1 et de CM2 étudient la vie et le déplacement des fourmis *Alphaenogaster senilis*, apprennent progressivement à préciser leur pensée et bâtissent peu à peu une véritable méthode d'analyse, pendant que leur professeur rend compte de leurs observations sur Twitter. Cette démarche de recherche peut donner des résultats très intéressants et François Taddéi aime d'ailleurs à citer le cas d'élèves qui ont travaillé sur les abeilles et publié un article dans *Nature* fondé sur leurs observations. Bien sûr, l'objectif n'est pas que chaque classe vise le prix Nobel mais plutôt de diffuser le meilleur de la recherche dans les pratiques quotidiennes de nos écoles, à savoir la capacité à mettre en perspective ce que l'on fait et l'intérêt pour ce que font les autres qui permet de progresser dans ses propres travaux.

Je le répète, il est souhaitable et même normal que l'ensemble de l'Éducation nationale soit imprégnée de cet état d'esprit logique scientifique. Cela suppose de trouver le bon équilibre entre politique et logique scientifique. Si

1. C'est le département recherche et développement, innovation et expérimentation de la DGESCO qui les avait mis en contact.

le politique est nécessaire, il faut éviter qu'il tourne au politicien. Or, trop souvent, les alternances conduisent à pratiquer le *stop and go* dans les politiques publiques, pratique encore plus néfaste en matière d'éducation que dans d'autres domaines. Une fois de plus, la meilleure manière de contrecarrer cette dérive et de créer du consensus, c'est d'imprégner l'ensemble du système d'une logique scientifique.

La création d'un conseil scientifique à la DGESCO

Cela vaut donc pour les professeurs et pour les élèves mais aussi pour l'ensemble des cadres et des responsables du système éducatif. Tel est l'enjeu du conseil scientifique de la DGESCO, qui a été installé au début de l'année scolaire 2010-2011 et qui regroupe une trentaine de personnalités venues d'horizons divers[2].

Dès le début, les séances se sont succédé à un rythme mensuel, chacune d'entre elles étant consacrée à une thématique spécifique correspondant aux enjeux majeurs du système éducatif. En 2010-2011, le programme a été le suivant :

1. Quelles avancées des sciences cognitives sont pertinentes pour l'enseignement ?

2. Parmi les membres du Conseil scientifique figurent le sociologue Edgar Morin, Claudie Haigneré, présidente d'Universcience, le philosophe Régis Debray, Alain Bentolila, spécialiste de l'école maternelle, Stanislas Dehaene, professeur au Collège de France, François Taddéi, l'astrophysicien Pierre Léna, particulièrement impliqué dans « La Main à la pâte » ou encore Bernard Hugonnier, directeur adjoint pour l'éducation à l'OCDE et Odile Quintin, ancienne directrice générale de l'éducation et de la culture à la Commission européenne, ainsi que des hauts responsables du ministère ou des inspecteurs généraux. Je rassemblais toutes ces personnalités avec l'aide de Nelson Vallejo Gomez à la DGESCO.

2. Les objectifs de PISA : ses apports, ses conséquences, son avenir ?

3. Le socle commun et sa mise en application.

4. Évaluer l'élève, noter l'élève.

5. Apprentissage/enseignement d'une seconde langue.

6. L'enseignement et l'apprentissage des mathématiques.

L'année suivante, en 2011-2012, neuf séances ont permis d'aborder les thèmes ci-dessous :

1. La formation des enseignants (I) : dans le monde.

2. La formation des enseignants (II) : en France.

3. L'innovation et l'expérimentation dans le système éducatif français (I) : la créativité des élèves et des professeurs.

4. L'école maternelle en France et à l'étranger.

5. La grammaire et l'orthographe.

6. L'innovation et l'expérimentation dans le système éducatif français (II) : l'innovation et l'expérimentation comme vecteurs de réforme de l'action publique.

7. L'insertion professionnelle.

8. L'évaluation du système scolaire par les résultats.

9. La vie scolaire.

Ces séances auxquelles participaient, en fonction des thèmes choisis, les responsables de la direction générale ont permis aux spécialistes de proposer leur vision, avant des échanges particulièrement nourris entre l'ensemble des participants. Peu à peu, la méthodologie de travail s'est affinée avec la mise en place de commissions thématiques permettant d'organiser la réflexion sur des problématiques majeures comme les difficultés d'apprentissage à l'école maternelle, la grammaire et l'orthographe à l'école primaire ou encore la vie scolaire.

Au-delà de la respiration intellectuelle offerte à des cadres habituellement immergés dans les mille urgences du processus administratif, les travaux du conseil scientifique ont donné lieu à de véritables discussions de fond qui nous ont permis d'avancer sur des sujets clés. Ainsi, les compétences souhaitables à la sortie de l'école maternelle ont été définies dans le cadre du conseil scientifique.

Pour aller plus loin et faire de ce lien entre éducation et recherche un outil de valorisation du ministère, j'avais proposé, dans un rapport remis à Vincent Peillon, la création d'un Institut des hautes études de l'Éducation nationale. Cet institut aurait d'abord pour mission de mettre à la disposition du service public d'éducation une vision claire, actualisée et dynamique des recherches sur l'éducation menées en France et dans le monde, voire d'en susciter de nouvelles en fonction des besoins. Sur le modèle de l'Institut des hautes études de la Défense nationale, l'Institut des hautes études de l'Éducation nationale aurait également pour vocation de faire connaître aux acteurs de la société, aux cadres des autres ministères, aux journalistes, aux syndicalistes, aux universitaires ou encore aux acteurs de l'entreprise le fonctionnement du système éducatif national ainsi que les défis auxquels il est confronté. Pour l'Éducation nationale, l'enjeu est bien de s'ouvrir au monde, notamment à celui du travail. L'objectif d'une meilleure compréhension mutuelle suppose en effet que l'école s'intéresse et connaisse le monde extérieur mais aussi que l'extérieur comprenne mieux l'école pour briser l'image caricaturale qui reste trop largement répandue.

Ma conviction, c'est que le système éducatif est aujourd'hui confronté à une perte d'estime de soi qui est à la fois individuelle et collective. Il faut donc rebondir pour restaurer à la fois l'image de l'Éducation nationale dans la société et l'image que la communauté éducative a d'elle-même. Pour être durable, ce rebond doit se faire sur des bases scientifiques, que chacun pourra ensuite s'approprier personnellement.

13

L'ÉCOLE DE DEMAIN : UNE TROISIÈME VOIE ENTRE LA FINLANDE ET SINGAPOUR

En 2011, Luc Chatel m'a proposé de l'accompagner à Singapour puis en Finlande pour de courts séjours d'études destinés à comprendre l'organisation et le fonctionnement de deux des systèmes éducatifs les plus performants au monde. En effet, avec une dépense intérieure d'éducation dans la moyenne des pays de l'OCDE, la Finlande obtient d'excellents résultats à l'enquête PISA : en 2009, elle se classe au 6e rang en mathématiques, au 2e en sciences et au 3e en lecture quand la France est systématiquement reléguée au-delà de la 20e place (22e en mathématiques et en lecture, 27e en sciences). Les performances de Singapour sont tout aussi remarquables puisque la cité-État se classe 2e en mathématiques, 4e en sciences et 5e en lecture.

Bien sûr, il est possible de s'en tenir à ces données brutes ou aux études qui expliquent que la confiance est la clé de la réussite finlandaise tandis que les performances singapouriennes seraient le fruit d'une pression exercée dès le plus jeune âge sur les élèves. Mais, pour comprendre les dynamiques contemporaines de la pédagogie à l'échelle mondiale, rien ne remplace l'immersion dans les classes et l'échange direct avec les professeurs, les chefs d'établissement ou les responsables éducatifs.

Ces deux déplacements ont été pour moi particulièrement instructifs. Surtout, alors que je m'attendais à découvrir des organisations et des pratiques situées à des années-lumière de celles qui ont cours en France, j'ai été frappé de découvrir le nombre de traits communs que nous partageons avec ces deux modèles de réussite éducative. En somme, la France peut se situer dans une belle ligne de crêtes entre ces deux systèmes. À condition de bien les connaître et de s'inspirer de ce qu'il y a de mieux dans chacun d'eux.

À l'école de la confiance...

En Finlande, nous nous sommes notamment rendus à l'école fondamentale d'Itakäskus, dans la banlieue d'Helsinki où j'ai été particulièrement frappé par le souci constant de privilégier une approche collective du travail pédagogique. En effet, tout ce que nous expliquaient le chef d'établissement et les professeurs n'était pas fondamentalement différent des grands principes en œuvre en France. Ce qui l'était en revanche, c'est que chacune de leur explication faisait apparaître l'établissement comme un lieu de travail et de vie où l'échange entre les acteurs est absolument naturel. Ainsi, lorsque le chef d'établissement nous a présenté les emplois du temps de ses élèves, il a porté notre attention sur le fait que les cours commençaient chaque jour à 8 h 30, sauf le jeudi matin où ils débutaient à 9 h 30. Pourquoi ? Parce que chaque jeudi matin, le chef d'établissement réunit l'ensemble de son équipe pour échanger sur les projets en cours, les difficultés du moment, les échéances à venir. En réalité, le travail de chacun des acteurs et le temps scolaire lui-même s'articulent autour de l'idée centrale que l'approche collective permet de surmonter les difficultés. La réussite est donc une démarche collective qui suppose, et c'est là que se situe la différence avec la France, une forte présence au sein de l'établissement.

Le second élément que je retiens de ce déplacement en Finlande touche à la formation des enseignants. Nous nous sommes rendus à la Helsigin Normaalysee, sorte d'établissement d'application qui accueille en stage des étudiants de l'Université d'Helsinki qui se destinent au métier d'enseignant. Là encore, les grands principes ne diffèrent pas profondément de ceux que nous connaissons en France : les professeurs sont formés à l'université et s'exercent à la pratique dans des établissements d'application, ce qui tend d'ailleurs à disparaître chez nous. En revanche, ce que je retiens du modèle finlandais, c'est d'abord une plus grande progressivité du parcours des étudiants vers la prise en responsabilité de la classe. Par ailleurs, plutôt que de disperser les stagiaires comme nous le faisons en France, il me paraît beaucoup plus pertinent de se concentrer sur quelques établissements d'application qui peuvent alors s'organiser pour créer une dynamique spécifique qui facilite l'accueil et l'accompagnement des futurs professeurs. Enfin, j'ai été particulièrement frappé par le climat de confiance dans lequel les professeurs exercent leur métier. C'est sans doute là la différence majeure avec la France. En Finlande, beaucoup de jeunes étudiants souhaitent devenir professeurs et la sélection est forte pour y parvenir. La rémunération qui leur est proposée est convenable mais pas si éloignée de celle pratiquée en France (moins de 2000 euros annuels d'écart entre les deux pays pour des enseignants qui ont quinze ans de carrière)[1]. En réalité, cette attractivité repose d'abord sur le prestige de la fonction et la dignité qui y est attachée.

1. http://educationdechiffree.blog.lemonde.fr/2013/01/24/le-salaire-des-enseignants-francais-a-la-loupe/.

Cette confiance de la société en ses professeurs donne le ton. En effet, la confiance est partout dans le système éducatif finlandais : confiance de l'institution à l'égard des professeurs, entre les professeurs, des professeurs à l'égard l'institution, des professeurs à l'égard des élèves, des élèves à l'égard les professeurs, de la famille à l'égard les professeurs et – c'est l'aboutissement final – confiance des élèves en eux-mêmes. En somme, dans les deux établissements où nous nous sommes rendus, j'ai retrouvé les mêmes ingrédients qu'en France. Mais il y avait ce liant qu'on ne trouve pas en France : la confiance et l'esprit d'équipe qui constituent la grande force de la Finlande en matière d'éducation.

Rigueur et adhésion collective au projet national

L'autre voyage, effectué quelques mois plus tôt, s'est avéré tout aussi intéressant. En effet, rien d'étonnant à ce que Singapour incarne le pôle de l'efficacité en matière d'éducation, car la transmission des savoirs fondamentaux se fait selon des principes très rigoureux. Les maîtres ont d'ailleurs d'autant moins de scrupules à faire travailler les enfants pour qu'ils expriment le meilleur d'eux-mêmes que cette approche est pleinement soutenue par les familles. Toutefois, dans les écoles que nous avons visitées, nous avons pu identifier un certain nombre de traits communs avec le système éducatif finlandais, à commencer par l'importance du travail en équipe et la confiance de la société à l'égard de son école.

Mais ce qui m'a surtout frappé à Singapour, ce sont les outils employés au service de la réussite des élèves. Ainsi, nous avons pu assister au lycée français à un cours de mathématiques en chinois où les calculs s'effectuaient à l'aide de bouliers. Nombre d'élèves avaient d'ailleurs une technique tout à fait impressionnante ! De même, le jeu d'échecs était très présent à la Nanyang Primary School. Enfin, dans cette même école, une salle d'exposition était tout entière consacrée à l'histoire de l'école, intimement liée à celle de Singapour sur des bases qui supposent une véritable adhésion collective. L'histoire de France ne s'inscrit certes pas dans la même temporalité que celle de Singapour où l'État a été bâti en quelques décennies sur des bases qui supposent cet élan collectif. Néanmoins, je crois que nous gagnerions à retrouver une forme d'adhésion collective au projet national et pour cela il me semble que nous ne devons pas avoir peur d'enseigner le « roman national » à nos enfants, dans la grande tradition de Michelet, et selon la visée chronologique qui est prévue par les programmes de l'école primaire de 2008.

En définitive, ces déplacements dans deux pays dont les performances éducatives ont de quoi faire rêver les Français m'ont rendu plutôt optimiste. En effet, si chacun a ses caractéristiques propres, ces deux systèmes éducatifs ne sont pas si éloignés du nôtre. Encore faut-il que la France retrouve ce qui lui fait tant défaut : la confiance en son école, en ses professeurs et finalement en elle-même.

Conclusion

TROIS ÉVOLUTIONS INDISPENSABLES

« Il faut agir en homme de pensée et penser en homme d'action[1]. » Cette maxime de Bergson me semble adaptée à ce qui s'impose à nous. En matière d'éducation, tout particulièrement, il est indispensable d'agir selon des principes directeurs qui donneront cohérence à l'action. De même, il est important de penser l'éducation selon les différentes dimensions que l'on a pu expérimenter, en classe, en amphithéâtre ou en responsabilité.

Dépasser les querelles habituelles est aujourd'hui un impératif catégorique. Au long des chapitres qui précèdent, j'ai cherché à montrer les défis, les difficultés, mais aussi le caractère vivant de l'éducation, et les pistes qui s'ouvrent pour son évolution dans un contexte français, lui-même articulé au contexte mondial. L'éducation est notre colonne vertébrale, sur le plan personnel comme sur le plan collectif. Voilà longtemps maintenant que l'on parle de la crise de l'éducation et si l'on ne sort de ce discours de crise, c'est parce que l'on reste prisonnier de termes qui s'excluent alors qu'ils sont l'un et l'autre indispensables. Il faut le répéter : l'éducation est par définition une éducation à la liberté, et elle passe, pour cela même, par des contraintes. On doit donner à l'enfant les

1. Bergson H. [1937], « Message au congrès Descartes », *Écrits et paroles*, Presses universitaires de France, 1959.

moyens de devenir un homme et à cet homme (qui est une fois sur deux une femme) la capacité d'apprendre tout au long de la vie.

Pour cela trois évolutions sont indispensables.

1. La consolidation pédagogique de l'école primaire : le socle

Les idées sont claires aujourd'hui sur ce qui fonctionne bien au cours des premières années de l'apprentissage de l'enfant, à l'école maternelle comme à l'école élémentaire. La progressivité de l'apprentissage, la détection des problèmes le plus tôt possible, le déploiement d'exercices adaptés à chaque âge et à chaque compétence, la prise en compte des enjeux de la sociabilité et des capacités d'empathie de l'enfant, la place décisive accordée au langage et donc à la lecture et à l'écriture en instaurant le développement de la conscience phonologique en maternelle et le caractère systématique de la méthode dite « syllabique » en CP, l'importance de l'exercice de la mémoire et du travail sur la résolution de problèmes, sont autant d'éléments essentiels que nous avons vus, avec d'autres, et qui peuvent être consacrés dans les programmes (c'est aujourd'hui à peu près le cas), dans les manuels et dans la formation des professeurs (cela reste à faire).

Cette formation des professeurs doit inclure l'apport des sciences cognitives pour qu'ils aient une compréhension solide des fondements du socle pédagogique et éducatif.

2. Le déploiement de la liberté : l'élève dans l'enseignement secondaire

Dès lors que les acquis de l'école primaire sont fermement établis, l'élève de l'enseignement secondaire peut être considéré comme un préadulte dont on va favoriser l'accès à la maturité par l'autonomie. L'entrée en sixième doit être conçue comme une forme d'initiation républicaine où l'on expose à l'élève les enjeux du savoir et du chemin de connaissance à accomplir. Les professeurs forment une équipe qui, pendant le premier mois de l'année, encadre les enfants par groupes de tailles variables pour expliciter ce que c'est que de « devenir grand ». C'est le moment de parler de méthode, de science, d'amour du savoir, de l'importance du respect d'autrui, du danger des addictions, des usages vertueux du numérique à rebours de la vacuité d'autres usages, des risques de la vie et des bonheurs de l'incertitude. L'enfant est amené à comprendre que c'est lui, ou elle, qui va écrire son avenir.

Le nouveau collège va ainsi favoriser les colorations de parcours correspondant à des thèmes d'intérêt de l'élève, à des groupes de niveau en langues et dans d'autres matières pour progresser par étapes et non selon un cheminement annuel standardisé. Le numérique peut prendre à ce stade une importance qui était moins indispensable à l'école primaire, favorisant l'interactivité et l'acquisition de connaissances sous des formes variées.

Le parcours lycéen favorisera davantage encore cette approche selon des chemins propres à chacun, en favorisant les passerelles entre spécialités. Le lien avec l'enseignement supérieur devient systématique. Une carte cognitive accompagne l'élève pendant tout son parcours pour lui donner du recul sur ce qu'il sait et sur ce qu'il lui reste à apprendre.

3. L'autonomie-responsabilité à l'échelle de l'établissement

Offrir à l'établissement les moyens d'une véritable autonomie pédagogique et administrative sera une clé d'évolution future de notre système éducatif. L'établissement doit être maître de sa stratégie et de ses priorités en fonction des réalités qu'il connaît.

Cette autonomie doit se traduire par la capacité à constituer des équipes cohérentes, durables et soudées dans chaque établissement. Cela aura un impact sur la carrière des professeurs qui pourront être recrutés de manière plus souple par le chef d'établissement. Tout le monde y gagnera : les professeurs, par un système de mutation plus simple et par une reconnaissance de leurs mérites beaucoup plus directe ; les élèves, grâce à la cohésion de l'ensemble des adultes en fonction dans l'établissement, unis autour d'un projet et d'une équipe de direction aux objectifs nets et partagés ; les parents car ils seront plus associés.

Ce nouveau souffle est possible. Il est réalisable parce qu'il correspond à l'intérêt général et aux intérêts des acteurs, si ce n'est de leurs représentants. Il suppose un débat public de qualité où les arguments ne seraient pas toujours surdéterminés par les appartenances politiques ou syndicales. Il suppose que l'on n'enferme pas l'opinion différente dans la caricature. Il suppose finalement que les adultes donnent l'exemple d'une communauté nationale capable d'unité quand c'est l'avenir de sa jeunesse qui est en jeu.

Épilogue

L'ÉTOILE ET L'ARAIGNÉE

Ce jour-là, comme presque chaque semaine, je suis en visite dans un établissement de l'académie. Celui-ci est en Seine-Saint-Denis. Le bâtiment est peu engageant. C'est un de ces collèges que l'on a construit à la hâte dans les années 1970 pour faire face à la montée des effectifs. Les murs sont gris. On accède aux classes par un escalier en béton. La cour de récréation ne fait pas envie. Les professeurs sont accueillants, bien loin de l'image qu'on leur colle parfois sur le dos. Ils semblent plutôt contents de voir le recteur, de parler de leurs réussites, de leurs limites, de ce qu'il leur faudrait, de ce qui leur échoit.

J'aime ces moments. Je n'éprouve aucune lassitude. Au contraire.

J'ai chaque fois l'impression de me trouver au cœur du travail le plus humain qui soit où ce qui s'échange n'est qu'immatériel. Là, comme ailleurs, un groupe humain a pour raison d'être la progression d'une génération d'élèves et son bonheur se mesurera à l'aune de ce progrès.

Tout cela repose sur le talent, le travail et l'esprit d'équipe. Que manque un peu de cela et le verdict du réel sera rendu sans fard. Alors, j'écoute. Je parle un peu aussi. J'insiste sur certains points. Je félicite, j'encourage. J'évite de donner des leçons. Si quelque chose ne va pas, je le dis tout de même, à moins que je juge préférable de le dire plus tard, quand ce sera entendu et efficace.

Jusque-là, ce que je vois ressemble à des dizaines d'autres établissements que j'ai pu visiter. Et puis, on me fait passer dans une CLIS, une classe d'insertion pour les handicapés, comme il en existe de plus en plus depuis quelques années. Les professeurs présents ont cette lumière dans les yeux que l'on retrouve infailliblement dans chacune de ces classes. Ils aident les élèves à m'expliquer leur travail, leurs accomplissements.

Ils sont devant moi, beaux, vrais, bons comme des êtres sans aucune défense. Pourtant, chaque pas qu'ils font pour apprendre leur demande un effort lourd et difficile. Je les interroge un par un. Chacun a approfondi un sujet qui lui tient à cœur, a fait des recherches. Certains, ceux qui le pouvaient, ont même réalisé des petits reportages pour la Web-radio du collège.

Chacun m'émerveille. Avec mon costume, ma cravate, ma fonction fort sérieuse que l'on suppose nimbée d'austérité et de rigueur, je m'interdis tout sentimentalisme et je n'exprime qu'une toute petite partie de l'admiration que j'éprouve pour eux, enfants et adultes.

Enfin, je donne la parole au dernier. Il est le plus petit, chétif et maigre. Il n'a presque pas de cheveux. Son beau regard d'enfant est corrigé par de grosses lunettes. Il est plus que fragile. Il semble ne tenir qu'à un fil. Il parle avec difficulté.

Il a décidé de s'intéresser aux araignées. Je m'étonne d'un tel sujet. Comment peut-on accorder une telle importance à cet animal un peu inquiétant ? Je me décide à l'interroger, me demandant même s'il saura me répondre. D'une phrase, cet enfant va me donner une leçon de sagesse et de poésie, une leçon d'éducation, condensant en une formule tout ce qui m'émeut et me fait travailler pour la plus belle des causes. Sa réponse va me submerger, m'éblouir, m'illuminer :

– Alors, pourquoi est-ce que tu t'intéresses aux araignées ?

– Parce qu'elles me font penser aux étoiles.

ANNEXES

Annexe I

ENSEIGNEMENT DE L'ORTHOGRAPHE À L'ÉCOLE RENFORCEMENT

Bulletin officiel n° 18 du 3 mai 2012
Enseignements élémentaire et secondaire

NOR : MENE1200155C
circulaire n° 2012-067 du 27 avril 2012
MEN-DGESCO A1-1
Texte adressé aux rectrices et recteurs d'académie ; aux directrices et directeurs académiques des services de l'Éducation nationale ; aux inspectrices et inspecteurs chargés des circonscriptions du premier degré ; aux directrices et directeurs d'école
Référence : arrêté du 9 juin 2008

Renforcer l'enseignement de l'orthographe est un enjeu majeur pour la réussite des élèves tant sa maîtrise a un impact significatif sur la maîtrise de la langue française dans toutes ses dimensions, notamment la compréhension des écrits et l'identification des mots.

L'enseignement de l'orthographe permet donc d'améliorer les compétences en écriture comme en lecture, en vocabulaire comme en grammaire.

De nombreuses recherches convergent pour montrer que l'orthographe, comme la grammaire, le vocabulaire, la compréhension des textes, doit être abordée de manière explicite et progressive. Son enseignement concerne la connaissance des formes écrites des mots et de leurs règles de fonctionnement.

Un enseignement explicite et progressif de l'orthographe est donc nécessaire.

Il apporte une aide particulière aux élèves les plus fragiles linguistiquement en leur donnant des points de repère, gages d'une plus grande assurance et d'une meilleure efficacité dans l'usage de la langue. Un apprentissage implicite est également développé à l'école pour faciliter la réussite : il s'agit simplement d'utiliser la répétition de l'attention à porter aux formes orthographiques. Ainsi, la lecture permet de mieux connaître l'orthographe par une fréquentation personnelle des mots dans des contextes variés. Enfin, l'apprentissage de l'orthographe suppose une attention portée à la production écrite et au respect des normes orthographiques dans tous les domaines d'enseignement, dans les lectures et les écrits demandés aux élèves, dès le cours préparatoire.

L'orthographe doit faire l'objet d'un enseignement structuré, organisé et progressif qui s'appuie sur des leçons spécifiques et régulières chaque semaine tout au long de la scolarité élémentaire et poursuivies au collège.

Cet enseignement est conçu, en particulier au cycle 3, autour d'une approche explicite et réfléchie des règles et de l'utilisation des outils d'aide (dictionnaire, listes de mots, etc.).

L'enseignement de l'orthographe comporte deux composantes, chacune importante :

– l'orthographe lexicale, qui participe à l'automatisation de la reconnaissance des mots tout comme à l'accès au sens. Son apprentissage nécessite la mémorisation de la forme des mots les plus fréquents, réguliers et irréguliers, dès le cours préparatoire. Les activités de mémorisation, conduites au cours des cycles de l'école élémentaire, contribuent à l'enrichissement du vocabulaire par la fréquentation de mots plus rares. Cela implique une action pédagogique adaptée pour apprendre à mémoriser toutes les lettres du mot, à les restituer sans erreur et à utiliser le mot dans un contexte susceptible d'en modifier l'orthographe ;

– l'orthographe grammaticale, qui entretient des liens étroits avec la compréhension des relations grammaticales entre les mots et la mémorisation des formes verbales. Elle porte principalement sur les accords en genre et en nombre dont la connaissance favorise la compréhension des phrases et des textes.

Annexe II

ORIENTATIONS ET INSTRUCTIONS POUR LA PRÉPARATION DE LA RENTRÉE 2012

NOR : MENE1209011C
circulaire n° 2012-056 du 27-3-2012
MEN-DGESCO

Texte adressé aux rectrices et recteurs d'académie ; aux directrices et directeurs académiques des services de l'Éducation nationale ; aux inspectrices et inspecteurs chargés des circonscriptions du premier degré ; aux inspectrices et inspecteurs de l'Éducation nationale enseignement technique et enseignement général ; aux inspectrices et inspecteurs d'académie-inspectrices et inspecteurs pédagogiques régionaux ; aux chefs d'établissement ; aux professeurs

Introduction

L'école du socle commun est une école de l'exigence et de l'ambition pour que chaque élève prenne le chemin de sa réussite. Elle suppose des bases solides, acquises à l'école primaire, notamment en français et en mathématiques. Les dernières évaluations de CE1 et CM2 sont très éclairantes à cet égard. L'amélioration du niveau de français des élèves de CE1 est tout particulièrement un encouragement à approfondir le sillon des savoirs fondamentaux et de l'accompagnement personnalisé.

Les apports de la recherche et de l'expérience permettent aujourd'hui d'identifier ce qui fonctionne en matière d'apprentissage de la lecture et de l'écriture, et de donner ainsi aux enseignants les outils pédagogiques les plus pertinents.

Premier vecteur de l'égalité des chances, la personnalisation des parcours scolaires constitue une promesse de réussite pour chaque élève, quel que soit le chemin qu'il emprunte. Désormais engagée de l'école maternelle au lycée, elle doit permettre à tous les élèves d'aller au plus loin de leurs capacités et de leurs domaines d'excellence.

Si les parcours scolaires doivent être différenciés pour permettre la réussite de chaque élève, ils ne peuvent l'être qu'en référence à une culture commune. C'est la raison pour laquelle, depuis 2008, l'ensemble du corpus des programmes d'enseignement de l'école, du collège et du lycée a été réécrit avec un objectif central : installer une cohérence et une continuité dans les apprentissages depuis l'école jusqu'à la fin des études secondaires, quels que soient les choix d'orientation des élèves. Les connaissances et les capacités à acquérir, désormais clairement identifiées à tous les niveaux de la scolarité, confèrent ainsi aux parcours des élèves une véritable unité. C'est sur ce fondement que doivent se développer les différentes formes d'accompagnement et d'aide personnalisés qui jalonnent aujourd'hui le parcours des élèves.

L'école est un lieu d'acquisition des connaissances et des compétences ; elle est aussi un lieu de transmission de valeurs. De ce point de vue, la réussite des élèves suppose qu'ils puissent s'approprier les règles de la vie collective et prendre des initiatives. On accordera donc une attention prioritaire à la responsabilisation des élèves pour qu'ils se préparent à devenir des citoyens autonomes et responsables.

Personnaliser et responsabiliser sont les deux mots clés du progrès du système éducatif. Pour cette raison, ils structurent cette circulaire.

Personnaliser

1. Construire l'école du socle

L'acquisition du socle commun est l'objectif central pour toute la scolarité obligatoire : il s'agit de ne laisser aucun élève au bord de la route. Cela impose de personnaliser le parcours scolaire de chaque élève.

L'école maternelle est l'école des premières acquisitions par des démarches pédagogiques adaptées à l'âge des élèves. Elle est avant tout l'école du langage. En respectant soigneusement la progressivité nécessaire, c'est à ce moment qu'il faut donner aux enfants les bases du vocabulaire et de la syntaxe qui sont le socle de leur réussite au CP. Le jeu et le chant jouent un rôle particulièrement important pour atteindre ces objectifs.

À l'école élémentaire, les résultats des évaluations nationales montrent une baisse constante du nombre des élèves qui ne maîtrisent pas la lecture au niveau attendu en fin de CE1 ; c'est un progrès notable qu'il faut inscrire dans la durée. Pour autant, ces élèves restent encore trop nombreux. Pour prévenir ces difficultés, il faut intervenir, dès le début de la grande section, par des aides différenciées ciblées.

Au cycle 3, au cœur de l'apprentissage de la langue, des connaissances précises sont transmises pour mieux lire et s'exprimer, celles de l'orthographe des mots, de la grammaire et du vocabulaire, fruits d'un enseignement explicite et progressif.

En mathématiques, la connaissance des nombres et de leur écriture, la maîtrise des opérations, la connaissance des tables et l'usage régulier de stratégies de calcul mental relèvent d'un travail quotidien. La résolution de problèmes, fondés sur le quotidien, favorisant notamment l'usage des unités de mesure et de grandeur, permet d'investir les connaissances et compétences acquises dans des situations concrètes. Ces mesures participent du plan ministériel « Une nouvelle ambition pour les sciences et les technologies à l'école », engagé en janvier 2011, qui se poursuit à tous les niveaux de la scolarité, sous l'égide des correspondants académiques sciences et technologies désignés par les recteurs.

En matière de maîtrise de la langue française, comme en mathématiques, la compréhension est une capacité centrale qui relève d'un enseignement explicite. Les évaluations nationales en fin de CE1 et de CM2 permettent de définir les besoins de chaque élève dans ces domaines.

La priorité donnée à la maîtrise de la langue française et des mathématiques ne doit pas conduire à négliger les autres domaines enseignés. Pour mettre en œuvre les programmes de l'école élémentaire, ces domaines sont désormais dotés de repères de progression. L'ensemble constitue une base indispensable à l'accompagnement et à la formation des maîtres.

Au collège, la personnalisation des parcours se poursuit dans la liaison école-collège, en favorisant la continuité des apprentissages et le travail en commun des professeurs. Le bilan établi en élémentaire, à travers notamment les évaluations nationales de CM2, permet de mettre en place, dès l'entrée au collège, les moyens les mieux adaptés pour aider les élèves (PPRE passerelle, accompagnement personnalisé, etc.). Personnaliser au collège, c'est ouvrir la voie à un collège des intelligences multiples qui propose différents parcours mais aussi différentes approches pédagogiques pour mener tous les élèves à la réussite.

Les classes de 3e découverte professionnelle six heures deviennent des classes préparatoires aux formations professionnelles afin d'améliorer l'offre pédagogique et éducative et de l'adapter aux réalités locales, sans préjuger de l'orientation des élèves en fin d'année. Les nouvelles formes variées d'alternance proposées dès la classe de 4e donnent aux établissements toute la souplesse nécessaire pour répondre aux besoins de certains de leurs élèves et ainsi personnaliser leurs parcours. L'accès accompagné au monde professionnel permet une découverte des métiers compatible avec les objectifs du socle commun.

Les épreuves du diplôme national du brevet (DNB) évoluent à la session 2013 pour prendre en compte les nouveaux programmes tout en restant référencées au socle commun.

L'évaluation nationale en fin de 5e parachève le processus d'évaluation des élèves dans le cadre de l'école du socle, aux moments clés de leur scolarité. Comme les évaluations de CE1 et CM2, elle permet à la fois d'affiner les besoins de chaque élève au regard de la maîtrise du socle commun et des programmes et de disposer d'un instrument de pilotage pédagogique à toutes les échelles du système éducatif.

Le livret personnel de compétences (LPC) s'impose pour dresser le bilan précis et nécessaire des connaissances et des compétences maîtrisées, permettant à chacun de s'appuyer sur ses acquis pour progresser. Déjà présent au collège, il se généralise progressivement à l'école à partir de la rentrée 2012. En parallèle, le livret scolaire numérique du 1er degré (LSN 1D) sera expérimenté par les écoles candidates. Les outils de référence (grilles, vade-mecum, etc.) qui y sont associés offrent des repères utiles pour assurer le suivi des évaluations dans la classe.

2. Consolider la réforme des lycées

La réforme du lycée entre à la rentrée 2012 dans une phase décisive. Tandis que la première cohorte complète de baccalauréat professionnel en trois ans aura quitté le lycée professionnel et que la rénovation aura ainsi été pleinement menée à son terme, le lycée général et technologique installera la classe terminale rénovée et les élèves se présenteront au nouveau baccalauréat général et technologique.

Dans ce contexte, l'effort d'explication des enjeux et des objectifs de la réforme – mieux accompagner chaque élève, mieux préparer à l'enseignement supérieur, permettre une réversibilité des parcours – ne doit pas être relâché. Au-delà des lycées eux-mêmes, il est nécessaire d'intensifier l'information diffusée vers les élèves des collèges et leurs familles.

Les corps d'inspection sont mobilisés pour accompagner les établissements dans la mise en œuvre de l'ensemble des composantes de la réforme – accompagnement personnalisé, organisation des enseignements d'exploration, stages passerelles et de remise à niveau, tutorat, vie lycéenne – en respectant avec souplesse l'esprit comme la lettre des dispositifs, sans brider l'inventivité des équipes éducatives.

C'est en étant mieux structurée que l'offre de formation des lycées devient plus lisible pour les élèves comme pour les familles. Ainsi comprise, cette offre permet la construction de parcours scolaires pouvant intégrer, le cas échéant, des changements d'établissement. La mise en place de réseaux de lycées, qui permet d'éviter une concurrence infructueuse entre établissements et de favoriser la complémentarité de leurs offres, doit se poursuivre.

3. Mettre la personnalisation au service de l'égalité des chances

Le programme Éclair est consolidé à la prochaine rentrée pour s'affirmer comme l'avant-garde de notre école. Bénéficiant d'une autonomie accrue, notamment par des modalités de recrutement spécifiques et une valorisation renforcée de l'engagement des personnels, les écoles, collèges et lycées de ce programme placent la pédagogie et la transmission des savoirs au centre de leur action. Une attention toute particulière est apportée à la place et au rôle du premier degré dans la dynamique de ces réseaux. La formation, tant au niveau national qu'académique, accompagnera les évolutions nécessaires à la réussite de chaque élève.

Les internats d'excellence sont à l'avant-garde de la politique d'éducation prioritaire et de la politique des internats. C'est pourquoi ils sont têtes de réseau des établissements. L'offre de places en « internat d'excellence », internats d'excellence de plein exercice et places labellisées, doit se développer, surtout en direction des collégiens. Les internats d'excellence offrent aux élèves les avantages conjugués d'une rigueur du cadre de travail et d'une ouverture au monde. Ils sont des laboratoires de l'innovation pédagogique.

Les établissements du réseau Éclair et les internats d'excellence ont vocation à faire partie d'une cordée de la réussite. Dans le cadre de ce dispositif, le volet culturel du tutorat est à renforcer et les établissements situés en zone rurale méritent une attention particulière.

Par ailleurs, l'offre éducative complémentaire proposée par l'accompagnement éducatif doit continuer d'accorder une place prépondérante à l'étude dirigée. Elle complète l'aide personnalisée mise en œuvre à l'école et l'accompagnement personnalisé déployé en classe de 6e depuis la rentrée scolaire 2011.

L'assouplissement de la carte scolaire contribue à l'égalité des chances et doit faire, à ce titre, l'objet d'une information transparente auprès de toutes les familles.

4. Renforcer l'enseignement des langues

Il s'agit d'offrir à tous les élèves un parcours linguistique adapté de l'école maternelle au baccalauréat garantissant la progressivité de l'apprentissage et leur offrant la possibilité de diversifier leur connaissance des langues et des cultures.

La sensibilisation des élèves à la diversité des langues vivantes se construit dès l'école maternelle afin de familiariser les plus jeunes à l'écoute de sonorités liées à d'autres langues en prenant appui, en particulier, sur les langues parlées autour de l'école.

Dans le cadre de l'école du socle, une meilleure continuité des apprentissages entre l'école élémentaire et le collège repose sur un renforcement effectif du suivi des élèves par les équipes enseignantes : les acquis du niveau A1 font l'objet d'un travail en commun avant l'entrée en classe de 6e pour aborder le plus tôt possible l'acquisition du niveau A2 du CECRL.

À la rentrée, la globalisation des horaires de langues vivantes sera expérimentée dans 10 % des collèges. Dans le cadre de cette expérimentation, chaque élève dispose de 684 heures de langues vivantes sur l'ensemble de sa scolarité au collège. Cette globalisation vise à encourager la mise en place de modalités nouvelles d'enseignement adaptées au contexte de chaque établissement, notamment les groupes de compétences. Les établissements veilleront toutefois à garantir aux élèves un volume horaire global d'apprentissage suffisant dans les deux langues pour permettre à chacun de parvenir aux niveaux de compétences fixés par les programmes du collège.

L'introduction de l'enseignement de disciplines en partie en langue étrangère au collège permet de renforcer l'apprentissage de la langue sous un autre angle. Compris à la fois comme outil de communication et comme objet d'apprentissage, l'enseignement de la langue n'est en effet plus seulement une fin en soi mais un moyen, pour les élèves, de mobiliser leurs compétences linguistiques dans un autre contexte, qui les ouvre notamment à des situations interculturelles nouvelles.

Les nouvelles épreuves de langues au baccalauréat ont évolué et prennent en compte les compétences de communication orale. De fait, les compétences de compréhension, d'expression et d'interaction orales seront évaluées à compter de la session 2013 dans l'ensemble des séries générales et technologiques rénovées aux côtés des compétences de compréhension et d'expression écrites.

Enfin, chaque élève doit pouvoir participer à un séjour à l'étranger au cours de sa scolarité, dans le cadre d'une mobilité s'appuyant notamment sur le volet ouverture européenne et internationale du projet académique.

5. Aménager des parcours scolaires spécifiques

La scolarisation des élèves en situation de handicap s'est considérablement développée depuis la loi n° 2005-102 du 11 février 2005. Les enjeux portent aujourd'hui sur :

– la qualité de la scolarisation ;

– la formation et l'accompagnement des enseignants ;

– la personnalisation des réponses pédagogiques, la validation des compétences (socle commun, compétences professionnelles, etc.) et les certifications.

Les dispositifs (Pass, Ulis, etc.) dédiés à la scolarisation des élèves handicapés continuent de se développer en vue d'améliorer les parcours de formation. Les liens avec les établissements sociaux et médico-sociaux (ESMS) se renforcent, notamment en ce qui concerne la scolarisation partagée. Les assistants de scolarisation permettent désormais de répondre avec plus de souplesse et de réactivité aux besoins d'accompagnement des élèves en situation de handicap. La formation initiale et continue, l'accès aux ressources documentaires, notamment pour les enseignants non spécialisés, font l'objet d'une attention toute particulière. Les modules de formation à distance s'inscrivent dans ce cadre.

Les élèves intellectuellement précoces (EIP) doivent bénéficier de réponses individualisées. Dans chaque académie, un référent EIP est l'interlocuteur privilégié pour les parents et la communauté éducative. Pour assurer le suivi et la prise en charge de ces élèves dans les meilleures conditions, il convient de privilégier trois orientations : la formation, la lisibilité des structures et leur développement dans l'enseignement public.

6. Accompagner l'orientation et aider à l'insertion professionnelle

L'orientation occupe désormais une place significative au sein des enseignements du second degré à travers le parcours de découverte des métiers et des formations (PDMF) au collège et au lycée. La mise en œuvre pour tous d'un conseil en orientation anticipé dès la classe de première contribue à réaliser les objectifs en matière de poursuite d'études après le baccalauréat. Le « webclasseur orientation » de l'Onisep en constitue le support privilégié, à l'instar du livret de compétences expérimental qui permet la prise en compte des compétences acquises hors du cadre scolaire. Les centres d'information et d'orientation (CIO) apportent leur expertise et sollicitent le label national « Orientation pour tous-Pôle information et orientation sur les formations et les métiers ».

Réduire le nombre de sorties du système de formation initiale sans diplôme, recensées par le Système interministériel d'échange d'informations (SIEI), est plus que jamais une priorité nationale. La lutte contre le décrochage scolaire repose d'une part sur le développement des actions de prévention au sein des établissements scolaires. Elle repose d'autre part sur la mise en œuvre opérationnelle des plates-formes de suivi et d'appui aux décrocheurs qui ont pour objectif de trouver une solution à chaque jeune ayant décroché. Recteurs et directeurs académiques des services de l'Éducation nationale (DASEN) facilitent la mobilisation des établissements et des acteurs relevant de leur autorité, en soutien des responsables départementaux et locaux des plates-formes, notamment pour garantir la qualité des informations transmises au SIEI et encourager la mutualisation des expériences de terrain réussies et innovantes, tant dans le champ de la prévention que du « raccrochage ».

L'ensemble des dispositifs permettant l'accompagnement de ces jeunes vers le diplôme devront être utilisés sous le label réseau « Nouvelle chance » afin d'offrir des solutions adaptées aux profils des jeunes décrocheurs. La mission générale d'insertion (MGI) sera au cœur du réseau « Nouvelle chance » par des actions préventives et des actions de raccrochage élaborées avec les établissements et les partenaires de l'insertion rassemblés dans les plates-formes de suivi et d'appui aux décrocheurs.

La mise en place de ces plates-formes constitue déjà une avancée considérable dans la lutte contre le décrochage scolaire. L'Éducation nationale doit maintenant se mobiliser pour qu'une solution soit proposée à chaque décrocheur.

Responsabiliser

1. Encourager la dynamique pédagogique et l'innovation

La formation initiale des enseignants, qui se déroule aujourd'hui des années de master aux premières années d'exercice du métier, doit tendre vers une meilleure complémentarité entre formation disciplinaire et préparation à l'exercice du métier, en renforçant l'articulation entre les différents volets de la formation professionnelle que sont les stages pratiques en master, les formations académiques conçues pour les professeurs stagiaires et l'accompagnement par des maîtres formateurs ou des tuteurs. La montée en puissance des masters en alternance, qui permettent de doubler le temps de pratique professionnelle pendant le cursus de master, doit aussi être recherchée.

Par le compagnonnage et l'alternance, le professeur en devenir est initié à une approche concrète du métier.

La politique de formation continue des professeurs doit être profondément repensée pour mieux répondre aux priorités de la politique éducative, dans le cadre d'une stratégie académique incluant le premier degré : ajustement de l'offre sur la base d'une analyse précise des besoins tenant compte des résultats des évaluations des acquis des élèves, meilleure prise en compte des priorités nationales liées aux réformes en cours, renouvellement du vivier des formateurs, développement des formations sur sites (dans les établissements, les réseaux d'écoles ou d'établissements, les bassins de formation), grâce à la forte implication des chefs d'établissement, renforcement de la formation à distance. Le stage traditionnel doit devenir une composante parmi d'autres d'un véritable parcours de formation inscrit dans la durée, les outils et les ressources numériques permettant d'associer formation en présentiel et formation à distance. Les académies veilleront en particulier à poursuivre le déploiement des formations en ligne autour de la plate-forme http://eduscol.education.fr/cid57131/pairform@nce-formation-collaborative-ligne.html.

À l'heure où se multiplient les innovations technologiques, telles les tablettes tactiles, le numérique constitue un atout et un levier pour aider les enseignants et faciliter les apprentissages. Les actions menées par les académies dans le cadre du plan numérique, les projets soutenus par le volet e-éducation des Investissements d'avenir et les efforts des collectivités territoriales se conjuguent pour donner une impulsion nouvelle tant au déploiement des équipements, des services et des ressources dans les écoles et les établissements qu'à la formation des enseignants au numérique. Trois grands axes caractérisent aujourd'hui les orientations visant, notamment à travers la généralisation des ENT, à accélérer la diffusion des usages du numérique : la formation des enseignants à ces usages, le cartable numérique de l'élève et le bureau numérique du professeur. Parallèlement, la production de ressources numériques sera encouragée, qu'elle soit issue de la mutualisation du travail des enseignants et des formateurs académiques ou qu'elle soit impulsée par les établissements du réseau Scérén.

Articulée avec la recherche et appuyée sur des dispositifs d'évaluation, la démarche expérimentale doit fournir aux équipes des outils, des ressources et des méthodes pour s'adapter aux besoins des élèves et réussir la transmission effective des savoirs. Tant comme démarche individuelle de l'enseignant – dans sa classe – pour faire évoluer sa pratique professionnelle, qu'à un niveau collectif – celui de l'école, de l'établissement ou du réseau d'établissements – la démarche d'innovation et d'expérimentation doit être davantage stimulée et accompagnée, en lien avec le réseau des conseillers académiques recherche-développement, innovation et expérimentation (Cardie).

2. Mobiliser les élèves dans leur scolarité

L'école est à la fois un service public qui doit accueillir ses usagers dans les meilleures conditions et une institution de la République chargée de transmettre des connaissances, des compétences et des valeurs. Comme toute institution, l'école a ses règles dont les manquements doivent être sanctionnés et adaptés au public pris en charge. Leur champ est très vaste, allant de l'application de principes constitutionnels tels que le principe de laïcité au rappel de principes simples mais essentiels tels que le respect mutuel que l'on se doit entre élèves, entre filles et garçons, entre élèves et adultes ou encore à l'obligation de présence et d'assiduité. Cela implique que les établissements soient les lieux où les missions d'instruction et d'éducation (à la santé, au sport, aux arts et à la culture, au développement durable, à la sécurité routière, etc.) doivent pouvoir s'exercer en toute sécurité, dans le calme et la sérénité. Chacun doit s'en sentir responsable : les élèves, les parents et tous les membres de l'institution.

C'est pourquoi, outre la poursuite de la lutte contre l'absentéisme scolaire et le harcèlement sous toutes ses formes, les nouvelles procédures disciplinaires et les mesures de responsabilisation, telles qu'elles ont été définies dans le décret n° 2011-728 du 24 juin 2011, sont mises en œuvre dans les établissements. Dans cette même perspective, le développement de l'exigence de sérénité nécessite de créer d'autres établissements de réinsertion scolaire (ERS) et de confirmer le rôle majeur joué par les équipes mobiles de sécurité (EMS).

Toutes ces mesures seront facilitées si l'on renforce la coéducation avec les parents, qui passe non seulement par leur participation active aux instances de concertation des établissements, mais aussi par le développement d'actions complémentaires de soutien à la parentalité : mallette des parents, réseaux d'écoute, d'appui et d'accompagnement des parents, contrats locaux d'accompagnement scolaire, etc.

Au lycée, dans l'esprit de la réforme qui vient d'être mise en place, la participation des élèves à la vie de leur établissement doit s'amplifier en s'appuyant notamment sur le conseil pour la vie lycéenne (CVL) et les maisons des lycéens (MDL).

3. Conforter les capacités d'agir des acteurs académiques

L'autonomie dont disposent désormais tous les responsables du système éducatif doit leur permettre d'adapter ce service aux conditions sociales, économiques et territoriales de leur environnement. Cette autonomie constitue un levier effectif pour améliorer les performances de l'École et pour répondre à la nécessité de réussite de tous les élèves ; elle est aussi un engagement qui se traduit par la contractualisation. Les contrats entre l'administration centrale et les académies, entre les services académiques et les établissements, ont pour but de responsabiliser les signataires sur des objectifs précis et de faire connaître aux usagers du service ce à quoi les acteurs s'engagent et pour quelle durée. Pour faciliter la mise en place de ces liens contractuels, différentes applications nationales sont mises en place :

– aide au pilotage des établissements (APAE) ;

– outils d'autoévaluation et de pilotage des établissements (OAPE) ;

– système d'information des élèves de collèges, de lycées et pour les établissements (Siecle), qui remplace Sconet 2.

Le contrat qui sera passé, en 2012, entre le ministre et le recteur dans sept académies (Versailles, Créteil, Lille, Montpellier, Strasbourg, Poitiers et Dijon) doit être progressivement généralisé à l'ensemble des académies.

Il s'appuie sur un dialogue de gestion et de performance rénové qui permet de partager un diagnostic et de fixer des objectifs pluriannuels de résultats. Il a pour ambition de valider les stratégies académiques et d'explorer des modalités de gestion innovante dans le cadre national.

De la même manière, les contrats d'objectifs signés entre les autorités académiques et les établissements seront poursuivis et évalués. Les contrats de circonscription du premier degré seront encouragés pour faire progresser les résultats des élèves, en s'appuyant tout particulièrement sur les évaluations des élèves de CE1 et CM2 en français et en mathématiques de la circonscription. Il peut être également envisagé la passation de contrats regroupant un collège et les écoles du secteur, notamment en Éclair. L'ensemble de ces contrats doit contribuer à l'optimisation des moyens qui sont mis à disposition de chaque responsable.

Ces orientations reposent également sur une réflexion approfondie qui doit conduire à une réactualisation de l'offre sur le territoire éducatif : contrats de plan régionaux de développement des formations professionnelles, carte cible des établissements scolaires, réseau scolaire et intercommunalité, réseaux des lycées et jumelages entre établissements.

Enfin, les partenaires de l'école sont pleinement mobilisés et notamment ceux qui, au niveau national, bénéficient de conventions pluriannuelles d'objectifs impliquant les recteurs dans le cadre de la procédure de validation et d'évaluation des actions menées sur le terrain par des associations. Cette procédure doit permettre l'adéquation entre les objectifs nationaux passés dans les conventions et ceux des projets académiques.

Conclusion

C'est en personnalisant la prise en charge des élèves et en responsabilisant tous les acteurs du système éducatif que l'école républicaine deviendra à la fois plus efficace et plus équitable. Chacun, à sa place, a la responsabilité de contribuer à la mise en œuvre de cet objectif dans une approche commune et concertée :

– les parents, qui restent les garants de l'éducation et de la socialisation de leurs enfants et que l'institution doit aider en ce sens ;

– les élèves qui, au fur et à mesure de leur scolarité, construisent leur autonomie en étant plus exigeants envers eux-mêmes et en s'engageant dans la vie des établissements ;

– tous les membres de l'institution éducative dont l'esprit d'initiative, la rigueur de la réflexion et de l'action sont mis au service du bon fonctionnement de l'école.

Pour le ministre de l'Éducation nationale,
de la Jeunesse et de la Vie associative et,
par délégation, le directeur général
de l'enseignement scolaire,
Jean-Michel Blanquer.

Remerciements

Au moment d'exprimer ma gratitude à tous ceux sans qui ce livre n'existerait pas, ma première pensée va vers celle à qui il est dédié, ma mère, professeur en collège et en lycée, et modèle de vaillance. Les récits de ses expériences ont certainement eu une grande influence sur ma vocation et sur mes convictions en matière scolaire. Elle est aussi à l'origine de mon admiration pour le métier de professeur. Mes pensées vont aussi vers mon père, mort au moment où je prenais mes fonctions de DGESCO. Je lui dois plus que ce qui peut s'exprimer.

Je veux aussi remercier tous ceux avec qui j'ai eu l'honneur de travailler à l'Éducation nationale, les ministres qui m'ont fait confiance, les équipes que j'ai dirigées. En Guyane, à Créteil, à la DGESCO, j'ai connu des femmes et des hommes qui m'ont inspiré beaucoup de respect. La notion de service public a encore beaucoup de sens aujourd'hui quand elle se déploie avec vitalité. J'ai exercé mes responsabilités plus en capitaine de hussards qu'en général de garnison et je suis reconnaissant à tous ceux qui ont su comprendre cette logique d'une « école de la vie », y participer et la mettre en œuvre.

Merci aux scientifiques, aux collègues et amis que j'ai pu solliciter tout au long de mon parcours et qui ont contribué à ce travail d'ouverture que j'ai tenté d'exposer. Merci tout particulièrement à Edgar Morin, modèle d'ouverture sur la vie, toujours disponible pour les aventures au service de l'école et qui nous fait prendre à bras-le-corps la complexité du monde pour l'accepter, l'analyser, le transformer.

Merci aussi aux membres des cabinets successifs avec qui j'ai eu à travailler, avec une mention spéciale pour Patrick Gérard et Bernard Thomas, qui ont été des directeurs de cabinet décisifs dans mon chemin. Merci tout particulièrement à Raphaël Muller qui m'a aidé à me remémorer certaines étapes exposées au cours de ces pages ainsi qu'à Jean-Marc Huard, Christophe Kerrero, Françoise Mione, Laurent Petrynka, Bénédicte Robert et toutes les personnes avec qui, en Guyane, à Créteil, à Paris, une relation d'amitié est née. Je regrette de ne pas tous les citer et de ne pas avoir pu évoquer non plus toutes les actions que nous avons menées ensemble. Ils se reconnaîtront, j'espère, dans ce livre et dans toutes ces actions qui ont supposé beaucoup d'engagement collectif. Ces pages leur doivent ce qu'elles comportent de réussite.

Merci à mes collègues recteurs qui exercent un métier exceptionnel et le font le plus souvent avec passion. Je pense notamment à celles et ceux qui ont bien joué le jeu de politiques publiques volontaristes sur le plan pédagogique et sur le plan social.

J'inclus, dans cette galerie de personnes qui me sont chères, les inspecteurs d'académie, les chefs d'établissement, les professeurs, les personnels administratifs, les représentants de parents, les élus et tous ceux qui font l'école au quotidien. Ils composent une communauté humaine admirable quand les bonnes logiques sont à l'œuvre. Vivre professionnellement avec eux m'a transformé.

J'adresse aussi des remerciements très chaleureux à Odile Jacob et à Stanislas Dehaene, passionnés l'un et l'autre par les enjeux scientifiques de l'éducation, qui, les premiers, ont eu l'idée d'un tel ouvrage et m'ont permis de penser qu'il pourrait rencontrer un intérêt.

Merci à Augustine, Robert, Jocelyne et Fabienne pour nos discussions sur l'éducation imprégnées de leur expérience de parent et professeurs avertis.

Enfin merci à Aurelia, à Marie, Paul, Flore et Anna. La polysémie du verbe « supporter » rend bien compte de ce que je leur dois. Sans eux, rien ne serait possible.

TABLE

DEUXIÈME PARTIE
L'espace de la vie

TROISIÈME PARTIE

Une exigence bienveillante pour l'école

Annexes

Composition et mise en pages
chez Nord Compo (Villeneuve-d'Ascq)

Achevé d'imprimer en août 2014 sur rotative numérique Prosper
par Soregraph à Nanterre (Hauts-de-Seine).

Dépôt légal : septembre 2014
N° d'édition : 7381-3172-X
N° d'impression : 13940

Imprimé en France

L'imprimerie Soregraph est titulaire de la marque Imprim'vert® depuis 2004.
Ce livre est imprimé sur papiers issus de forêts gérées durablement.